Villen
und Landhäuser
des Kaiserreichs
in Baden
und Württemberg

Villen und Landhäuser
des Kaiserreichs

in Baden und Württemberg

HERAUSGEGEBEN VON GERT KÄHLER

MIT FOTOS VON ERHARD HEHL

DEUTSCHE VERLAGS-ANSTALT

Bürgerliches Selbstbewußtsein verlangte im 1871 gegründeten Kaiserreich nach Repräsentation und suchte sich Ausdruck in eindrucksvollen Villen und Landhäusern. Neue Verkehrsmittel und betriebliche Organisationsformen ermöglichten die Trennung von Arbeit und Wohnen. In schöner Hanglage entstanden Villen vor den Toren der zu eng gewordenen alten Städte und Landhäuser in der Provinz.

Aufgabe der Stuttgarter Architekten Heim und Früh war es, für den Unternehmer Robert Bosch ein Bauwerk in einem bestehenden Park mit wertvollem altem Baumbestand zu integrieren und dabei die bereits vorhandene Vegetation zu schonen.

Die Villa Reitzenstein auf der
Stuttgarter Gänsheide, 1910
bis 1913 von den Architekten
Hugo Schlößer und Hans Weirether für 2,8 Millionen Goldmark erbaut, ist heute Sitz
des baden-württembergischen
Ministerpräsidenten.
Nach einem längeren Weg
durch den Park betritt man den
von Seitenflügeln flankierten
Innenhof des zweigeschossigen,
symmetrischen Gebäudes.

Aus einem kleinen Landhaus entstand
bei mehreren Umbauten im Laufe
des 19. Jahrhunderts die Ellwanger
Villa Mayer mit ihrer festlichen Fassade,
der repräsentativen Eingangshalle und
den Säulenarkaden im Innern.

Das Freiburger Colombi-
Schlößchen, 1859 bis 1861
erbaut, knüpft, in deutlicher
Tradition des englischen CASTLE
STYLE stehend, an die romantische Tradition an, weist aber
auch auf die Villen der Kaiserzeit voraus. Es liegt in malerisch-
asymmetrischer Gestalt inmitten
einer englischen Gartenanlage.

Inhalt

Die Bahn – hier die Berliner Hochbahn und die »Elektrische« – prägt die Stadt um 1900. Die Widersprüche zwischen Modernität und Tradition sind greifbar.

Spannweiten, Widersprüche

GESELLSCHAFT, STADT UND ARCHITEKTUR
IM WILHELMINISCHEN KAISERREICH

VON GERT KÄHLER

Bis zum Jahr 2050 wird, nach einer Schätzung des Statistischen Bundesamtes, die Bevölkerung der Bundesrepublik von derzeit 82,5 Millionen auf 75 Millionen sinken – in 45 Jahren also um rund 9 Prozent. In den 50 Jahren von 1820 bis 1870 stieg die Zahl der Deutschen um 55 Prozent auf 41 Millionen, in den folgenden 40 Jahren noch einmal um 23 Millionen auf knapp 65 Millionen. Und wir glauben, mit dem bißchen Schrumpfen Probleme zu haben!

Gewiß: man kann das eine nicht mit dem anderen vergleichen. Aber die Zahlen können dennoch verdeutlichen: Die Veränderungen im Verlauf des 19. Jahrhunderts, insbesondere in dessen zweiter Hälfte, waren für jeden einzelnen immens. Es entstanden völlig neue Probleme auf allen Gebieten, für die man noch keine Lösungen hatte, haben konnte.

Entsprechend gewaltig waren die Spannungen in einer Politik und einer Gesellschaft, die aus dem vergleichsweise beschaulichen (wenn auch für viele nicht angenehmen) Dasein des 18. Jahrhunderts durch Aufklärung, gesellschaftliche Umbrüche, wissenschaftliche und technische Entwicklungen herausgerissen wurde. Villa und Landhaus als spezifische Wohnformen eines erstarkenden Bürgertums waren da nur ein kleiner, wenn auch signifikanter Teil, der auf diese Entwicklungen reagierte.

Wie kann man die Spannweite dessen fassen und darstellen, was damals in relativ wenigen Jahren geschah? Das Symbol jener Epoche war die Eisenbahn: Technische Errungenschaft und Instrument der dramatischen Beschleunigung aller Lebensumstände, wie sie sich mit dem Automobil, mit Flugzeug und der Beschleunigung des Nachrichtenwesens bis heute fortsetzt. Sie wirkte auf die Politik, die Gesellschaft, die Wirtschaft, die Städte und die Landschaft in einem bis dahin unvorstellbaren Maße.

Gegen Ende des Jahrhunderts konnte man das ganze Ausmaß der Veränderung sehen: Bahntrassen zerschnitten die Stadt, die Bahnanlagen nahmen riesige Flächen in der Stadt ein, ihr Lärm, ihre Umweltverschmutzung waren fast allgegenwärtig. Aber sie waren auch das Mittel, dies alles hinter sich zu lassen – wenn man es sich leisten konnte. Die Möglichkeit der schnellen Bewegung von einem Ort zum anderen machte erst die Flächenausdehnung der Industriestädte und die der Metropolen möglich und ließ die Vorstädte entstehen – neue Typen von Städten, die es ohne die Bahn nicht gegeben hätte.

Die traditionelle Ausrichtung auf Markt, Kirche, Rathaus wurde durch eine Polarität abgelöst, auf deren einer Seite die traditionellen Institutionen lagen, auf der anderen die neuen Aktivitäten der Industrieproduktion sowie des Waren- und Personenverkehrs um den Bahnhof herum. Die Gewichte innerhalb der Stadt verschoben sich durch deren Wachstum; das aber war durch die Bahn geprägt. Gleichzeitig schuf die Bahn neue Formen der Zerstörung: »Die Eisenbahn trug also nicht nur Lärm und Ruß in die Stadt hinein, sondern auch die Industriewerke und unwürdigen Wohnungen, die allein in der von ihr geschaffenen Umgebung gedeihen konnten. Nur die hypnotische Wirkung einer neuen Erfindung (…) konnte dazu führen, daß man sich so bereitwillig unter die Räder dieses fauchenden Molochs warf. (…) Die Raumverschwendung durch die Bahnanlagen im Herzen der Stadt förderte nur um so mehr die Ausdehnung nach außen; diese jedoch schuf abermals mehr Eisenbahnverkehr und belohnte die begangenen Sünden überdies mit Gewinnen.«[1]

Die Eisenbahn trug (wie ein Lexikon 1895 schrieb), »zur Kräftigung des Nationalbewußtseins und zur Herstellung nationaler Einheit« bei, die Bahn erlaubte die Ansätze einer neuen Kriegführung im Deutsch-Französischen Krieg, die Bahn (zusammen mit den ebenfalls neuen Dampfschiffen) ermöglichte die größte Völkerwanderung der Geschichte in Deutschland – die Anwerbung von »Gastarbeitern« bis nach Polen, die Land-Stadt-Wanderung, die zu einer Verstädterung der Bevölkerung führte, die Auswanderung. Wenn es eine Zeit kollektiver Entwurzelung der Bevölkerung vor der nach 1945 gab, dann lag die in der 2. Hälfte des 19. Jahrhunderts – allein zwischen 1880 und 1885 wanderten knapp eine Million Menschen in die USA aus, Schätzungen der Binnenwanderung im Deutschen Reich ergaben für das Jahr 1907, daß

annähernd die Hälfte der Bewohner nicht mehr in der Gemeinde lebte, in der sie geboren war.[2]

Wenn die Eisenbahn das sichtbarste Element der Veränderung von Stadt und Gesellschaft war, dann war der Bahnhof dessen architektonische Entsprechung. Tatsächlich bündeln sich einige der Architekturthemen des Jahrhunderts in diesen Bauten – die Bewältigung der riesigen Dimensionen durch spektakuläre neue Konstruktionen

Leipziger Bahnhof (Lossow + Kühne, 1909–1915).
Im Luftbild sieht man den gewaltigen Flächen-
bedarf des Bahnhofs.

Ohne Übergang treffen »Architektur« und
»Ingenieurbau« aufeinander.

einerseits, die Frage nach der Bedeutung eines
neuen Bautypus in der Stadt und Stilfragen
andererseits.

Der Leipziger Hauptbahnhof als Beispiel: Unmittelbar am Rand der Innenstadt gelegen, sollte er
die verschiedenen Endstationen der Privatbahnen
ersetzen, die nach der Verstaatlichung der Bahn
(Preußen 1880) nicht mehr erforderlich waren –
wenn auch Sachsen und Preußen noch getrennte
Hallen bekamen. Er war und ist bis heute der
größte Kopfbahnhof Europas (William Lossow
und Max Kühne 1909–1915).

Hinter dem Stein-Bau der gewaltigen Eingangshalle beginnt die Bahnsteighalle mit ihren acht
Schiffen aus stählernen Fachwerkbindern, die
nur von den Ingenieuren entwickelt wurden; hier
hatten die Architekten nichts mehr zu sagen.
Unvermittelt stoßen Bahnsteigüberdachung in
Stahl und Empfangsgebäude in Elbsandstein
gegeneinander – allein das ein Zeichen für eine
Auffassung von Architektur, die mit den viel küh-
neren Ingenieurbauweisen im Grunde nichts an-
zufangen wußte.

Die Fassade zur Stadt zeigt nicht den wilhelminischen Eklektizismus, der gerade in Leipzig große
Bauten hervorgebracht hatte. Hier herrscht eine
neue Formensprache: ernster, nüchterner, in ihrer
Strenge im Grunde monumentaler – ein »Stil 1910«
an der Schwelle zur Moderne.

Es war ein Bau, der architektonisch verkörperte,
was Julius Posener als den »wilhelminischen Kompromiß« um 1900 erkannte, aber zunächst nur
politisch definierte: »Wollte man den Weltmarkt
erobern, so mußte man konkurrieren können; und
Vorbedingung dazu war die soziale Verbesserung.
(…) War also die soziale Malaise als Schatten der
glanzvollen Entwicklung sichtbar, so enthielt der
wilhelminische Kompromiß die weitere Kompli-
kation, daß die politische Befreiung des Bürgertums in Preußen und Deutschland noch keineswegs
vollendet war. Das Bürgertum hatte die Hebel der

wirtschaftlichen Macht ergriffen; aber die politischen Folgerungen aus dieser Machtstellung waren noch nicht gezogen worden. (…) Das wirtschaftlich fortschrittlichste Land Europas hatte die rückschrittlichste politische Verfassung.«[3]

Posener beschreibt den Kompromiß als einen politischen; aber er war in Gegensätzen auf allen Gebieten zu spüren: *gesellschaftlich* in den Widersprüchen zwischen dem traditionsgebundenen Adel und dem Bürgertum mit seiner neuen wirtschaftlichen Macht bis hin zum Großkapital; den Widersprüchen aber auch zwischen den bürgerlichen und den proletarischen Lebenswirklichkeiten; *politisch* in einem wirtschaftlichen Liberalismus, der mit einem übersteigerten Nationalismus kollidierte, den er zugleich fördern wollte; aber auch in der technischen Fortschrittlichkeit einerseits und einer konservativen Rückbesinnung, die das Mittelalter verherrlichte; in der *neuen Großstadt*, die als Bedrohung erfahren wurde wie als Ort »großstädtischer Individualitäten«, die »individuelle Unabhängigkeit und die Ausbildung persönlicher Sonderart« prägen, wie sie Georg Simmel bereits 1903 beschrieben hatte[4]; in der *Spannweite* zwischen dem konservativen Bürgertum und neuen Formen städtischer Verwaltung, die einen »Munizipalsozialismus« hervorbrachten; in einer *Wanderungsbewegung* in die Großstadt und gleichzeitig aus ihr heraus mit der Suburbanisierung; in der *Architektur* in einem hilflosen Eklektizismus und modernen Formen und Materialien, in »Akademie« und »Sezession« in der *Kunst* – die Liste ließe sich fortsetzen.

Wie kann man die verschiedenen Aspekte in prägnanter Form fassen? Zum einen – dazu diente der Versuch, das Thema mit der Eisenbahn zu beginnen – sollte dem Leser bewußt werden, wie dramatisch die Umwälzungen jener Zeit waren, zu der sich viele Menschen, merkwürdigerweise, heute zurücksehnen. Zum anderen werden wir uns auf vier Schwerpunkte beschränken, die sich auf das eigentliche Thema dieses Buches beziehen: auf

einige *gesellschaftliche Aspekte*, auf die *neue Großstadt,* auf neue *Bautypen*, vor allem das neue Wohnen, und schließlich auf die *Stilfragen* am Ende des Jahrhunderts.

MACHTVERSCHIEBUNGEN UND EIN NEUER STAND

Die Gründung des Deutschen Reiches 1871 stieß vor allem außerhalb des dominierenden Preußens nicht nur auf Begeisterung. Die süddeutschen Staaten, die die preußische Dominanz fürchteten, aber auch die Arbeiterschaft standen dem Reich zunächst skeptisch gegenüber. Parallel dazu verloren die traditionell das System stützenden Kreise des grundbesitzenden Adels an Einfluß, weil ihre wirtschaftliche Bedeutung gegenüber dem Großkapital und dem wohlhabenden städtischen Bürgertum schwand. Die Gesellschaft als Ganzes entwickelte sich entsprechend den komplexen Einflußgrößen, vor allem der Industrialisierung mit ihren gewaltigen Kapitalverlagerungen, zu einem äußerst heterogenen Gebilde.

Die Arbeiterschaft als der »vierte Stand« neben Adel, Klerus und Bürgertum wurde zu einer nicht nur im Anteil an der Gesamtbevölkerung eindrucksvollen Macht, sondern deshalb, weil sie sich zunehmend organisierte – die SPD wurde 1863 gegründet, die großen Streiks fanden Ende des 19. Jahrhunderts in erbitterten Auseinandersetzungen statt. Sie stärkten die Solidarität untereinander, das Gefühl, gemeinsam etwas erreichen zu können: »Neigung zu Excessen ist bisher unter der hiesigen Arbeiterbevölkerung nicht zu bemerken gewesen, jedoch ist durch die Wahlerfolge und die der Arbeiterbevölkerung jetzt günstige gesellschaftliche und politische Strömung ihr Selbstgefühl in bedeutendem Maße gewachsen und hat in ihr die Meinung erweckt, daß die jetzt bestehende Staats- und Gesellschaftsordnung in Kürze zusammenbrechen und durch den socialistischen Staat ersetzt werden wird«, hieß es in einem Bericht der Politischen Polizei in Hamburg im April 1890.

Das Proletariat bildete eine neue, eigene Lebensform. Aber auch ein Teil des Bürgertums bildete einen neuen »Stand«: das Großbürgertum des Industriekapitals, so daß die Bezeichnung »Bürgertum« differenziert werden muß in ein »Bildungsbürgertum« der Lehrer, Professoren und der freien Berufe, in das »Wirtschaftsbürgertum« und das Kleinbürgertum der Beamten und Angestellten, deren Zahl sich zwischen 1882 und 1907 von 0,8 Prozent auf 14,6 Prozent der Erwerbstätigen vervielfachte. Alle drei lassen sich zwar unter dem gemeinsamen Begriff des Bürgers subsumieren, weil sie gemeinsame Werte vertraten, unterschieden sich aber in ihrem Lebenszuschnitt untereinander aufgrund der unterschiedlichen Einkommensverhältnisse beträchtlich; zudem gab es durchaus Unterschiede im Selbstverständnis. Der häufig keineswegs wohlhabende Bildungsbürger, der sprich-

wörtlich korrekte »preußische Beamte«, sah gern auf den »neureichen Parvenü« herab, der auf irgendwie unanständige Weise zu seinem Geld gekommen war, sich aber keineswegs mit dem eingesessenen, durch Tradition oder Bildung legitimierten Bürgern vergleichen konnte: »Geldstücke sind meistens schmutzig. Es ist roh und plebejisch, sich an einer Geselligkeit zu beteiligen, welche auf platte Sinnlichkeit und leere Renommisterei gegründet ist; welche der wahren inneren Bescheidenheit entbehrt; welche weder sittlichen noch geistigen Gehalt in sich hat. (…) Gastlichkeit (…) besteht darin, daß man Andere an dem Geist wie der Lust des eigenen Hauses theilnehmen läßt; das ist deutsche und individuelle, jene andere ist schablonenhafte und Berliner Gastlichkeit.«[5]

Die eigentlichen Klassenunterschiede bestanden aber – bei aller Binnendifferenzierung – zwischen dem Proletariat und dem Bürgertum. Gerade im Hinblick auf Familie, Ehe, Stellung der Frau – die bürgerliche Frau durfte keinesfalls einem Geld-

Offiziere und bürgerliches Publikum vor dem Kaiser-Wilhelm-Denkmal in Berlin (Foto: Heinrich Zille).

Hamburger Arbeiterquartier um 1910.

erwerb nachgehen, die proletarische mußte es – und Verhältnis zur Arbeit lagen die Lebensformen auseinander – bedingt durch die unterschiedlich hohen Einkommen, aber in der Folge auch als Eigenständigkeit betont. Durch die Enge des Zusammenlebens in den Arbeiterschichten und die nicht-familiären Beziehungen zu Untermieter oder Einlogierer ergaben sich zwangsläufig andere soziale Formen: Geheiratet wurde in der Arbeiterschicht nicht unter dem Aspekt des Standesgemäßen, wie in bürgerlichen Kreisen (wo die Frau ihre Erfüllung in der heiß ersehnten Ehe sah), sondern eher, um ein uneheliches Kind zu legalisieren. Kindesmißbrauch oder inzestuöse Beziehungen waren nicht selten; Prostitution war eine (schlecht bezahlte) Erwerbsform für Frauen. Die großen Unterschiede der gesellschaftlichen Normen verstärkten die gegenseitige Fremdheit.

DIE »STOLZESTEN SCHÖPFUNGEN FÜR DIE WOHLFAHRT DER BÜRGER«?

Wir reden von den »Spannweiten und Widersprüchen« im wilhelminischen Kaiserreich und werden uns im folgenden mit der Stadt, der industriellen Großstadt zumal, befassen. Sie war das Neue jener Jahre, das alle bisherigen Maßstäbe sprengte. Aber am Ende der Epoche lebten immer noch zwei Fünftel der Bevölkerung auf dem Lande. Das war ein viel geringerer Anteil als noch 1871, als knapp zwei Drittel dort lebten – aber es waren immer noch sehr viele Menschen, in absoluten Zahlen sogar genauso viele, denn die Bevölkerung insgesamt wuchs gleichzeitig von rund 41 auf 68 Millionen Einwohner.

Auch auf dem Lande und in den vielen kleinen Städten veränderte sich das Leben; die Eisenbahn fuhr auch dorthin. Aber wenn es keine Industrieansiedlungen gab, dann verlief dort das Leben sehr viel langsamer als in den Städten des Ruhrgebietes,

in Berlin oder den anderen industriellen Brennpunkten. Im Film »Die Feuerzangenbowle« ist viel davon zu sehen – die festgefügte gesellschaftliche Ordnung, die selbstgerechte Betonung des Hergebrachten, das Förmliche und in seiner Förmlichkeit Spießige. Oberstes Gebot war die Maxime, möglichst die alte Ordnung – die politische wie die gesellschaftliche – nicht zu verändern.

Das ist als Hintergrund der dynamischen Verstädterung zu sehen, die im Lexikon von 1895 folgendermaßen beschrieben wird: »Ferner machte sich die Anziehungskraft der Vergnügungen (sic!), des ungebundenen Lebens sowie des höhern Lohnes in größeren Städten derart geltend, daß man von einem Strömen der Bevölkerung aus dem platten Lande in die Städte sprechen konnte«: Die Zahl der Städte mit mehr als 100 000 Einwohnern stieg von 8 (1871) auf 48 (1910), und die ohnehin schon großen Städte wuchsen überproportional.

Die Verstädterung war das Ergebnis der Industrialisierung, denn die Fabriken zogen dorthin, wo sie sich aus der »industriellen Reservearmee« der Arbeiter bedienen konnten. Und die Produktionsstätten, die wegen der Rohstoffe an bestimmte Orte ziehen mußten – das Ruhrgebiet als Beispiel – zogen die Arbeit suchenden Menschen an. Die Art der neuen Städte war durch die Geschwindigkeit geprägt, mit der Wohnungen für die Massen geschaffen werden mußten; und sie war durch die wirtschaftlichen Bedingungen geprägt: Die Arbeiter bekamen möglichst geringe Löhne, um Profite für die Unternehmen erwirtschaften zu können, deshalb mußten die Mieten möglichst gering sein. Die Wohnungsinvestoren jedoch suchten ebenso nach möglichst großen Gewinnchancen, nutzten also die Grundstücke restlos aus und bauten möglichst billig.

Eine Stadtplanung im heutigen Sinne gab es praktisch nicht; sie wurde – wie in Berlin – von der Polizei als »Baupolizeiordnung«, die Bebauungs-

Bebauungsplan von Berlin aus dem Jahre 1862: Die Straßenneuplanungen (rot) zeigen, um wieviel größer die Stadt schon 1862 werden sollte – ein Mehrfaches des Vorhandenen!

pläne von Ingenieuren als Straßenplanung betrieben. Die Bestimmungen waren nach heutigen Maßstäben absolut unzulänglich. So bestimmte die Berliner Bauordnung von 1853 eine Mindest-Hofgröße von 28 qm (1887: 60 qm) bei einer Traufhöhe von 22 m, also fünf (nach heutigen Geschoßhöhen sieben) Etagen. Kellerwohnungen waren zugelassen, sofern die Decke mindestens 94 cm über dem Erdniveau lag. Die Folge für die Masse waren ungesunde, überbevölkerte Quartiere mit arbeiterspezifischen Krankheiten wie Tuberkulose oder Rachitis. Das Anwachsen der Städte auf ein Vielfaches ihrer Größe schuf Aufgaben, die mit den traditionellen Denkansätzen überhaupt nicht erfaßt, geschweige denn gelöst werden konnten.

Die Typen der entstehenden Stadtformen unterschieden sich deutlich. Eine Stadt wie Berlin, Hauptstadt des neuen Reiches, entwickelte sich anders als eine des Ruhrgebietes, in die vorwiegend Arbeiter zogen und in der die breite bürgerliche Schicht der Beamtenschaft fehlte. »Metropole« und »Industriestadt« hatten aber beide mit dem Problem der Dichte zu kämpfen.

Zu der Angst vor der Großstadt um 1900 trug die schiere Dimension bei, das Häusermeer, das auch zum psychosozialen Problem der Bewohner wurde. Die Ausdehnung nach Vorgaben, die sich weitgehend auf Straßenführung, Plätze und die Lage öffentlicher Bauten beschränkten, ließ die Stadt nicht mehr erkennen, wie sie in der Erinnerung der Menschen bestand – und das war das mittelalterliche Ideal mit Kirche, Rathaus und Marktplatz. Man fühlte sich fremd, ohne Orientierung, unbehaust. Das war die Folge komplexer gesellschaftlicher Vorgänge, aber es war *auch* die Folge einer Stadt, die im ungehemmten und ungeordneten Wachstum gestaltlos geworden war.

Es gab eine andere Seite, auch sie die Menschen faszinierend. »Auf der Fahrt nach Berlin« nennt Julius Hart sein Gedicht aus dem Jahre 1882, in dem es heißt:

»Die Fenster auf! Dort drüben liegt Berlin!
Dampf wallt empor und Qualm, in schwarzen Schleiern
hängt tief und steif die Wolke drüber hin,
die bleiche Luft drückt schwer und liegt wie bleiern…
Ein Feuerherd darunter – ein Vulkan,
von Millionen Feuerbränden lodernd…
Ein Paradies, ein süßes Kanaan, –
ein Höllenreich und Schatten bleich vermodernd. (…)«

Paradies und Höllenreich zugleich – die Städte waren Symbole des Fortschritts. Hier, in den Großstädten, gab es den neuen öffentlichen Nahverkehr mit Straßenbahn und U-Bahn, es gab elektrisches Licht in den Straßen, elektrische Aufzüge, die Hochhäuser möglich machten, es gab sogar schon die ersten Automobile! Die Großstadt stand auch für Kultur, für Literatur, Kunst, Theater und die Diskussion über diese, und sie war Ort des verborgenen Lasters. Reichtum und Elend trafen auf engem Raum zusammen.

Das größte Problem neben der Versorgung mit Wohnraum bestand für die Städte in der Schaffung einer funktionierenden Infrastruktur. Die kulturellen Einrichtungen – Oper, Theater, Museum – waren anerkannt und vielfach bereits vorhanden. Anders verhielt es sich mit Krankenhäusern, Schulen oder heute selbstverständlichen Versorgungsnetzen. Viele Städte hatten noch keine brauchbare Wasserver- und -entsorgung; die letzte große Choleraepidemie in Hamburg mit rund zehntausend Toten entstand 1892 durch verseuchtes Wasser. Fachleute wurden seit den sechziger Jahren herangezogen, die in den städtischen Verwaltungen arbeiteten; überhaupt wurde eine effiziente, den Anforderungen gewachsene Verwaltung erst geschaffen, welche die Arbeit der Kommune als Dienstleistung begriff: »Nach und nach entstehen aus der Selbstverwaltung der deutschen Städte alljährlich die stolzesten Schöpfungen für die Wohlfahrt der Bürger. Enge und schmutzige Straßen verschwinden, um geräumigen Plätzen und Verkehrswegen Platz zu machen; prächtige Schulen, Kirchen und Museen, Justiz- und Verwaltungsgebäude, Kranken- und Versorgungsanstalten, Bahnhöfe und Postgebäude, Schlachthäuser, Wasserversorgungs- und Gasanstalten, schöne öffentliche Anlagen, Volksbibliotheken und zahlreiche gemeinnützige Institute legen Zeugnis ab von dem neuen Leben, das in unsere Gemeinden eingezogen und vorzugsweise der Förderung des Gesamtwohls der Gemeindeangehörigen gewidmet ist«, so eine Stimme aus dem Jahr 1882[6].

Die Stadt des wilhelminischen Kaiserreiches war der Beginn der modernen Stadt, wie wir sie heute kennen. Die Städte veränderten ihr *Gesicht* durch ganze Viertel mit Mietwohnungsbauten, durch den erforderlich werdenden Verkehr zwischen Wohnvierteln und Arbeitsstätten, durch die neuen Bautypen und durch die Ausdehnung der Industrieflächen. Die Städte veränderten aber auch ihren *Charakter* durch den Zuzug vieler

Menschen, die die bestehenden sozialen Bindungen aufbrachen.

Unsere Sehnsucht nach dieser Stadt des 19. Jahrhunderts – die beliebten »Gründerzeitviertel« – sollte vor dem Hintergrund ihrer tatsächlichen Probleme relativiert werden. Wenn in einer Wohnung, die seinerzeit mit einer sechsköpfigen Familie plus Untermieter belegt war, heute ein »Single« lebt, wenn es Rauch, Lärm und Gestank nicht mehr gibt – oder nur noch als Feinstaub –, dann lebt es sich halt angenehm. Dafür sind aber nicht die Planer der wilhelminischen Stadt verantwortlich, sondern die folgenden Generationen!

BAUTYPEN, WOHNTYPEN

Die Bauten, die für die Infrastruktur der großen, neuen Städte notwendig wurden, waren öffentliche. Sie wurden entsprechend im Stadtbild behandelt. Bei allen stilistischen Unsicherheiten traten sie gegenüber den Wohnstraßen und -quartieren optisch hervor. Das, nicht zuletzt, macht diese Stadtviertel auch heute noch für uns so attraktiv: die klare Abgrenzung des Öffentlichen und des Privaten. Der Staat stellte sich als selbstbewußte Autorität in der Stadt dar – die Gerichtsgebäude, Theater, Museen, Postgebäude oder Krankenhäuser waren für jeden ablesbar Staatsbauten – genauso wie die Schulen. Diese bildeten gar einen neuen Bautyp; Schulbau gab es bis dahin als eigenständige Aufgabe nicht, weil es auch kein umfassendes Schul*system* gab.

1872 wurde in Preußen die Trennung von Kirche und Staat festgeschrieben, im gleichen Jahr wurde die Volks- und Mittelschulausbildung wesentlich gestärkt; Land und Stadt sollten sich im Schulniveau angleichen; 1888 wurde die Schulgeldfreiheit in der Volksschule realisiert. Erstmalig wurde eine achtjährige Schulpflicht durchgesetzt.

Die Schule war Instrument ideologischer Erziehung, was sich in ihrer Architektur ausdrückte; sie »muß bestrebt sein, schon der Jugend die Überzeugung zu verschaffen, daß die Lehren der Sozialdemokratie nicht nur den göttlichen Geboten und der christlichen Sittenlehre widersprechen, sondern in Wirklichkeit unausführbar und in ihren Konsequenzen dem Einzelnen und dem Ganzen gleich verderblich sind«[7] – genau das drücken die Bauten auch aus.

Ähnliches gilt für andere Bautypen in der Stadt. Sie sollten das »gemeine Volk« versorgen; nach der Abschaffung der Sozialistengesetze und der Einführung der Sozialversicherungen bestand die Politik des Kaisers darin, durch soziale Einrichtungen einer möglichen Revolution vorzubeugen. Um 1900 wurden vermehrt Volksparks, öffentliche Schwimmbäder oder Krankenhäuser in Arbeitervierteln geplant, die der »Volksgesundheit« dienen sollten.

Neue Bautypen entwickelte auch die private Wirtschaft: Fabriken und Kaufhäuser. Mit zunehmender Kapitalkonzentration in der zweiten Hälfte des Jahrhunderts genügte der kleine Laden im Erdgeschoß nicht mehr für die reichen und neureichen Käuferschichten; Geschäftsleute wie Tietz oder Wertheim übernahmen aus Paris neue Formen des Verkaufens: Es entstand das Warenhaus. Unter einem Dach, auf mehreren großflächigen Geschossen wurden sämtliche Waren angeboten – ein Geschäft für alle Waren.

In diesen Räumen wurden ganze Warenkörbe inszeniert – das Füllhorn war ihr Symbol, und Architekten wie Joseph Maria Olbrich oder Alfred Messel entwickelten eine eigenständige Architektur dafür: »Wer das Haus Wertheim zum ersten Male betritt, empfängt den Eindruck eines erdrückenden Gewirres. Menschen fast zu jeder Tageszeit in ununterbrochenen Strömen; unabsehbare, immer neue Reihen von Verkaufsständen; ein Meer von Warenmassen, ausgebreitet; Treppen, Aufzüge, Etagen, sichtbar wie die Rippen eines Skeletts;

Säle, Höfe, Hallen; Gänge, Winkel, Kontore; Enge und Weite, Tiefe und Höhe; Farben, Glanz, Licht und Lärm: ein ungeheuerliches Durcheinander, scheinbar ohne Plan und Ordnung.«[8]

Öffentliche Infrastruktur, Kommerz, Verkehr waren wichtige Bestandteile der neuen Stadt. Aber deren eigentlicher Kern war das Wohnen, war die drängende Frage, wie die Massen und Klassen angemessen untergebracht werden könnten.

Das Typische für die meisten Städte war das mehrgeschossige Mietwohnhaus, wie wir es heute noch als »gründerzeitliche Bebauung« schätzen. Die gab es in jeder Größe und Ausstattung, mit oder ohne Dienstboteneingang. Aber zwischen der Wohnung des Proletariats und der des Bürgertums gab es dennoch Unterschiede. Eine Ausnahme bildeten die Industriestädte vor allem des Ruhrgebietes, die kaum bürgerliche Bewohnerschaft hatten und deren Wohnungen häufig Teil des Angebotes der Fabrikbesitzer waren. Sie bevorzugten einen anderen Typ, den der Reihenhaus-Kolonie.

Der Unterschied zwischen der bürgerlichen und der Wohnung des Arbeiters lag zunächst in der Größe. Aber er war auch eine Frage des Selbstverständnisses: Den Kern der bürgerlichen Wohnung bildete die Repräsentation. Was sich die Arbeiterfamilien nicht leisten konnten, was sie aber auch nicht zur Selbstdarstellung in der Gesellschaft benötigten, bildete einen wichtigen Teil des bürgerlichen Lebens. Dabei spielte das Stadtviertel – die »Adresse« – ebenso eine Rolle wie Fassade, Hauseingang, Treppenhaus und im Inneren die Abfolge von zur Straße gelegenen Zimmern. Dort

OBEN:
Rauminszenierung zur Steigerung der Warenwirkung: Alfred Messels Lichthof des Kaufhauses Wertheim in Berlin (1896–1904).

Bürgerliches Wohnquartier, Hamburg um 1905.

war es der »Salon«, der in der Fassade hervorgehoben wurde; die Repräsentationsräume wurden durch Schiebetüren miteinander verbunden, so daß auch die großen Gesellschaften abgewickelt werden konnten. Diese Räume lagen immer zur Öffentlichkeit hin, während die privaten nach hinten hinaus angeordnet waren. Auch in den Fassaden wurde der Unterschied eindeutig betont; während die Straßenfassade reich geschmückt war, wurde auf der Hofseite meist nur glatt verputzt.

Die wirklich wohlhabenden Bürger jedoch gaben sich nicht mit der Mietwohnung auf der Beletage zufrieden, selbst wenn diese 8 oder 10 Zimmer und 300 qm umfaßte. Sie scheuten die ungesunde Stadt; die Menschen, die man dort traf – das Industrieproletariat – waren auch nicht unbedingt das, was man sich, seiner Frau und seinen Kindern antun mußte. Also zog man zum Wohnen aufs Land. Die neuen Verkehrsmittel machten es möglich: Ein neuer Typ entstand – die Vorortvilla oder das Landhaus –, der sich dort entwickelte, wo die Städte Wohlstand hervorbrachten – im Ruhrgebiet ebenso wie in München, Dresden, Hamburg oder Berlin. Es war ein bürgerlicher Bautyp, der sich als Villa am Vorbild des Adelspalastes orientierte, als Landhaus jedoch eher eine idealisierte Abgeschiedenheit in der Natur suchte.

Beide lagen außerhalb der traditionellen Stadt. Und beide setzten die Trennung von Arbeiten und Wohnen voraus; sie dienten nur dem Wohnen der Familie und der Repräsentation. Fabrikbesitzer, Bergwerksdirektor, Reeder oder höherer Beamter hatten jetzt zur Arbeit zu fahren. Damit waren die Bauten auch Indiz für eine sich zunehmend differenzierende Gesellschaft – nicht nur innerhalb der Klassen, sondern auch der Geschlechter; »Ort der Arbeit« (der Männer) und »Ort des Wohnens« (der Frauen) bildeten zwei getrennte Sphären.

Villa und Landhaus waren beide Ausdruck von Wohlstand, sie waren aber auch Bild zweier unterschiedlicher Intentionen: der der Repräsentation

Villenvorort Dresden-Loschwitz um 1880.

und der einer neuen »Innerlichkeit«, die im Rückzug auf die Familie, im Leben innerhalb einer gestalteten Landschaft, im demonstrativen Rückzug aus der Stadt ablesbar ist. Das führte zu einer neuen Isolation der Frau; die »grüne Witwe« kündigte sich an. Zwar war ihre klar definierte Aufgabe die Führung des Haushaltes mit der Erziehung der Kinder und der häuslichen Repräsentation. Aber selbst der Einkauf wurde in jenen Kreisen vom Personal durchgeführt, so daß der Kontakt zur gesellschaftlichen und städtischen Realität verloren ging. Die »bürgerliche Moral« spiegelte das mit ihren unterschiedlich akzeptierten Verhaltensweisen für Männer und Frauen; was für den Mann lässliche

23

Sünde war, das führte bei der Frau – nachzulesen in den Romanen Theodor Fontanes oder Gustave Flauberts – zum Ausschluß aus der Gesellschaft.

Der »Drang zur Villa« ließ die Grundstücks-spekulanten nicht ruhen; auch im 19. Jahrhundert waren sie überaus geschickt darin, die Sehnsüchte der Menschen aufzugreifen und Verkaufsargumente daraus zu entwickeln. So gab es in der zweiten Jahrhunderthälfte zahlreiche Vorstadtgegenden, die für den Bau von Villen systematisch parzelliert wurden – Berlin-Friedenau oder Lichterfelde, Hamburg-Marienthal oder Dresden-Blasewitz sind einige der bekanntesten – Viertel, die auch heute noch wegen ihrer hohen Wohnqualitäten geschätzt werden.

Die Arbeiter hingegen – und wir reden dabei von der Hälfte der Bevölkerung! – lebten aufgrund geringer Einkommen und hoher Mieten generell schlecht, in überfüllten, gesundheitsschädlichen Wohnungen. Ein gut verdienender Arbeiter in Berlin konnte auf ein Jahreseinkommen von etwa 1200 Mark kommen; eine Zweizimmerwohnung mit Küche im Vorderhaus hätte etwa 450 Mark gekostet. Untermieter oder Bettgeher (die Nutzung einer Bettstelle durch mehrere Mieter) waren die zwangsläufige Folge. Sie stellten für das bürgerliche Publikum und die Polizei den Tiefpunkt von Sitte und Moral dar – was sie vermutlich auch waren bei dem gedrängten Zusammensein der Geschlechter ohne jede Privatsphäre.

Ein in Berlin-Moabit arbeitender Pfarrer schrieb über seine Jugend um 1900: »Die meisten Wohnungen bestehen aus Stube und Küche, nach vorne heraus liegen meist Zwei-Zimmer-Wohnungen. (…) In einer Anzahl von Häusern befinden sich Wohnküchen, also Wohnungen, die nur aus einem einzigen Raum bestehen. Gelegentlich sind findige Wirte auf den Gedanken gekommen, jeden Raum der Wohnung einschließlich Flur einzeln zu vermieten. Hier wohnt dann das ärmste Proletariat. Dem System des Kreidestrichs (zwei Familien in einem

Zimmer) bin ich aber bei uns noch nicht begegnet. Von Badeeinrichtungen kann nirgendwo die Rede sein. Das gemeinsame Klosett für die Bewohner eines Stockwerkes (3 bis 4 Familien) befindet sich meist einen Treppenabsatz tiefer. (…) Charakteristisch für das Proletarierviertel ist, daß der normale Typus der Familie (Vater, Mutter und Kinder aus der gemeinsamen Ehe) doch häufig

RECHTE SEITE: Die Kruppsche Arbeiterkolonie Friedrichshof in Essen (1899–1901).

Stube und Küche einer Arbeiterwohnung in Berlin (1912): Das war, wohlgemerkt, nicht etwa eine besonders schlechte Wohnsituation im Vergleich zu vielen anderen.

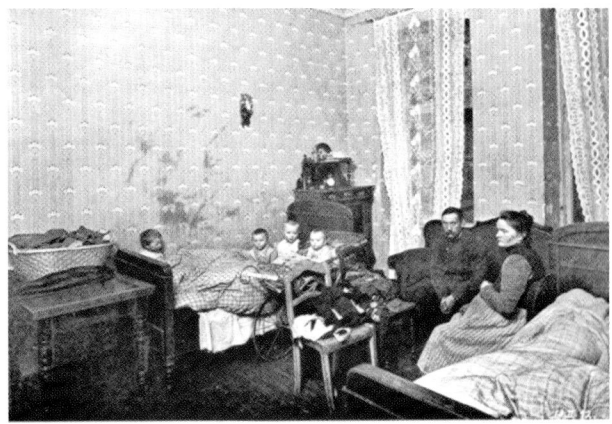

stark gestört ist. Es gibt in den Familien sehr viel vorehelische und unehelische Kinder. Man trifft auch viel Pflegekinder oder Kinder, die bei ihren Großeltern erzogen werden.«[9]

Die Beschreibung ist eher undramatisch; es gibt zeitgenössische Texte, die das Wohnungselend stärker betonen. Nur der Facharbeiter mit regelmäßigem Einkommen und möglichst mitarbeitender Frau konnte verträglich wohnen – oder besser: hätte es können, wenn er auf das nur zu Weihnachten oder bei besonderen Anlässen genutzte Prunkzimmer, die »gute Stube«, verzichtet hätte. Hier zeigten sich die gleichen Ansätze zur Repräsentation, wie sie für die bürgerlichen Schichten zwingend notwendig waren.

Die »Wohnungsfrage« des Proletariats rief schon früh reformerische Ansätze hervor, die allerdings zunächst wenig ausrichteten. Seit Mitte des Jahrhunderts gab es in christlich-sozialen Kreisen wie auf der Seite der Sozialisten Vorschläge, wie man der Not Herr werden könnte; Victor Aimé Huber (»Die Selbsthülfe der arbeitenden Klassen durch Wirtschaftsvereine und innere Ansiedlung« 1848) rief zur »inneren Kolonisation« auf, Friedrich Engels beschrieb zur gleichen Zeit die »Umwelt der arbeitenden Klasse« und stellte die Diskussion vom Kopf auf die Füße, indem er erst die »Wirtschaftsfrage« und dann die »Wohnungsfrage« lösen wollte; die Reihe ging weiter bis zu Vorschlägen zur Bodenreform bei Adolf Damaschke (»Die Boden-

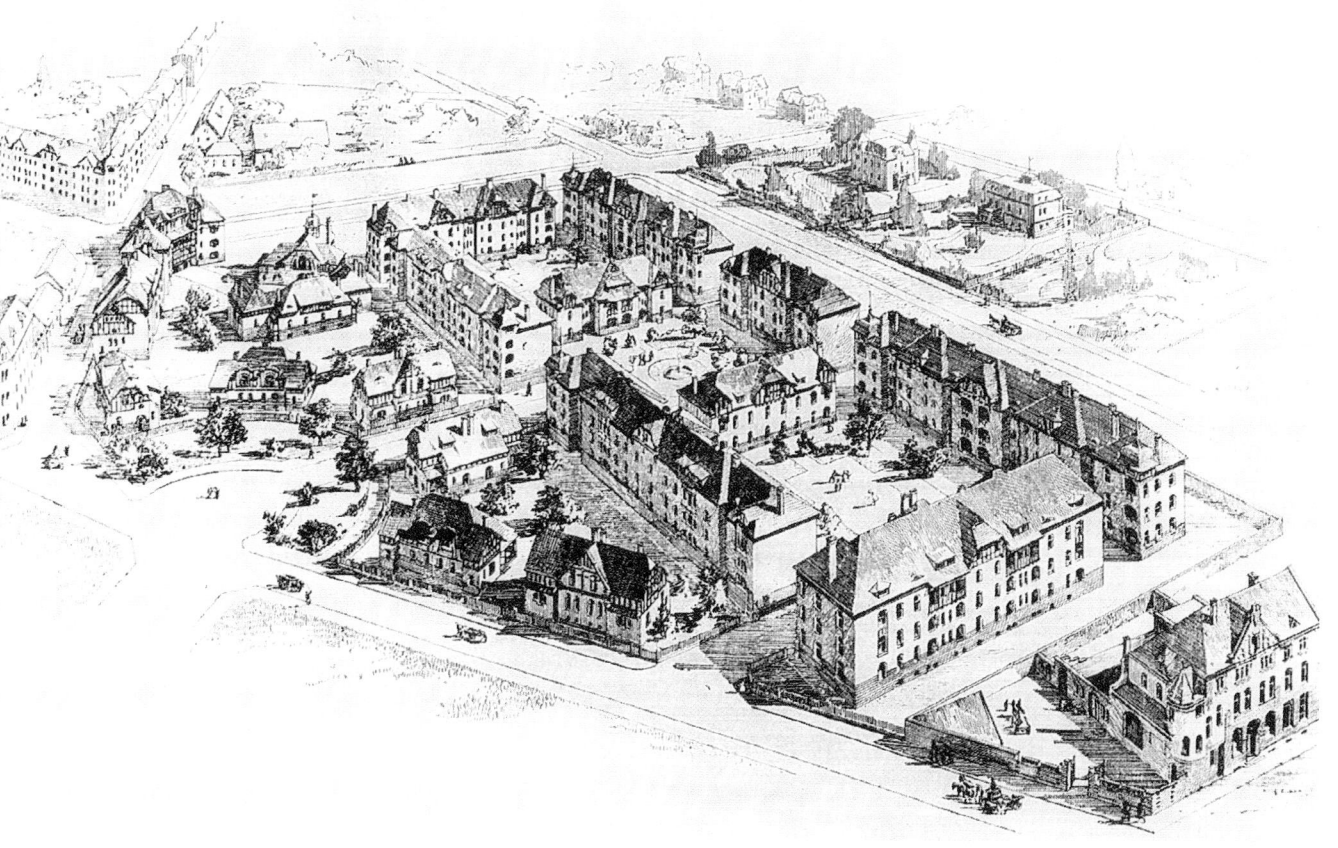

reform. Grundsätzliches und Geschichtliches zur Erkenntnis und Überwindung der sozialen Not« 1902) und dem Versuch, die Großstadt überhaupt abzuschaffen durch die Anlage von Gartenstädten (Ebenezer Howard: »Tomorrow. A Peaceful Path to Real Reform«, 1898).

Die Reformansätze sind lang und vielfältig und immer von bestem Willen getragen; sie blieben aber in der Zeit des Kaiserreiches quantitativ weitgehend folgenlos. Anstelle der »großen« Lösungen gab es praktische Ansätze, welche die Lage der »arbeitenden Klassen« erleichterten. Einer davon war der betriebliche Wohnungsbau, den weitsichtige Fabrikbesitzer vor allem dort initiierten, wo es noch am wenigsten »Stadt« gab, nämlich in den neuen industriellen Ballungskernen. Die angeworbenen Arbeiter mußten in der Nähe der Stahlwerke und Zechen angemessen untergebracht werden, damit sie überhaupt kamen.

Die Siedlungen dort wurden unter weitgehendem Verzicht auf Gewinnmöglichkeiten von fortschrittlichen Unternehmern eingerichtet. Alfred Krupp, Carl Ferdinand Stumm und andere empfanden Verantwortung für »ihre« Arbeiter – auch, um sie von der Versuchung der Gewerkschaften und der Sozialdemokratie abzuhalten. Krupp baute sogenannte »Arbeitercolonien«, um in der Nähe der Produktionsstätten preisgünstige, brauchbare Wohnungen anbieten zu können. Darüber hinaus wurde eine Infrastruktur von der Schule bis zum Krankenhaus angeboten; eine »Konsumanstalt« mit immerhin 68 Verkaufsläden im Jahre 1892 bot Waren und Dienstleistungen vom Schumacher bis zur eigenen Brotfabrikation an. In einem solchen Sozialsystem forderte er von »seinen« Arbeitern, »Genießet, was Euch beschieden ist. Nach gethaner Arbeit verbleibt im Kreise der Eurigen, bei den Eltern, bei der Frau und den Kindern und sinnt über Haushalt und Erziehung. Das sei Eure Politik, dabei werdet Ihr frohe Stunden erleben. Aber für die große Landespolitik erspart Euch die Aufregung.

Höhere Politik treiben erfordert mehr freie Zeit und Einblick in die Verhältnisse, als dem Arbeiter verliehen ist. Ihr thut Eure Schuldigkeit, wenn Ihr durch Vertrauenspersonen empfohlene Leute erwählt. Ihr erreicht aber sicher nichts als Schaden, wenn Ihr eingreifen wollt in das Ruder der gesetzlichen Ordnung. Das Politisiren in der Kneipe ist nebenbei sehr theuer, dafür kann man im Hause Besseres haben.«[10]

Eine andere Form, den Arbeitern bessere Lebensbedingungen zu verschaffen, war, ihnen ein Stück Land am Stadtrand zur Nutzung zu überlassen. Auf gegen ein geringes Entgelt zu pachtendem Gartenland sollten nicht nur Obst und Gemüse als notwendige Ergänzung des oft nicht ausreichenden Einkommens geerntet werden. Darüber hinaus, so die Idee des Leipziger Arztes Daniel Gottlieb Moritz Schreber (1808-1861), konnten durch Arbeit an der frischen Luft viele großstadttypische Krankheiten vermieden werden.

Das Spezifische des Schrebergartens lag in der Trennung von Wohnort und Garten; wer in der Stadt wohnte, konnte am Stadtrand ein Stück Land, meist um 400 qm, pachten. Am Wochenende zogen Generationen von Arbeitern mit Kind und Spaten in ihre Gärten, um dort Radieschen und Kohl zu ziehen, während die Hausfrau Kirschen und Brombeeren zu Marmelade verarbeitete: Für viele Menschen war das bis weit ins 20. Jahrhundert hinein die einzige Art, jemals »Urlaub« zu machen.

Schließlich, als drittes Beispiel (denen man als viertes die überaus rührige, wenn auch zahlenmäßig geringe Wohnbautätigkeit der gemeinnützigen Baugenossenschaften hinzufügen müßte), faszinierte die Howardsche Gartenstadtidee sofort nach ihrer Veröffentlichung auch in Deutschland; schon 1902 wurde die »Deutsche Gartenstadtgesellschaft« gegründet, 1907 wurden in Dresden, Karlsruhe und Marga die ersten Siedlungen gebaut – in einem entscheidenden Punkt anders als es der Erfinder vorgesehen hatte. Die deutschen Gartenstädte waren keine wirtschaftlich unabhängigen Einheiten – das hatte auch in England nicht funktioniert. Es entwickelte sich vielmehr die Gartenstadt als Vorstadt – und das entweder nur für bürgerliche Schichten oder als von der Industrie unterstützte Siedlungen. Letzteres trifft auf die bekannteste zu, auf die Gartenstadt Hellerau bei Dresden, die den »Deutschen Werkstätten« angegliedert und von ihnen finanziert war. Sie war der Versuch, eine neue Lebensform auch für die Arbeiter zu vermitteln.

In Hellerau kamen moderne städtebauliche und architektonische mit sozialistischen, genossenschaftlichen und lebensreformerischen Ideen zusammen – eine Mischung, die kaum funktionierte, aber dennoch fasziniert: Im Gebäude der von Heinrich Tessenow entworfenen Bildungsanstalt wurde ein Sakralbau einer neuen Gesellschaft gebaut. Richard Riemerschmid, der andere bedeutende Architekt von Hellerau, beschwor mit den gewundenen Straßen und bewusst individualisierten Häusern ein idealisiertes Mittelalter. Von An-

Reklame für die Gartenstadt Hellerau bei Dresden.

Oben die Siedlung aus der Ferne; links die Fabrik, rechts die Wohnbauten.

27

fang an zeigte sich aber, daß die ideologischen Gegensätze, die zusammenkamen, nicht gelöst werden konnten – trotz der schönen, betont einfachen Möbel der Deutschen Werkstätten. Die wurden von den Arbeitern weniger geschätzt als von den bürgerlichen Reformern, die sie ihnen andienten.

STILFRAGEN

Wilhelminismus – das ist im Sprachgebrauch der Architektur ein wilder Formenmischmasch, eine Schlacht vergangener Stile; die staatstragenden Bauten von Reichtag, Gerichten, Schulen am Ende des 19. Jahrhunderts stehen dafür. Aber auch in den ästhetischen Fragen gab es im Kaiserreich eine große Spannweite, eine Gleichzeitigkeit des Verschiedenen: Jugendstil und Wilhelminismus waren gleichzeitig präsent, die Kunstgewerbeschule eines Henry van de Velde in Weimar war auch ein staatlicher Repräsentationsbau.

Die Gleichzeitigkeit von Traditionalismus und Moderne konnte man am besten sehen, wo der gleiche Anlaß gefeiert wurde. 1913 beging man das einhundertjährige Jubiläum der »Jahrhundertschlacht« bei Leipzig und Auerstedt, die zum Sieg über Napoleon geführt hatte. In Leipzig wurde das Völkerschlachtdenkmal vom Kaiser eingeweiht, in Breslau die Jahrhunderthalle, deren Einweihung der Kaiser demonstrativ fernblieb. Der Architekt des Völkerschlachtdenkmals, Bruno Schmitz, drückte in seinen zahlreichen Denkmälern aus, was der Staat als *raison d'être* sah: Einen übersteigerten Nationalismus auf der Grundlage vermeintlicher historischer Größe. »Es bleibt dabei, daß die größte Leistung aller Kunst aller Völker des 20. Jahrhunderts auf dem Schlachtfelde bei Leipzig steht« – das reflektiert diesen Anspruch: eine 90 m große Leistung! Insofern war der eklektische Wilhelminismus als Stil des Kaiserreiches die richtige Wahl.

Technisch auf höchstem Niveau, dabei nüchtern, modern – und gerade deshalb eindrucksvoll: Das ist dagegen die Jahrhunderthalle. Diese Architektur zeigt nur sich selbst und wirkt eben dadurch um so gewaltiger. Ihr Architekt, der Breslauer Stadtbaurat Max Berg, hatte das Material, den »nackten« Sichtbeton, nicht nur aus Kostengründen gewählt, sondern weil das Material »auch eine architektonisch und konstruktiv bedeutungsvollere Gestaltung zuläßt. Auf diese Weise wurde es ermöglicht, *die bisher bedeutendste stützenlose Überspannung*

Das Völkerschlachtdenkmal Leipzig (Architekt: Bruno Schmitz, 1913).

eines Raumes in rein massiver Konstruktion«[11] zu errichten – immerhin rund dreimal so groß wie die Kuppel des Petersdoms.

Es gab also neben dem eklektischen Wilhelminismus andere Strömungen, und sie blieben durchaus nicht staatsfern, wenn auch meist »reichs«fern. Sie standen für einen modernen Staat, der neue Formen für neue Inhalte und wirtschaftlichen Erfolg einzusetzen trachtete – der »Deutsche Werkbund«, der den programmatischen Schulterschluß zwischen Industrie und neuer Form betrieb, wurde 1907 gegründet.

Die Jahrhunderthalle in Breslau
(Architekt: Max Berg 1913).

Maison du Peuple in Brüssel: Die Träger scheinen sich unter der Last der Decke zu biegen – die »Natur« des Materials (Architekt: Victor Horta, 1895–1898).

Das 19. Jahrhundert glaubte an die Einheit des Stils; man kann es geradezu als ein Jahrhundert auf der Suche nach dem einen Stil beschreiben, von Schinkel über Heinrich Hübsch (»In welchem Style sollen wir bauen?«, 1828) und den Wettbewerb in Bayern für einen verbindlichen Architekturstil (1851), bis zum Eklektizismus am Ende, bei dem die historischen Stile in einem Bau kombiniert wurden, um »möglichst viel Größe« über »möglichst viel historische Vergewisserung« zu zeigen. Aber die Überzeugung, *eine* Formensprache könne Zeit und Gesellschaft angemessen repräsentieren, führte auch zu Brüchen in der Entwicklung; die »Sezession« in den verschiedenen Großstädten – Wien, Berlin, München – als Ausbruch aus der akademischen Norm trug ihn programmatisch im Namen!

Auch der »Jugendstil« brach mit allem architektonisch Vorhandenen, und zwar radikaler, als es die Betrachtung des hübsch geschwungenen Ornamentes vermuten lässt. Er erlebte in Deutschland eine kurze Blüte, war aber in seinen bedeutendsten Bauten ein Import aus Belgien und Österreich – eine erste Revolution in der Architektur, die in den zwanziger Jahren des 20. Jahrhunderts, in der »klassischen Moderne«, vollendet wurde.

Ein starkes Bürgertum konnte, soweit es sich nicht in der konservativen Tradition sah, die Formen der Vergangenheit, die Formen des Adels, nicht für sich akzeptieren; wenn man der modernste Staat sein wollte, dann mußten auch neue Formen in Kunst und Architektur her, zumal es mit Eisen, Glas und Beton neue Materialien gab. Das galt für viele europäische Länder ähnlich. So entstand fast gleichzeitig um 1890 tatsächlich so etwas wie ein neuer Stil – nicht nur in der Architektur, sondern auch in der Malerei, der Grafik, der Plastik, und es gab ein aufgeschlossenes Publikum dafür – eine erste künstlerische Revolution am Ende des Jahrhunderts: Jetzt waren nicht mehr Giebel, Säule und Balken das Maß aller Dinge. Jetzt suchte man in der Natur oder im Wesen der Materialien die Maßstäbe für die Kunst – auch für die Architektur. Das, und nicht die fließenden Formen, war das eigentlich Neue der europaweiten Stilkunst: Das Bezugssystem der Architektur wurde grundlegend neu formuliert: Ein Eisenträger biegt sich eben in der Mitte durch, weil er belastet wird, ein Träger über einem Fenster wird als solcher gezeigt, und ein Stein, der als Auflager dient, wird unter der Last zusammengedrückt – ein »heilsames Zurückgehen auf die dem Material eigene Technik und eine durch eingehendes Naturstudium unterstützte künstlerische Verarbeitung des gegebenen Vorwurfs«, wie es Hans Poelzig ausdrückte.[12] Diese Umwälzung traf auf ein Publikum, das darauf nur gewartet zu haben schien, denn der Erfolg der neuen Künstler war so durchschlagend, daß er in der massenhaften Verbreitung und damit Banalisierung binnen kurzer Zeit zum hohlen Ornament verkam.

Am Beginn des neuen Jahrhunderts gab es dann so etwas wie einen »wilhelminischen Kompromiß« auch in der Architektur, einen Kompromiß zwischen Jugendstil, wilhelminischer Monumentalität, vorsichtigen klassischen Reminiszenzen und einem Streben nach Vereinfachung. Die Jahrhunderthalle in Breslau oder der Leipziger Bahnhof sind Beleg dafür, daß die neuen Bauaufgaben mit den neuen Materialien und Konstruktionsweisen in einer

neuen Ästhetik zur Deckung kommen konnten. Es gab tatsächlich so etwas wie einen »Stil 1910« – nicht so radikal und nicht so verspielt wie der Jugendstil, nicht so pompös wie der wilhelminische Eklektizismus: Der »Deutsche Werkbund« stand dafür, Hermann Muthesius mit seinen Landhausbauten in englischer Tradition, Fritz Schumacher mit seinen ersten Bauten in Hamburg, Hans Poelzig, Peter Behrens, Richard Riemerschmid, Heinrich Tessenow, dazu Theodor Fischer und Max Littmann in Süddeutschland, sowie Paul Mebes und Paul Schultze-Naumburg mit einflußreichen Veröffentlichungen. Es ist eine eindrucksvolle Liste, und die Bauten sind auch heute noch großartig: »nur glatte Flächen und rechte Winkel (...) schmucklose und vornehme Schönheit. (...) so ist

»Stil 1910« als Vorgriff auf die klassische Moderne: Anatomische Anstalt, München, als reiner Funktionsbau in nacktem Beton (Architekt: Max Littmann 1908).

der Bau ein Musterbeispiel für moderne, aus der Zweckmäßigkeit geborene, architektonische Schönheit«, wie die *Süddeutsche Bauzeitung* über die Münchner Anatomie schrieb.

Die großen Architekten der zwanziger Jahre – Mies van der Rohe, Gropius, Bruno und Max Taut und die anderen – mußten diese Architektur erst überwinden; die neuen gesellschaftlichen und politischen Verhältnisse nach dem 1. Weltkrieg erleichterten das. Im Gegeneinander von These und Antithese, der Turbinenfabrik der AEG von Peter Behrens (1908/09) und den Faguswerken in Alfeld/Leine von Walter Gropius (1. Bauabschnitt 1911–14), wurde es auch architektonisch sinnfällig gemacht: Der »Tempel der Arbeit« wird zum »Tempel der Arbeiter« aus »Licht, Luft und Sauberkeit«, der »das ursprüngliche Schönheitsempfinden, das auch der ungebildete Arbeiter besitzt«[13], anspreche. Hoffentlich.

Man muß sich noch einmal vor Augen führen, was am Beginn des 20. Jahrhunderts sichtbar war als Folge der Umwälzungen des 19.: Es war die vollständige Veränderung der Lebensgrundlagen. Der »Lebensentwurf« einer Gesellschaft, die sich auf Adel und Bürgertum stützte, geriet ins Wanken. Gesellschaft, Stadt und Staat mußten neu gestaltet werden, mußten in einem Maße modernisiert werden, wie wir es uns kaum vorstellen können. Das Alte wurde einfach überrollt – kein Wunder, daß sich viele Menschen darüber Gedanken machten, wie man die Geschichte bewahren könne – auch die gebaute: Weshalb die großen mittelalterlichen Dome fertiggestellt und der Denkmalschutz zur staatlichen Aufgabe wurden. Auch eine starke Heimatschutzbewegung entwickelte sich – vielen Menschen ging die Veränderung einfach zu schnell. Um die Jahrhundertwende entstanden zahlreiche lebensreformerische Bewegungen, denen es nicht um konkrete politische Forderungen ging, sondern um eine umfassende gesellschaftliche Neuorientierung.

Wir stehen am Vorabend des Ersten Weltkrieges, und die Architektur ist, ästhetisch und technisch und im Hinblick auf die Bauaufgaben, auf der Höhe der Zeit angekommen: soziale Reform, technischer Fortschritt, Stadt- und Wohnreform, Wachstumsdynamik, Architektur scheinen sich zu verbinden. Aber es ist zu spät fürs Kaiserreich, dessen Herrscher kein Empfinden dafür besaß. Julius Posener hat die Situation einer aufgeschlossenen Bürgerlichkeit beschrieben:

»*Unter den gebildeten Bürgern der Zeit hat es*

Fagus-Werke, Alfeld/Leine
(Architekt: Walter Gropius, 1911–1914).

LINKS:
AEG-Turbinenfabrik, Berlin
(Architekt: Peter Behrens, 1909).

viele gegeben. die so gedacht haben: Eine tiefe Skepsis gegenüber den Errungenschaften der wilhelminischen Epoche herrschte in ihrem Denken vor. Sie erkannten allerwegen den wilhelminischen Kompromiß als Kompromiß: Die Zeit besaß keinen Stil. Sie konnte keinen haben, da ihre Gesellschaft jene Einheit nicht besaß, die man Kultur nannte. (Dieses Bürgertum war in hohem Maße kulturbewußt.) Der Jugendstil war gescheitert, mußte scheitern und wurde von Gebildeten dieser Art von Anfang an abgelehnt. Gemäßigt sozialistisch in jungen Jahren, gemäßigte

Nietzscheaner später, und durch beide Doktrinen untauglich gemacht, überzeugte Liberale zu sein, obwohl sie ihrem Lebensstil nach eben doch liberal waren (denn für sie wurden jene Landhäuser gebaut, sie bewohnten sie mit ihren Kindern, den Dienstboten, dem Kinderfräulein, den Gärtnersleuten); tief beunruhigt über die politische Form Deutschlands warteten sie auf Ereignisse, die eine Wendung, die Kultur und Stil schaffen würden. In Wahrheit warteten sie auf die Katastrophe; aber sie glaubten nicht an die Katastrophe.«[14]

Im Verlauf des 19. und zu Beginn des 20. Jahrhunderts haben herausragende Wirtschaftspioniere im deutschen Südwesten die Grundlage für die spätere Prosperität des modernen Bundeslandes Baden-Württemberg gelegt. Nicht wenige von ihnen ließen sich zum Zweck gesellschaftlicher Repräsentation Villen bauen, von denen einige die Zeitläufte überdauert haben. Das Luftbild zeigt in der Bildmitte die Villa des Industriellen Robert Bosch am Stuttgarter Heidehof (mit Turm).

»In welchem Style wollen wir wohnen?«

HERREN UND HERRENHÄUSER
BADENS UND WÜRTTEMBERGS

VON CHRISTIAN MARQUART

DIE KLASSISCHE ANTIKE: EINFACH NICHT AUF DER HÖHE DER ZEIT

Wie man aus einem scheinbar spontanen Seufzer ein geflügeltes Wort machen kann, hat der badische Architekt und großherzogliche Residenzbaumeister Heinrich Hübsch (1795–1863) in Karlsruhe bravourös vorgeführt, als er seine Kollegenschaft mit der Frage beschäftigte: »In welchem Style sollen wir bauen?« So lautet nämlich der Titel einer Denkschrift, die mit ihrem ersten Anschein baumeisterlicher Rastlosigkeit vor allem Aufmerksamkeit und Problembewußtsein wecken wollte.

In seinem Text rechnete Heinrich Hübsch aus Anlaß des 300. Todestages Albrecht Dürers 1828 mit jenem Klassizismus ab, der sich seiner Meinung nach allzu korrekt an den Vorbildern der griechischen Antike orientierte – und den er nun Punkt für Punkt mit sachlich-kühlen Argumenten kritisierte; einerseits als schlicht unzeitgemäß, vor allem aber als untauglich für die anstehenden Bauaufgaben des im Aufbruch befindlichen 19. Jahrhunderts.

Nicht explizit, aber doch beiläufig werden eben jene technischen, sozialen und ökonomischen Rahmenbedingungen angesprochen, die das in Deutschland noch kaum entwickelte, aber etwa in England schon sich entfaltende Zeitalter der Industrialisierung auch dem Bauwesen aufprägen sollte. Tatsächlich kümmerte sich der Autor nicht allzu intensiv um reine Stilprobleme. Wesentliche Argumente sind technischer und ökonomischer Art. Hübsch leitet, ausgehend von der »Seite des Bedürfnisses«, zielsicher einige konzeptionelle Fragen der Architektur ab, welche diese aus den Fesseln des antikischen Designs befreien, das Entwerfen auf aktuelle Gestalt-, Konstruktions- und Funktionserfordernisse konzentrieren und damit schließlich auf eine »sichere Basis« stellen sollen.

Dabei reflektiert sein Manifest eines »neuen« Stils sehr verallgemeinernd die Wesensmerkmale der Architektur seiner Zeit. Es legt dar, wie ärgerlich das Stildiktat des griechisch inspirierten Klassizismus mit den aktuellen Bauaufgaben seiner Epoche in Konflikt geraten muß: weil etwa schon das Klima in Deutschland kein mediterranes ist; weil mit einer neuen Zeit auch neue »Bildungsmomente« der Architektur ins Spiel kommen und damit nicht nur das Spektrum der Gebäudelehre erweitern, sondern auch hergebrachte Dimensionen des Bauens sprengen; weil folglich die »unbefangene Einwirkung der Gegenwart« auch neue Anforderungen an die Idee der Wahrhaftigkeit und Ökonomie der Konstruktion im besonderen und der Baukunst im allgemeinen stelle.

Die konsequente Reflexion von Zeiterfordernissen, der sich der junge Hübsch im Jahr 1828 stellvertretend für seine Kollegenschaft unterzieht, bemüht immer wieder Argumente, die sich auf Kosteneffizienz, Funktions- und Materialgerechtigkeit sowie eine intelligente »Technostatik« beziehen. Denn die eigentlich formenden Kräfte der Architektur erkennt Hübsch im Bemühen, Baumassen und -elemente zwar bis zu einer angenehmen »Zierlichkeit« zu minimieren, gleichzeitig aber deren Leistungsfähigkeit – etwa im Sinne der Spannweite von Tragwerken, Decken und Schalen – zu steigern.

In der Karriere der Architekturmoderne des 20. Jahrhunderts, die sich schließlich internationalisierte und globalisierte, bot Heinrich Hübschs Traktat immer wieder Stoff für eine im Namen von Sachlichkeit und Funktionalismus radikal und schroff formulierte Kritik am architektonischen Historismus des 19. Jahrhunderts. Der hatte sich ja tatsächlich sehr unverblümt im verfügbaren Fundus traditioneller Stile zu bedienen gewußt, aber – wie zu zeigen sein wird – nicht aus reiner Willkür, sondern in Abhängigkeit eines steten Wandels individueller Wohnbedürfnisse.

Für unsere Überlegungen, die weniger die Architekten des 19. Jahrhunderts in den Blick nehmen als vielmehr deren anspruchsvolle südwest-

deutche Bauherren, ist mithin die berühmte Frage-
stellung »In welchen Style sollen wir bauen?« zu
paraphrasieren und umzudrehen: Hier geht es um
Architektur aus der Perspektive einer wohlhabenden und anspruchsvollen Bewohnerschaft. Deren
Anliegen lautete letztlich: »In welchen Style wollen
wir wohnen?« Man hatte durchaus die Wahl, war
aber auch eingezwängt in ein Korsett von gesellschaftlichen Rollenerwartungen und Konventionen.

Unsere Perspektive ist also wesentlich bestimmt
von den privaten Vorlieben und Lebensstilkonzep-
ten tendenziell dynastisch geprägter Großfamilien,
die komfortabel wohnen wollten, deren Herkunft
allerdings in der Regel eine bürgerliche war.
Ihre konkreten Wohnbedürfnisse und -stile werden
jedoch nicht einmal in jenen Einzelfällen hinrei-
chend transparent, wo uns mehr oder minder
umfangreiche Biographien über die Lebenswege
ebenso erfolgreicher wie patriarchal denkender
und handelnder Unternehmerpersönlichkeiten
unterrichten; schon gar nicht in Details privater
Bauvorhaben, deren Design ja immer auch (und
manchmal ausschließlich) vom Gestaltungswillen
der Architekten abhing. Plausibel ist immerhin, daß
sich bei solchen Projekten individuelle Ansprüche
mit den gerade aktuellen Standards technischen
Komforts, mit psychologisch und anthropolo-
gisch fundierten Vorstellungen von Privatheit und
Behaglichkeit, aber eben auch mit gesellschaftlichen
Rollenbildern, Repräsentationszwängen und je
individuellen wirtschaftlichen Verhältnissen ver-
knüpften.

Schwer vorstellbar, daß dieses Konglomerat
von dynamisch sich entwickelnden Wohnbedürf-
nissen in einem engen Stilkorsett zu einheitlicher,
charakteristischer Form gebracht hätte werden
können. Denn die im Wege der Industrialisierung
wohlhabend oder sogar reich gewordenen Elite-
Bauherren des 19. Jahrhunderts hatten (mit ihren
Architekten) auch privat alle Hände voll zu tun,
einerseits an liebgewordenen Traditionen festzu-

halten, andererseits gleichzeitig auf Chancen und
Verheißungen zu reagieren, die der technische
Fortschritt bot: eine Ambivalenz, die Ludwig
Feuerbach in seinem 1842 publiziertem Aufsatz
»Notwendigkeit einer Reform der Philosophie«
zeitdiagnostisch folgendermaßen auf den Punkt
brachte: »Den einen ist oder scheint es Bedürfnis,
das Alte zu erhalten, das Neue zu verbannen, den
anderen ist es Bedürfnis, das Neue zu verwirklichen. Auf welcher Seite liegt das wahre Bedürfnis?
Auf der, welche das Bedürfnis der Zukunft ist – die
antizipierte Zukunft –; auf welcher die vorwärts-
drängende Bewegung ist.«

Unternimmt man vor diesem gedanklichen
Hintergrund den Versuch, Aspekte der sozial-, wirt-
schafts- und industriegeschichtlichen Entwicklung
Badens und Württembergs konkret mit gesellschaftlichen Rollenbildern und privaten Lebensstil-
konzepten jener Schicht von Wirtschaftspionieren
zu verknüpfen, die im Verlauf des 19. Jahrhunderts
im deutschen Südwesten die Grundlagen für die
spätere Prosperität des modernen Bundeslandes
Baden-Württemberg gelegt haben, werden die stilistischen Brüche und Beliebigkeiten in der Architekturgeschichte dieser Zeit um einiges plausibler –
und sympathischer, weil plötzlich spürbar wird,
daß hinter dieser stilistischen Vielfalt legitime Bedürfnisse stehen: zum Beispiel jene der Ehefrauen
an der Seite »großer« Männer, die in Koalition mit
ihren oft zahlreichen Kindern durchaus andere,
auch unkonventionellere und unmittelbarer empfundene Wohnbedürfnisse hatten als ihre emsigen
Gatten. Die standen mitten im Wirtschaftsleben
und verwandten selbst noch die Reste ihres Privat-
lebens darauf, gesellschaftlich zu repräsentieren
und mit allen schicklichen Mitteln Wohlstand,
Geschmack und Kreditwürdigkeit zu verkörpern.

Die Quellenlage bietet weder besonders üppiges
noch handfestes Material für retrospektive *home
stories* der feinen Leute im Südwesten des deutschen
Kaiserreichs. Sicher ist: Mit jener angelsächsisch

geprägten Dandy-Kultur der *leisure class*, die der amerikanische Soziologe Thorstein Veblen in seiner 1899 veröffentlichten Studie »Theorie der feinen Leute« kritisch ausleuchtete, hatten die Wirtschaftseliten Badens und Württembergs wenig zu tun. Aber als engagierte Bauherren ihrer privaten Villen und Landhäuser sind sie empirisch kaum zu fassen, weil Einzelheiten im Dialog mit ihren Architekten, also auch individuelle Ausstattungswünsche und stilistische Ambitionen kaum überliefert sind.

Wir unternehmen deshalb den Versuch, mit Hilfe unterschiedlicher Materialien »Porträts mit Hintergrund« zu erzeugen. Die Konturen einiger historischer Persönlichkeiten, die als Unternehmer in Baden und Württemberg Pionierarbeit geleistet haben und deren Biographien im einen oder anderen Fall Anhaltspunkte geben über ihre Ambitionen als private Bauherren, überlagern sich mit den Strichlagen skizzenhaft dargestellter Rollenbilder und zeittypischer Sozialcharaktere.

Kulturgeschichtliche, soziologische und wirtschaftshistorische Aspekte sorgen für eine »Grundierung« der Porträtgalerie. Die wiederum läßt im Ganzen so etwas wie ein Panorama entstehen, das die Stilgeschichte des 19. Jahrhunderts als Hintergrund benutzt, um den Umgang der damaligen Eliten mit zeittypischen Angeboten bürgerlicher Repräsentation und Wohnkultur transparent zu machen.

BAUEN UND WOHNEN TÜFTLER ANDERS ALS »NORMALE LEUTE«?

Beschäftigt man sich mit den Anfängen der Industrialisierung des deutschen Südwestens und ihrer Fortentwicklung, liefert die einschlägige Literatur – auch noch die neuere – immer wieder Erklärungsversuche, welche den eindrucksvollen Aufstieg rohstoffarmer, kleinteilig strukturierter und verkehrsmäßig unzulänglich erschlossener Regionen Badens und Württembergs zu prosperierenden Zentren der Textilproduktion und Feinmechanik, der chemischen und pharmazeutischen Industrie, der Automobilindustrie und des Maschinenbaus mit einer regionalspezifischen, letztlich weltanschaulich fundierten Wirtschafts- und Arbeitsethik sowie einer sprichwörtlich schwäbischen »Tüftler«-Kultur in Verbindung bringen. Daran schließt sich unmittelbar die Frage an: Bauen und wohnen Tüftler anders als normale Leute? Die Antwort darauf ist unspektakulär. Sie lautet: Nein.

Die schlüssige Erklärung speziell der industriellen Erfolgsgeschichte Württembergs war und ist für Wirtschaftshistoriker eine Herausforderung: Mit Statistiken und ökonometrischen Indikatoren allein kommt man dem Phänomen nicht bei. In Württemberg war das Wachstum des Gewerbesektors im letzten Viertel des 19. und erst recht in den ersten Jahrzehnten des 20. Jahrhunderts besonders eindrucksvoll; das Land konnte zu den stärker industrialisierten Regionen des Deutschen Reichs aufschließen, überholte um die Jahrhundertwende das benachbarte Baden in der Gewerbestatistik und trat alsbald in Konkurrenz zum industriellen »Musterland« Sachsen. Dessen tüchtige Unternehmerschaft wurde übrigens lange vor den Württembergern Gegenstand pseudowissenschaftlicher Mentalitätsforschung. Neidvoll attestierte man den Sachsen in ihrem eigenen Idiom, sie seien »heeflich, helle und heemtück'sch«. Eine solch hämische Beurteilung blieb den Schwaben erspart; aber auch deren Wirtschaftskarrieren lieferte Material für ethnographische, psychologische und vor allem religionssoziologische Deutungsmuster.

All diesen Denkfiguren haftet etwas Spekulatives an. Sie stehen einerseits methodisch in der Kritik, weil sie dazu neigen, Klischees zu Theorien aufzuwerten, ohne dabei der Komplexität wirtschaftlichen Handelns wirklich gerecht werden zu können. Andererseits sind sie auf geradezu verführerische Weise plausibel und erfolgreich, wie die aktuelle, von Staats wegen forcierte Selbstdarstellung Baden-Württembergs mit ihrem populär gewordenen Slogan »Wir können alles außer Hochdeutsch« belegt. Und noch immer ist das bekannteste und populärste Werk des großen Soziologen Max Weber (1864–1920) sein religionssoziologischer Essay »Die protestantische Ethik und der Geist des Kapitalismus«: nicht etwa, weil seine These vom Erfolg jener »Wirtschaftsgesinnung«, die nach Meinung des Autors auf einer zum Selbstzweck erhobenen Sparsamkeit gründet, das Wirken des Kapitals bis ins Detail kausal begründen könnte, sondern weil Max Weber hier eine scheinbar stabile erkenntnistheoretische Brücke von individuellem unternehmerischen Handeln zum »unpersönlichen« Verhalten eines mehr oder minder liberal strukturierten Sozial- und Wirtschaftssystems geschlagen hatte.

Daß wissenschaftlich formulierte Stereotypen, weltanschauliche Denkbilder oder soziale Rollenklischees die Welt nicht wirklich erklären, wohl aber im Rückkoppelungsprozeß das Selbstbild und Verhalten von Individuen und gesellschaftlichen Gruppen stark prägen und so über einen Umweg wieder logisch und stimmig wirken können, leuchtet ein. Deswegen sind sie auch für uns von bleibendem Interesse; Max Webers Protestantismus-These ohnehin, aber etwa auch Werner Sombarts Soziogramm »Der Bourgeois« oder, am Rande, die Wegweisungen des pietistischen Prälaten Sixt Carl Kapff aus Stuttgart, der 1856 einen strengen Verhaltenskodex und Tugendkatalog für den »glücklichen Fabrikarbeiter« publizierte, welcher wohl auch die Erwartungen, vielleicht mehr noch die paternalistischen Fürsorgereflexe manches württembergischen Unternehmers gegenüber seiner Belegschaft beflügelt haben dürfte.

Nicht wenige einflußreiche Programmschriften des 19. und beginnenden 20. Jahrhunderts bezogen ihre ideologische respektive aufklärerische Durchschlagskraft aus verwegen zusammengefügten Argumenten und Gewißheiten: Rationalismus und

Metaphysik, Idealismus und Materialismus, Chauvinismus, Rassismus und Frömmelei wurden gegeneinander in Stellung gebracht oder gingen manchmal merkwürdige Allianzen ein. Franz Mehring, Linksdenker in seinen jungen und reifen Jahren, aber zeitweilig auch in der nationalliberalen Publizistik tätig, machte sich darüber geistreich lustig: »Die spießbürgerlichen Materialisten stolperten über das Denken, wie der Idealismus über das Sein gestolpert war.«

Die mentalen und wirtschaftshistorischen Hintergründe der Industrialisierung des deutschen Südwestens hatten nicht nur Einfluß auf die Ästhetik und Ausstattungsstandards privater (groß-)bürgerlicher Bauvorhaben, sondern auch auf deren räumliche Verteilung in den Territorien Badens, Württembergs und Hohenzollerns. Auffallend ist zunächst die verhältnismäßig gleichmäßige und weiträumige Streuung von nach heutigen Maßstäben dörflichen und kleinstädtischen Gewerbestandorten. Die prosperierten und entwickelten schließlich industrielles Format – unterstützt durch den Ausbau der Eisenbahn, eine staatliche Gewerbeförderung seit der Jahrhundertmitte, die 1862 eingeführte Gewerbefreiheit und etwa zeitgleich die Emanzipation der jüdischen Bevölkerung.

Was den anspruchsvollen Villenbau durch Fabrikanten angeht, spielte also die »Provinz« im deutschen Südwesten eine durchaus wichtige Rolle. Gleichzeitig fehlt dieser regionalen Architekturpraxis – sieht man von wenigen Ausnahmen ab – jener Überbietungsgestus, mit dem sich die Industriebarone in anderen deutschen Regionen gegenseitig zu beeindrucken suchten: das Kruppsche »Villa-Hügel-Format« etwa, das demonstrative Understatement des gediegenen englischen Landhausstils im Berliner Westen oder die Prachtentfaltung der sächsischen Plutokratie haben im Schwäbischen und Badischen keine Parallele.

Unabhängig von Pietismus einerseits und Tüchtigkeit andererseits: In den lange von bäuerlich-handwerklicher Kultur geprägten südwestdeutschen Territorien wäre – jenseits von Stuttgart, Karlsruhe oder Mannheim – noch bis in das letzte Drittel des 19. Jahrhunderts hinein jedes übersteigerte architektonische Repräsentationsbedürfnis eines erfolgreichen Unternehmers wahrscheinlich einfach ins Leere gelaufen. Bei jenen Wohnsitzen in der Hauptstadt, die mancher Fabrikant mit Firmensitz in der Provinz kaufte oder errichten ließ, um für bessere geschäftliche Kontakte und gesellschaftliche Präsenz zu sorgen, mochten sich allerdings Investitionen in repräsentative Architektur und Ausstattung wirklich gelohnt haben.

Fabrikanten gab es in vielen südwestdeutschen Dörfern und Städtchen. Charakteristisch für die Anfänge der Industrialisierung der Region ist die polyzentrische Entwicklung an Standorten, wo einerseits der Energiebedarf der Produktion unschwer mit billiger Wasserkraft gedeckt werden konnte, andererseits die Versorgung mit Rohstoffen leicht zu bewerkstelligen war. Dies traf vor allem für die Textil- und Papierindustrie zu, denn Wasserkraft (die lange Zeit die Dampfmaschine ersetzen mußte) stand in Württemberg und Baden fast überall reichlich zu Verfügung. Weil Webereien außerdem »zunftfrei« betrieben werden konnten, konzentrierten sich in der Region auch viele jüdische Unternehmer auf das Textilgewerbe (etwa in Göppingen, Hechingen und Jebenhausen). Diese Gewerbezweige gaben ihrerseits wieder Impulse für die Entwicklung des Maschinenbaus und der Farbenchemie.

Viele Textilunternehmer im Südwesten kamen aus der Schweiz, angelockt durch den großen Binnenmarkt des 1833 gegründeten Deutschen Zollvereins. Eine jener Schweizer Unternehmerdynastien, die zuwanderten und sich zunächst in der Provinz, dann in Stuttgart niederließen, war die Familie Staub. Johann

Heinrich Staub (1781–1854) kam 1852 nach Altenstadt bei Geislingen, erwarb dort eine »Wasserkraft« sowie Bauland und ließ den Ingenieur und Architekten Georg Morlok (1815–1896) Fabrikgebäude, Arbeiterwohnungen, ein Schulhaus sowie ein »Herrenhaus« für sich und seine siebenköpfige Familie errichten: eine schlichte, kompakte, klassizistische Villa mit rustiziertem Sockelgeschoß und zwei Obergeschossen, deren Treppenkonstruktion aus »modernem« Gußeisen gefertigt wurde.

Nach J. H. Staubs Tod führten seine Söhne Emil und Arnold den Betrieb weiter; Arnold Staub baute 1857 im Nachbarort Kuchen eine modernere Textilfabrik mit Direktorenvilla und eine Arbeitersiedlung. Architekt war diesmal der Schweizer Leonhard Zeugheer; die gesamte Anlage wurde in einem eigentümlichen Stilmix mit deutlichen eidgenössischen Anklängen entworfen und errichtet. Bald danach, 1859, legte sich Arnold Staub einen Wohnsitz in Stuttgart zu, dem auch das kaufmännische Büro des Unternehmens angegliedert war. In der Landeshauptstadt entfaltete er dann offensichtlich einen Lebensstil, der um einiges den soliden Standard schwäbischen Unternehmertums übertraf. Sein Sohn Robert erinnert sich: »Es war ein großer Hof mit Marstall und Kutscherwohnungen dabei. Es fanden Bälle und große Feste dort statt. Die Familie Staub war hoffähig.«

Viele Unternehmer im deutschen Südwesten hatten diesen Ehrgeiz, ihrem Landesfürsten zu Fuß eine Visite abstatten zu können, dann doch nicht. Sie blieben in der Provinz, bauten sich Häuser vorzugsweise im Renaissancestil mit mehr oder minder üppigem Dekor oder – bei verschärfter vaterländischer Gesinnung – in altdeutschem, romantisierenden Design; neobarocke Bauformen galten im 19. Jahrhundert über längere Zeit als tendenziell dekadent, erst um die Jahrhundertwende wurde dieser handwerklich aufwendige Stil in besseren Kreisen wieder zum anerkannten Ausweis wirtschaftlicher Potenz.

»PRIVATE EQUITY« VON ONKEL UND TANTE

In welchem Maß ein Unternehmer damals Wohlstand und Luxus öffentlich vorführte, hing nicht allein von katholischer, jüdischer, protestantischer, calvinistischer oder pietistischer »Wirtschaftsgesinnung« ab, sondern mindestens in gleicher Weise von seiner Kapitalbedürftigkeit und vom Modus seiner Kreditbeschaffung. Lange Zeit war das öffentliche Kreditwesen in Baden und Württemberg im Vergleich zu anderen deutschen Staaten unterentwickelt gewesen; und so finanzierten sich kapitalschwache Unternehmer in den ersten Jahrzehnten der Industrialisierung vorzugsweise durch private Darlehen aus Kreisen der Verwandtschaft und eine möglichst geschickte Heiratspolitik. Auch der Erhalt von Bankkrediten dürfte damals noch wesentlich von der Qualität eines Netzwerks persönlicher Beziehungen abhängig gewesen sein.

Gearbeitet wurde sehr oft mit *private equity* aus der Schatulle eines Onkels, Schwagers oder Schwiegervaters: Kein Wunder, daß der buchstäblich private Charakter dieser Kreditbeziehungen Tugenden wie Sparsamkeit und Bescheidenheit in der Unternehmerschaft enorm festigte. Denn der verantwortliche Umgang mit Fremdkapital, das aus allernächster Nähe stammte, ging weit über die Kür weltanschaulicher Prinzipienfestigkeit hinaus. Er hatte auch unmittelbare Folgen für die Kreditwürdigkeit im engeren und weiteren Familienkreis – das zu einer Zeit, als es weder in Baden noch in Württemberg ein effizientes Bankwesen oder eine Wirtschaftsförderung gab, wie sie uns heute geläufig sind.

Mit anderen Worten: In dieser Zeit mußten Bauherren bei der Errichtung ihrer Fabrikantenvillen tunlichst darauf achten, in Architektur und Ausstattung einen würdigen Mittelweg zu finden, der einerseits Kreditgeber in der Verwandtschaft nicht durch den Anschein von Verschwendung ver-

prellte, andererseits aber auch nicht durch Knickrigkeit im privaten Investment beiläufig Zweifel an der soliden Verfassung des dahinter stehenden Unternehmens weckte. In Fabrikantenkreisen verließ man sich deshalb lange Zeit auf die Architekten und ihr Geschick, bürgerliche Gesinnung in einem stark konventionalisierten, aber auch flexibel gestaltbaren Renaissance-Stil darzustellen.

Der architekturhistorische Übergang von der zurückhaltenden Noblesse der Neorenaissance zu einer hybriden Stilausstattung nach dem persönlichen Geschmack späterer Nutzer läßt sich etwa an einer Pfullinger Villa der Familie Laiblin nachvollziehen. Diese Papier-Dynastie leitete ihren Aufstieg einerseits durch den frühzeitigen Einsatz moderner schweizerischer und englischer Papiermaschinen ein (staatlicherseits durch Zollnachlässe gefördert), andererseits durch die nützliche Verschwägerung

Die Villa Laiblin in der Pfullinger Klosterstraße 72, von Hermann Zwißler 1872 gebaut, erinnert mit ihrem Mittelrisalit und den beiden Loggien an Bauformen der italienischen Renaissance.

mit einer wohlhabenden Stuttgarter Zeitungs-
verlegerfamilie.

Das elegante Haus wurde 1872 im Auftrag von
Ernst Louis Laiblin, damals einem der beiden Chefs
der Firma Gebrüder Laiblin, errichtet; entworfen
wurde es von einem Reutlinger Architekten. Es ging
1892, nach dem Tod Ernst Louis Laiblins, in den
Besitz seines einzigen Sohns (Ernst Philipp Friedrich) Louis Laiblin (1861–1927) über, der ein
zurückgezogenes Leben als Privatier, Kunstfreund
und Mäzen führte – er war zum Beispiel der Stifter
der »Pfullinger Hallen« – und das Innere der Villa
gemäß persönlichen Präferenzen umgestalten ließ:
Als Privatmann war Louis Laiblin frei von Repräsentationspflichten, brauchte sich also keinen
Stildiktaten beugen. Hier wird deutlich, daß der
»freie« Umgang mit vorhandener Bausubstanz
und gerade aktuellen Stilformen im späten 19. Jahrhundert (auch) Folge der Ausdifferenzierung privater Lebensstile war.

Werner Sombart hat das allmähliche Ausein-
anderdriften von streng wirtschaftlicher Unter-
nehmensführung und privater Konsumfreudigkeit
in seinem Buch »Der Bourgeois« so beschrieben:
»›Genügsamkeit‹ und ›Mäßigkeit‹ richten nicht
mehr die Tafeln unserer reichen Unternehmer her.
Selbst wenn die Männer noch nach alt-bürger-
lichem Stile weiterleben: die Frauen und Söhne
und Töchter sorgen dafür, daß der Luxus und das
Wohlleben und die Prachtentfaltung zu Bestand-
teilen bourgeoiser Lebensführung werde. Freilich,
der Stil der Wirtschaftsführung wird auch beim
reichen Bourgeois heute noch der ›bürgerliche‹
sein (…): laßt nie die Ausgaben größer wie die
Einnahmen sein.« Mit Blick auf mittlere und kleine
Unternehmer bemerkte Sombart einschränkend:
»Da bilden die bürgerlichen Tugenden noch heute
einen Bestandteil der Charaktereigenschaften des
Unternehmers selbst, da sind sie als persönliche
Tugenden noch immer die notwendigen Voraussetzungen des wirtschaftlichen Vorwärtskommens.«

Helene von Reitzenstein, Tochter des Gründers
der Deutschen Verlags-Anstalt, sah ihre Villa als
gemeinsamen Witwensitz mit Königin Charlotte.
Doch die Frau des letzten württembergischen
Königs Wilhelm II. hatte andere Vorstellungen.

Aber die Feststellung des Autors, daß Ehefrauen
und Nachkommen ihren Lebensstil von dem des
Patriarchen gerne abkoppeln, ist auch im mittelständischen Kontext nicht unbegründet: Sie läßt
sich durchaus an privaten Bauprojekten nachvollziehen, die in Unternehmerdynastien von einer
zweiten, dritten Generation oder von Witwen in
Angriff genommen wurden.

Wie die mentale Feudalisierung etwa von
Töchtern des wohlhabenden Bürgertums sich in

41

Imposant der Eingangsbereich der Villa Reitzenstein: Von der zentral gelegenen Halle führt eine vierläufige Treppe ins erste Obergeschoß.

Baukunst verwandeln konnte, läßt sich am Beispiel der Helene Hallberger zeigen, die sich als verwitwete Freifrau von Reitzenstein mit dem Geld ihres Vaters Eduard Hallberger, des Gründers der Deutschen Verlags-Anstalt, kurz vor dem Ersten Weltkrieg auf der Stuttgarter Gänsheide von den Architekten Schlößer und Weirether eine herrschaftliche Villa in neobarocker Manier bauen ließ. Diese ging später in den Besitz des Landes über und ist heute Amtssitz des Ministerpräsidenten.

Speziell in Stuttgart, aber auch in anderen südwestdeutschen Städten – nicht zuletzt wohl in Baden-Baden – findet man eine ganze Reihe gediegener Anwesen, die einiges vom Lebensstil wohlhabender Erbinnen verraten.[1] Für sie – wie überhaupt für die meisten Repräsentantinnen des gehobenen Bürgertums – war im 19. Jahrhundert das Wohnen und Haushalten mit zahlreichen Kindern und Bediensteten nicht nur eine Lebensform, sondern eine ziemlich genau definierte gesellschaftliche Rolle, der sie sich mit geradezu professionellem Eifer zu widmen hatten. Wen das Entwerfen von Speiseplänen für die Großfamilie, die Aufsicht über Kinder und Personal und die Rituale der Nachmittagsgesellschaften nicht ausfüllte, konnte beliebig viel Zeit mit dem Arrangement von Wohnmobiliar und der Planung neuer Dekorationen verbringen.

In einem Beitrag für die »Geschichte des Wohnens« beschreibt die Historikerin Adelheid von Saldern die unbändige Dekorationssucht, die in der zweiten Hälfte des 19. Jahrhunderts in bürgerlichen Haushalten gewissermaßen eskalierte und deren Protagonistinnen sich als Produzenten familiärer Behaglichkeit verstanden. Das Wohnambiente wurde als verwunschene Gegenwelt der Arbeitssphäre inszeniert: »Die diversen historistischen Stile wurden mit Bedeutungen aufgeladen und dem bestehenden Ordnungsgefüge einverleibt. Salons und Schlafzimmer sollten mehr ›feminin‹ wirken, also wählte man (…) Rokokomöbel aus.

Wenn es um Luxusmöbel ging, dann fand der Neubarock Anklang. Herren- und Eßzimmer sowie die Trinkstube waren oftmals im altdeutschen Stil gehalten. Die Neorenaissance sollte Würde und Ernst ausstrahlen.«[2]

Zum theatralischen Gestus, mit dem die bürgerlichen Innenwelten inszeniert wurden, gesellte sich – parallel zum Wachstum der Industriestädte und zu neuen betrieblichen Organisationsformen, die den Fabrikanten von der Präsenz am Produktionsort dispensierten – die Sehnsucht nach mehr oder minder perfekt inszenierter Natur. Villenbauten und -viertel entstanden zusehends an den Peripherien der Städte, draußen im Grünen oder auf Hügeln über der Stadt, aber mit dem jeweils neuesten technischen Komfort.

Gustav Siegle, der 1862 als 22jähriger »Chemotechniker« von seinem Vater Heinrich dessen »Fabrik für Farben und Blumenpapiere« im Stuttgarter Westen übernommen hatte, gewann als privater Bauherr mit seiner 1871 fertiggestellten Prachtvilla in Hanglage über der Stadt wohl einige symbolische Distanz zur alten Produktionsstätte, aber der Weg vom neuen Heim ins Kontor dürfte doch nur wenige Minuten in Anspruch genommen haben. Robert Bosch hingegen, der seine Karriere als Großindustrieller in Stuttgart (ebenfalls im Westen) mit einer »Werkstätte für Feinmechanik und Elektrotechnik« begann, bezog rund vier Jahrzehnte später ein nicht minder repräsentatives Haus auf dem Nordhang des »Heidehofs« – fernab von seiner Firmenzentrale. Wie sein Biograph Theodor Heuss berichtet, war es der dichte Baumbestand, der den Bauherren dorthin gelockt hatte; eigentlich hielt Bosch die Südhänge auf der anderen Seite der Stadt für die attraktivere Wohnlage.

Zwei sehr erfolgreiche, innovative Unternehmer – Siegle Jahrgang 1840, Bosch Jahrgang 1861; beide lassen sich im zeitlichen Abstand von vierzig Jahren Villen im Renaissancestil bauen, als wäre die Zeit stehengeblieben. Der Ältere macht vor Projekt-

Robert Bosch (1861–1942), erfolgreicher Unternehmer mit sozialem Engagement.

beginn mit seinem Architekten eine ausgedehnte Bildungsreise nach Italien, um nach geeigneten Vorbildern Ausschau zu halten. Der Jüngere, der den Bau seiner Fabrikhallen und Werkstätten stets mit Aufmerksamkeit und viel Sinn für technische Details und Neuerungen begleitete und das Bauen »von je in die unmittelbare Obhut nahm«, erweckte nach der Auftragserteilung an die Architekten Heim und Früh fast den Eindruck, er lasse »die Sache über sich ergehen«: So beschreibt Theodor Heuss Boschs Rolle als privater Bauherr. »In der Zeit, da der Bau fertiggestellt wurde, fuhr er nach Amerika.« Bosch habe von Architekten und ihrem Formalismus eine geringe Meinung gehabt, ihm schien das Bauwesen generell erneuerungsbedürftig.

Die geschäftsmäßige Routine, mit der Siegle in Begleitung seines Architekten in Italien nach einer geeigneten Bauvorlage für sein Privathaus suchte, und Robert Boschs eigentümliches Desinteresse an seinem Villenprojekt, dessen Gestaltung er offenbar gänzlich seinen Architekten überließ, verweisen darauf, daß beider Lebensstil offenbar weniger mit privater Häuslichkeit und »Wohnen« zu tun hatte, vielmehr eng verflochten war mit ihrer Rolle im Wirtschaftsleben. Der Industrielle Walther Rathenau hat in seinen »Reflexionen« (publiziert 1908) die psychische Disposition einer solchen Haltung aus eigener Erfahrung folgendermaßen beschrieben: »Das Objekt, auf das der Geschäftsmann seine Arbeit und seine Sorgen, seinen Stolz und seine Wünsche häuft, ist sein Unternehmen; es heiße, wie es wolle: Handelsgeschäft, Fabrik, Bank, Reederei, Theater, Eisenbahn. Dies Unternehmen steht ihm gegenüber wie ein körperlich lebendiges Wesen, das durch seine Buchführung, Organisation und Firmen ein unabhängiges wirtschaftliches Dasein führt. Der Geschäftsmann kennt kein anderes Trachten, als daß dieses Geschäft zu einem blühenden, starken und zukunftsreichen Organismus erwachse (…)« Und Werner Sombart hat in seinem »Bourgeois« noch eins draufgesetzt mit der Feststellung, in der Wirtschaftswelt wohne »die Liebe« des Unternehmers: »Das Unternehmen ist seine Geliebte geworden, die er nun mit aller Inbrunst hegt und pflegt.«

BAUEN ODER MIETEN: KEINE FRAGE DES GELDES

Dieses idealtypische Rollen-Psychogramm trifft in manchen Zügen sicherlich sowohl auf Gustav Siegle wie Robert Bosch zu. Beide waren mit Leib und Seele Unternehmer; beide zeigten aber auch in überdurchschnittlich hohem Maß Dialogbereitschaft über »Klassengrenzen« hinweg und bewiesen

Zwischen Konvention und Innovation: die Villa eines der erfolgreichsten Industriellen seiner Zeit. Das Robert-Bosch-Haus, ein dreigeschossiger, kubischer Bau, mit antikisierenden Säulen, Pilastern, Konsolen und Steinquadern im Renaissancestil erbaut, steht verborgen hinter einer Mauer und großen alten Bäumen. Die Inneneinrichtung verläßt die klassische Strenge und löst sich in floralen Formen des Jugendstils auf.

soziales Engagement, das im übrigen die südwestdeutsche Industriekultur insgesamt prägte und sie nicht nur im 19., sondern auch im 20. Jahrhundert vor schweren sozialen Konflikten und Arbeitskämpfen bewahrte.

Gustav Siegle verstand nicht nur etwas von der Farbenchemie, er hatte auch große kaufmännische Talente, insbesondere im Bereich des Vertriebs und Marketings. Als sein Vater Heinrich mit 47 Jahren starb, mußte der Sohn sich sehr schnell in das Management der Firma einarbeiten, was ihm gut gelang. Er begann mit der Herstellung von Mineralfarben und errichtete 1868 wegen mangelnder

Ausdehnungsmöglichkeiten in Duisburg einen Zweigbetrieb, der sich auf die Herstellung synthetischer Teerfarben verlegte. Die Produktpalette der Firma wuchs stetig – auf der Grundlage eines exzellenten Vertriebsnetzes, das von Rußland bis in die Vereinigten Staaten reichte.

In Stuttgart existierte in enger Nachbarschaft zu Siegle ein Konkurrenzunternehmen, das sich zunächst nur mit dem Handel von Farben, dann auch mit deren Produktion befaßte. Besitzer der Firma war der vormalige Handelsvertreter Rudolph Knosp, der sehr früh auf die zuerst in England betriebene Synthese von Textilfarben aufmerksam

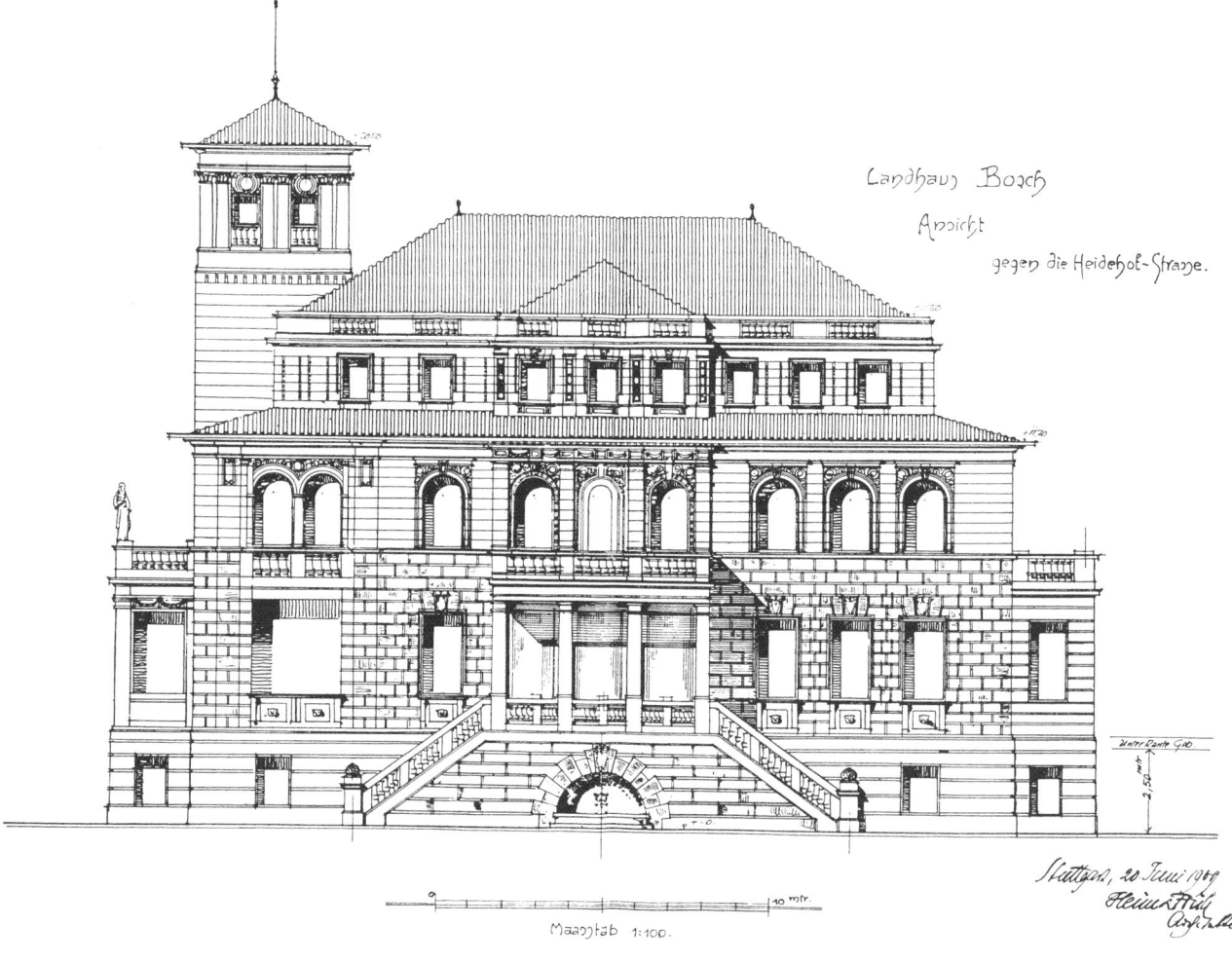

geworden war und sich schnell entsprechende Vertriebsrechte für Mitteleuropa, dann aber auch gleich einschlägige Lizenzen zur Farbenproduktion gesichert hatte. Knosp hatte Kontakte zu dem Mannheimer Leuchtgasproduzenten Friedrich Engelhorn, der sich von ihm um das Jahr 1860 inspirieren ließ, die bei der Gasproduktion anfallenden Teer-Rückstände als Grundstoff einer modernen Chemiefarbenproduktion zu nutzen. Sie wurde zum Nukleus der BASF, die zunächst in Mannheim, später in Ludwigshafen firmierte. Als das Unternehmen Erfolg hatte und wuchs, fehlte es schließlich an einer geeigneten Vertriebsstruktur: Die wollte sich Engelhorn durch eine Verbindung mit Knosps Stuttgarter Firma zulegen.

In die Verhandlungen schaltete sich der Stuttgarter Bankier Kilian Steiner ein, ein Freund und politischer Weggefährte Gustav Siegles. Steiner und Siegle sahen die Zukunft der Farbenindustrie nicht in mittelständischen Familienbetrieben aufblühen, sondern in potenten Kapitalgesellschaften; so kam es schließlich 1873 zum Zusammenschluß der BASF mit den beiden Stuttgarter Konkurrenzfirmen Knosp und Siegle. Siegle rückte in den Vorstand der AG ein, Knosp wurde Aufsichtsratsvorsitzender; die Produktion wurde neu geordnet, die Stuttgarter übernahmen die kaufmännische Leitung des gesamten Unternehmens – bis Ende der achtziger Jahre, als Siegle für die Nationalliberalen in den Reichstag einzog und aus dem operativen Geschäft der BASF ausschied. 1896 erlitt Siegle, dessen ebenso luxuriöse wie heitere Villa über Jahre hinweg ein Mittelpunkt der Stuttgarter Gesellschaft gewesen war, einen Schlaganfall und mußte sich ins Privatleben zurückziehen. Wenige Jahre nach seinem Tod ließ seine Witwe im Herzen der Stadt das Gustav-Siegle-

Das Robert-Bosch-Haus in Stuttgart: außen Renaissance, innen Frei- bis Jugendstil. Rechts Details aus dem Eingangsbereich.

Das Entree des Robert-Bosch-Hauses (unten). Auf der nächsten Seite Vorhalle und zweigeschossige Treppenhalle mit Glockenleuchter.

Haus errichten, das fortan eine wichtige Funktion im kulturellen Leben Stuttgarts spielen sollte.

Bevor wir uns noch einmal Robert Bosch zuwenden, wollen wir kurz auf eine bereits erwähnte Gründerpersönlichkeit zurückkommen, die aus heutiger Sicht besonders modern wirken mag – gerade vor dem Hintergrund aktueller Debatten über die »kalte« Rationalität der globalisierten Wirtschaft: gemeint ist Friedrich Engelhorn (1821–1902), Mitbegründer und langjähriger leitender Direktor der BASF.

Anders als die meisten Industriepioniere seiner Zeit konzentrierte sich Engelhorn nicht beharrlich auf eine Aufgabe, ein Ziel, eine Vision, sondern beteiligte sich mit nervöser Energie an einer Vielzahl von Projekten in ganz unterschiedlichen Branchen, die profitable Geschäftsideen in erfolgreiche Unternehmungen verwandelten. Engelhorns BASF-Vorstandskollege Carl Glaser äußerte im Rückblick, jener habe letztlich nur eine Passion gekannt: »In vielseitigster Betätigung Geld zu machen«. In einer Biographie bescheinigt der Autor Hans Schröter dem Unternehmer, er habe ganz im Sinne Schumpeters durch »schöpferische Zerstörung« Neues geschaffen: »Überhaupt wandte sich Engelhorn besonders gern neuen Industrien zu, ob Rübenzucker, ob Gummi, ob Zelluloid. Unrast, Ungeduld und Neugier, die er schon als Knabe gezeigt hatte, prägten auch den späteren Unternehmer.«[3]

Als Privatmann lebte Friedrich Engelhorn zunächst auffällig unauffällig. Lange Jahre wohnte der längst reich gewordene Industrielle – ein gelernter Goldschmied, der mit der Mitgift seiner Frau zunächst den Einstieg in die industrielle Gasproduktion wagte und damit Erfolg hatte – mit seiner Familie mitten in Mannheim zur Miete, bis er sich 1873 im reifen Alter von 52 Jahren in der Nähe des Mannheimer Schlosses ein großes Stadtpalais – nein, nicht bauen ließ, sondern kaufte und umbaute. Natürlich in einem robusten Renaissance-

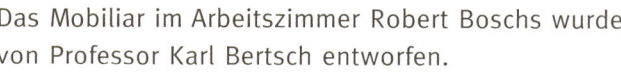
Das Mobiliar im Arbeitszimmer Robert Boschs wurde von Professor Karl Bertsch entworfen.

stil, ausgestattet mit viel Marmor, Deckenmalereien, üppig verzierten Treppenläufen und einem orientalischen Gemach. Das Palais wurde später als Sparkasse profanisiert und nach dem Zweiten Weltkrieg abgerissen. Immerhin sollte »Fritz«, ein Sohn Friedrich Engelhorns und Chef des Pharma-Unternehmens Boehringer, dann definitiv als Bauherr einer neuen, repräsentativen Fabrikantenvilla hervortreten.

Zurück zu Robert Bosch: Es dürfte weder in Baden noch in Württemberg oder anderswo viele Unternehmer geben, die in vergleichbarer Weise erfolgreich waren und dabei keinen Augenblick ihre ethischen Grundsätze und ihr soziales Verantwortungsbewußtsein dispensiert oder preisgegeben haben. Gleichzeitig sind die biographischen Konturen des gelernten Feinmechanikers aus Albeck bei Ulm, der von sich behauptete, er besäße lediglich ein »technisches Gefühl, das mir durchgeholfen hat«, tatsächlich fast deckungsgleich mit jener populären, fast überstrapazierten Figur des hartnäckigen schwäbischen Tüftlers, der es durch Fleiß, Einfallsreichtum und Redlichkeit ganz nach oben geschafft hat, ohne dabei ein »richtiger Kaufmann« geworden zu sein (Theodor Heuss).

Auch von bewußter Zielstrebigkeit, so sein Biograph, konnte keine Rede sein. Immerhin brachten die Stationen seiner Lehr-, Wander- und Studienjahre ihn mit der Elektrotechnik und einigen Unternehmen und Persönlichkeiten in Berührung, die damals auf diesem Gebiet Pionierarbeit verrichteten. Ein Arbeitsaufenthalt in den Vereinigten Staaten lieferte ihm Nahsichten auf die amerikanische Gewerkschaftsbewegung, was nicht ohne Folgen bleib: Seiner Braut Anna Kayser schreibt er 1885 in die schwäbische Heimat, er sei Sozialist geworden.

Ein Jahr später ist Bosch in Stuttgart und eröffnet seine »Werkstätte für Feinmechanik und Elektrotechnik«. 1887 kommt es zu einer ersten Begegnung mit Gottlieb Daimler, der ihm den Nach-

bau eines Magnetzünders für Gasmotoren anträgt. Bosch erkundigt sich, ob an dem Gerät etwas patentiert sei, und erhält vom Hersteller keine Antwort. Das ermuntert ihn, mehrere solcher Zünder zu bauen, die sich dann auch gut absetzen lassen. Im Auftragsbuch von 1893 erscheint übrigens noch ein zweiter Kunde, der Technikgeschichte schreiben wird: Carl Benz aus Mannheim. Benz und Daimler sind sich übrigens nie begegnet!

»Die Frühgeschichte des Automobils und nach ihm des Flugwesens drängt sich auf ein paar Männer aus dem südwestdeutschen Raum zusammen«, schreibt Theodor Heuss; und alles hängt damals an einem wirkungsvollen und zuverlässigen Zündmechanismus für die Antriebsaggregate. Sie müssen höhere Tourenzahlen ermöglichen, um überhaupt in Fahrzeugen verwendbar zu sein. Mitarbeiter Boschs entwickeln eine innovative Lösung, das verbesserte Magnetsystem wird 1897 patentiert, und die Techniker erhalten eine Lizenzbeteiligung. Aus der Elektro-Manufaktur kann nun ein richtiger Industriebetrieb werden.

Wird sie auch: Bosch erwirbt eine Immobilie an der Stuttgarter Militärstraße mit großem Grundstück und baut seine erste Fabrik. Zug um Zug erweitert sich die Produktpalette um weitere Automobil-Zubehörteile: Hochspannungs-Magnetzünder, Pumpen für Schmiermittel, Scheinwerfer, Anlasser, aber auch Werkzeugmaschinen. 1909 entsteht in Stuttgart-Feuerbach ein Metallwerk zur Produktion von Magneten; im Ausland wächst das Netz von Vertretungen und Tochterbetrieben.

Wie man weiß, hat der schnelle Wechsel von Kriegs-, Krisen- und Friedenswirtschaft in den Jahren zwischen 1914 und 1945 die Firma Bosch zeitweise in schwere Nöte gebracht, sie aber auch an den Rüstungskonjunkturen der deutschen Wirtschaft teilhaben lassen. Sieht man die Zeittafel in Theodor Heuss' Bosch-Biographie durch, meint man erkennen zu können, daß Robert Bosch gerade in Not- und Krisenzeiten sein soziales Engagement

deutlich verstärkte: vielleicht mit dem Hintergedanken, Unternehmenserträge, die ihm durch das Zeitgeschehen fragwürdig sein mußten, an die Opfer der Politik direkt oder indirekt zurückzugeben. Eine Würdigung von Robert Boschs Verdiensten wäre also nicht vollständig ohne den Hinweis, daß er zu den Großindustriellen zählte, die den Aufstieg Hitlers nicht nur nicht förderten, sondern im Gegenteil ihr Unternehmen nach Kräften zu einem Rückzugsraum für Verfolgte und Widerständler machten. Das zeugt zwar eher von Haltung als von Lebensstil; aber was ist schon ein Lebensstil ohne Haltung?

INNOVATIV HANDELN, ABER KONVENTIONELL WOHNEN?

Die Lebenswege der Automobil-Pioniere Gottlieb Daimler (1834–1900) und Carl Benz (1844–1929) bieten vielleicht den saftigsten Stoff zur Untermauerung der als »landestypisch« wahrgenommenen Legenden von genialen Tüftlern und hartnäckigen Dickbrettbohrern. Sie enthalten aber auch einige melancholische Momente, die den strukturellen Antagonismus von langfristigem – eben visionärem – technischen Denken und den eher eng gezogenen Zeithorizonten des industriellen Anlagekapitals widerspiegeln. Sowohl der Schwabe Gottlieb Daimler wie auch der Badener Carl Benz mußten lernen, daß ihr Traum von der automobilen Zukunft sich kaum in der kleinen Erfinderwerkstatt realisieren würde, sondern allenfalls im Rahmen industrieller Produktion und in der Struktur »moderner« Kapitalgesellschaften. Aber nur widerwillig nahmen beide zur Kenntnis, daß ihre eigenen Interessen und Ziele als Erfinder und Entwickler mit denen ihrer *shareholder* nur mühsam zur Deckung zu bringen waren.

Die Dramaturgie der Industrialisierung des deutschen Südwestens ließe sich übersetzen in

Wilhelm Maybach
(1846–1929).

Carl Benz (1844–1929).

impressionistische Szenenbilder: Am Beginn stünde
wohl der Hobbyraum im Pfarrhaus des pietistischen Erfinder-Theologen Philipp Matthäus Hahn
(1739–1790); dann folgte – Stichwort Familien-
betrieb – eine mechanisierte Webstube oder auch
das Nähzimmer der Margarete Steiff; unentbehr-
lich die Darstellung einer Maschinenfabrik (Loko-
motivenbau / Dampfmaschinen) oder eines chemischen Labors der Farben-Pioniere; als Pointen
schließlich Gottlieb Daimlers Erfinder-Atelier
im Gewächshaus seiner Cannstatter Villa (die er
übrigens nicht bauen ließ, sondern einfach erworben hat) und ein Bild von Carl Benz' erster Mannheimer Werkstatt; vielleicht noch eines aus dem
Konstruktionsbüro für Luftschiffe, das Graf Zeppelin keineswegs in Friedrichshafen untergebracht
hatte, sondern an seinem Wohnsitz in Stuttgart.

Und wenn dazwischen noch Platz wäre, könnte
man zusätzlich die sparsam ausgestattete, aber

kluge und vorausschauende Wirtschaftsförderung
der Württembergischen Zentralstelle für Gewerbe
und Handel anhand eines Porträts ihres Strategen
Ferdinand Steinbeis veranschaulichen. Ohne
Steinbeis' Empfehlungen und die Stipendien seiner
Behörde wäre die Karriere des jungen Gottlieb
Daimler, der in seiner Heimatstadt Schorndorf eine
Büchsenmacherlehre absolvierte, vielleicht weniger
spektakulär ausgefallen.

Eine erste verantwortliche Position erhielt
Daimler nach dem Studium an der Polytechnischen
Schule in Stuttgart und verschiedenen Arbeitsauf-
enthalten in den Wernerschen Anstalten zu Reutlingen – dem pietistisch geprägten »Bruderhaus«,
wo sein Gründer Gustav Werner sozialfürsorgeri-
sche Anliegen mit der Führung eines Industrie-
betriebes kombiniert hatte. Dort lernte er Wilhelm
Maybach kennen, der fortan sein Weggefährte
in der Motoren- und Automobilentwicklung werden sollte.

Nach einem kurzen Engagement in der Maschi-
nenbau-Gesellschaft Karlsruhe wechselte Daimler mit Maybach für zehn Jahre zur Gasmotoren-
Fabrik Deutz, wo er als Chef des Konstruktions-
büros an der Seite von Nikolaus Otto und Eugen
Langen an der Weiterentwicklung des »Otto-
Motors« arbeitete. Fachliche Auseinandersetzungen
zwischen Daimler und Otto (den er für einen
Amateur-Techniker hielt), die über die Jahre eska-
lierten, endeten 1882 mit der Demontage Daimlers
und einer Kündigung; Daimler ließ sich in Cannstatt bei Stuttgart nieder, gründete eine eigene
Entwicklungswerkstatt für Motoren und Fahr-
zeuge und holte Maybach nach.

In den folgenden Jahren machten – unabhängig
voneinander – Gottlieb Daimler in Cannstatt und
Carl Benz mit seiner 1882 gegründeten »Mannheimer Gasmotorenfabrik« die Erfahrung, daß
sowohl der deutsche Markt wie auch Kapitalgeber,
auf die man in Zukunft kaum würde verzichten
können, sich zunächst einmal eher für stationäre

Nach dem Rückzug aus der Mannheimer Firma Benz & Cie. ließ sich Carl Benz in Ladenburg ein dreißig Jahre altes Gebäude zum Alterssitz umbauen.

Motoren und Schienen- bzw. Schiffsantriebe inter-
essierten als für den Automobilbau – weil die
Aggregate eigentlich noch zu groß und zu schwer
waren für den Einbau in Autos.

Carl Benz scheint mit seinen wechselnden
Geschäftspartnern diplomatischer und souveräner
umgegangen zu sein als Daimler. Der Sohn eines
Eisenbahners hatte in Karlsruhe das Gymnasium
absolviert, am Polytechnikum studiert und war vor
der Gründung seiner »Mechanischen Werkstätte«,
der später die »Mannheimer Gasmotorenfabrik«
folgte, bei verschiedenen Firmen in Karlsruhe,
Mannheim und Pforzheim tätig gewesen.

Auch Benz hatte – als (Mit-)Gründer und
Teilhaber mehrerer Unternehmen – immer wieder
Probleme mit seinen eher kaufmännisch orientierten Kompagnons. Aber dem Badener fiel es leichter,
den *shareholders* die heraufziehenden Chancen
der Fahrzeugentwicklung zu vermitteln: vor dem
Hintergrund einer passablen Nachfrage nach
ortsfesten Gasmotoren. Als er sich 1903 aus dem
Management der »Benz & Cie. Rheinische Auto-
mobil- und Motorenfabrik« zurückzog und ins
nahe Ladenburg übersiedelte, geschah dies in
Harmonie.

Im Gegensatz zu Benz geriet Daimler nach der
Gründung seiner »Daimler Motoren-Gesellschaft«
(1890), bei der die Rüstungsfabrikanten Dutten-
hofer und Lorenz als Mehrheitseigner mit ins Boot
kamen, sehr rasch in die Defensive: Die potenten
Kapitalgeber der Firma beschnitten Daimlers
Befugnisse, 1894 wurde er kurzfristig sogar aus
dem Unternehmen hinausgedrängt, nur um 1895
als unentbehrlicher Experte und »Beirat« wieder
in die Firma und später auch in den Aufsichtsrat
zurückzukehren. Mir ihm kam auch Maybach wieder, der seit 1891 für Daimler in einem externen
Entwicklungszentrum tätig gewesen war.

Gab es unter der Wirtschaftselite Badens und
Württembergs Bauherren, welche sich bei privaten
Projekten ganz bewußt nach herausragenden

Architekten umgesehen hätten, die jeweils aktuelle
»moderne« Strömungen repräsentierten? Man
wird sie nicht so schnell finden, auch und gerade
nicht unter jenen Persönlichkeiten, die als Erfinder schon von Natur aus allem Innovativen aufgeschlossen hätten sein müssen. Carl Benz zum
Beispiel baute sich in Ladenburg einen Alterssitz,
den er in seiner Autobiographie »Lebensfahrt
eines deutschen Erfinders« mehrfach als sein
»Tusculum« bezeichnete – natürlich mit einem
romantisch gestalteten Garagenbau für seine
Automobile.

Erst ab der Zeit um 1900 gewinnt ein stilistisch
definierter Begriff der Moderne in der deutschen
Architektur Sinn und Inhalt. Gemeint sind Baustile
aus der Zeit um die Jahrhundertwende oder später:

etwa in der Nachfolge der Arts & Crafts-Bewegung, des Neoplastizismus oder des frühen Rationalismus, des Expressionismus oder der Neuen Sachlichkeit. Beispiele solcher Bauten und Baustile gibt es – als privat in Auftrag gegebene Bauten – häufiger im Norden Deutschlands. Fortschrittliche Bautechniken und die Kombination von Bauelementen im traditionellen Stile mit modernen Bau- und Ausstattungselementen (Eisen, Glas, Stahl, Fahrstuhl etc.) findet man natürlich schon wesentlich früher – und überall in Europa. Immerhin, der seinerzeit »moderne« Jugendstil hat auch im Südwesten seine Spuren hinterlassen; dafür stehen regional bedeutsame Architekturbüros wie zum Beispiel die von Hermann Billing oder Curjel & Moser.

Bleibt, zum Abschluß, ein Blick auf die Gegenwart und deren Wohn- und Lebensstilkonzepte: Architektur ist derzeit nicht die erste Wahl, wenn es darum geht, im privaten Milieu gesellschaftlichen Status zu markieren oder Selbstinszenierung zu betreiben. Moderne Biographien beeindrucken durch ihren nomadischen Charakter, nicht durch den virtuosen Gebrauch und Wechsel von Wohnstilen und -accessoires. Erst eine »Neue Seßhaftigkeit« könnte Architektur als Mittel der Distinktion wieder ins Recht setzen.

Innovativ handeln, aber konventionell wohnen? Selbst Erfinder wie Carl Benz, allem Innovativen gegenüber aufgeschlossen, suchten sich eher konventionelle Architekten, wie die Details an Benz' »Tusculum« in Ladenburg zeigen.

In der Stuttgarter Gerokstraße entstand eine ganze Reihe prächtiger Villen, von denen einige heute noch erhalten sind. Zu ihnen zählt neben der Nummer 7 (Villa Hauff, rechte Seite unten) vor allem das Gebäude Gerokstraße 27 (unten und rechts oben), das 1906 von dem Architekturbüro Eisenlohr und Weigle für den Fabrikanten Richard Leins gebaut wurde.

»Wer kann sich das denn leisten?«

REICHTUM IN BADEN UND WÜRTTEMBERG
WÄHREND DES KAISERREICHS

VON KONRAD DUSSEL

In den ersten Jahren des 20. Jahrhunderts erlebte Stuttgart – wie viele andere Städte in Südwestdeutschland, ja im Deutschen Reich überhaupt – einen Bauboom ohnegleichen. Eine rapide wachsende Bevölkerung brauchte neuen Wohnraum. Große Ansprüche wurden daran zumeist nicht gestellt. Doch es gab auch Ausnahmen. In der Gerokstraße beispielsweise entstanden nebeneinander eine ganze Reihe prächtiger Villen, von denen etliche noch heute zu bewundern sind. Als Beispiele seien hier nur die Nummern 7 und 27 herausgegriffen.

Häuser dieser Art erregten schon damals Aufmerksamkeit und wurden sogar in einschlägigen Fachzeitschriften vorgestellt. Dementsprechend günstig ist die Lage bei den dazugehörigen architekturgeschichtlichen Informationen, die mittlerweile völlig problemlos nachzuschlagen sind.

Etwas dürftiger fallen dagegen die Antworten auf die Fragen nach den Besitzern und deren sozioökonomischem Hintergrund aus – verständlicherweise, denn schließlich kann eine baugeschichtliche Bestandsaufnahme nur begrenzt Sozialgeschichte schreiben. Die Villa Gerokstraße 27 sei für den Fabrikanten Richard Leins gebaut worden, heißt es lapidar, die Nr. 7 für den Seniorchef der Chemiefabrik Hauff-AG, Dr. Friedrich Hauff (1863–1935).[1] Jenseits der Architekturgeschichte verdienen jedoch auch die sozialen und ökonomischen Kontexte des Bauens einige Aufmerksamkeit. Schließlich ist es bis heute eine interessante Frage, wer sich derartige Häuser leisten konnte.

Die Antwort auf diese Frage kann zum einen ganz individuell gegeben werden, indem man sich ausführlicher etwa mit den Herren Leins und Hauff beschäftigt; sie hat zum anderen aber auch eine strukturelle Dimension, bei der es weniger um individuelle Daten, sondern um Überblicke, Regelmäßigkeiten und Vergleichswerte geht. Idealerweise sollten beide Aspekte miteinander verknüpft sein. Nur so kann die Einzelangabe angemessen bewertet

Fritz Hauff stellte in der von seinem Vater begründeten Fabrik in Stuttgart-Feuerbach »photographische Präparate, Platten und Films« her und war einer der wenigen Einkommensmillionäre Württembergs. Seine Villa in der Gerokstraße 7 (unten) dient heute als Jugendhaus und beherbergt die Medienwerkstatt Stuttgart.

werden, nur so erhält die statistische Größe Anschaulichkeit.

In der historischen Praxis gibt es jedoch immer wieder das Problem, daß die Quellen dazu nicht ausreichen und man improvisieren muß. So ist es auch in diesem Fall: Die Datenlage reicht nicht aus, um die Gegebenheiten in Baden und Württemberg gleichermaßen ausführlich im strukturierenden Überblick und anhand aussagekräftiger Einzelbeispiele zu beschreiben. Für Baden ist es so, daß eine Fülle statistischer Daten vorhanden ist und es an Detailinformationen fehlt, während für Württemberg die Lage fast genau umgekehrt aussieht. Die folgende Darstellung muß dem Rechnung tragen, indem beim strukturgeschichtlichen Überblick die badischen Verhältnisse im Vordergrund stehen, bei der daran anschließenden Individualisierung dagegen die württembergischen. Als erstes sind jedoch kurz wichtige Aspekte des Rahmens darzustellen, innerhalb dessen in Baden und Württemberg Reichtum erworben wurde.

GROSSHERZOGTUM BADEN UND KÖNIGREICH WÜRTTEMBERG IM KAISERREICH

Zu den fünf Gründern des »ewigen Bundes«, der dann den Namen »Deutsches Reich« führte, zählten neben dem preußischen und dem bayerischen König sowie dem Großherzog von Hessen der König von Württemberg und der Großherzog von Baden, wie Bismarcks Reichsverfassung vom 16. April 1871 in ihrer Präambel festhielt. Doch die Konstruktion des »Fürstenbundes« war kaum mehr als eine Fiktion – zu groß war die Dominanz Preußens, des größten Bundesstaats, und seines machtbewußten Kanzlers. Die Berliner Politik ließ den Bundesstaaten wenig Spielraum.

Wenn auch die großen politischen Fragen nicht in Karlsruhe oder Stuttgart entschieden wurden, so

war die südwestdeutsche Landespolitik doch nicht völlig bedeutungslos. Zu ihren wichtigsten Feldern entwickelten sich die Kultur- und die Wirtschaftspolitik. Ihre Grundlage war dabei weitaus demokratischer als im Reich. Zwar wirkten die Wahlordnungen für die badischen und württembergischen Landtage bis ins 20. Jahrhundert hinein archaischer als das allgemeine und direkte Reichstagswahlrecht, aber die Regierungspraxis machte dieses Manko mehr als wett.

In Baden wurde das indirekte Wahlrecht (mit Hilfe frei entscheidender Wahlmänner) 1905 abgelöst, in Württemberg verloren erst 1906 die Privilegierten ihre festen Sitze in der Zweiten Kammer. Aber schon Jahrzehnte zuvor waren die Herrscher beider Länder dazu übergegangen, ihre Minister entsprechend den Parlamentsmehrheiten zu bestimmen und deren Handeln weiten Raum zu lassen. In Baden hatte Großherzog Friedrich 1860 damit geradezu eine »neue Ära« begonnen, aber auch in Württemberg hatte die politische Abstinenz König Karls zu einem erheblichen Bedeutungszuwachs von Ministern und Parlament geführt. Die verfassungsrechtlich konstitutionellen Monarchien funktionierten praktisch schon fast nach den Prinzipien der parlamentarischen Monarchie.

Im Blickpunkt der Öffentlichkeit stand zumeist die Kulturpolitik, wo gerade in Baden der Kulturkampf Bismarcks zwischen Staat und katholischer Kirche vorweggenommen und mit vielleicht noch größerer Schärfe als im Reich geführt wurde. Darüber darf jedoch die Wirtschaftspolitik nicht geringgeschätzt werden. In beiden Ländern hatte man sich nicht mit der Einführung der Gewerbefreiheit 1862 begnügt, sondern versuchte die neuen Entwicklungen politisch zu beeinflussen. Unterschiedliche Akzentuierungen sind allerdings nicht zu übersehen: Baden leistete Pionierarbeit auf dem Felde sozialpolitisch motivierter Gewerbeaufsicht, die 1879 institutionalisiert worden war.[2] Württemberg profilierte sich dagegen auf dem

Gebiet der Gewerbeförderung, wofür schon 1848 die Zentralstelle für Handel und Gewerbe gegründet wurde.[3]

Beide Länder hatten dabei mit dem gleichen strukturellen Problem zu kämpfen: einer schnell wachsenden Bevölkerung, für die viel zu wenig Arbeitsplätze zur Verfügung standen.

BEVÖLKERUNGSWACHSTUM UND INDUSTRIALISIERUNG

Zu den zentralen Veränderungen während des 19. Jahrhunderts zählte das immense Bevölkerungswachstum im Gebiet des späteren Deutschen Reichs mit einer Vermehrung um fast 250 Prozent in drei Generationen. Baden und Württemberg trugen zu dieser Bilanz allerdings eher unterproportional bei: In Baden lag der Zuwachs bei 200 Prozent, in Würt-

BEVÖLKERUNGSENTWICKLUNG IN BADEN, WÜRTTEMBERG UND DEM DEUTSCHEN REICH 1820–1910[4]		
Deutsches Reich	Baden	Württemberg
1820 26.294.000 (100 %)	1.051.000 (100 %)	1.425.000 (100 %)
1870 40.805.000 (155 %)	1.455.000 (138 %)	1.806.000 (127 %)
1910 64.568.000 (245 %)	2.143.000 (204 %)	2.427.000 (170 %)

temberg sogar »nur« bei 170 Prozent.

Das Bevölkerungswachstum wäre noch weitaus größer ausgefallen, wenn nicht so viele Menschen in der Hoffnung auf bessere Lebensumstände vor allem in die USA ausgewandert wären – aus Baden und Württemberg noch mehr als im Reichsdurchschnitt. Bis in die 1890er Jahre hinein wurden nämlich die Zukunftsaussichten alles andere als rosig empfunden. Das änderte sich erst in den folgenden Jahren; der Anteil der Badener und Württemberger an den Auswanderern sank überproportional, bei den Badenern von 5 auf 4,1 Prozent, bei den Württembergern von 5,1 auf 4 Prozent.[5]

Die Auswanderung bildete die extremste Variante bei der Suche nach Arbeit, sie war aber nicht die einzige. Während des 19. Jahrhunderts vollzog sich auch eine gewaltige Bevölkerungsumschichtung. Immer mehr Menschen zogen von den Dörfern in die Städte. Lebten in Württemberg 1840 noch drei Viertel der Bevölkerung in Gemeinden mit weniger als 2000 Einwohnern, so war es 1910 nur noch die Hälfte. Gewinner waren die »Städte« mit mehr als 5000 Einwohnern, deren Anteil von einem Zehntel auf ein Drittel wuchs.

Nun ist der Begriff »Stadt« mit 5000 Einwohnern weit gefaßt, aber das ist notwendig, um den südwestdeutschen Verhältnissen gerecht werden zu können. Noch 1855 gab es nach diesem Kriterium nur elf Städte in Baden, und die beiden mit Abstand größten – Mannheim und Karlsruhe – zählten jeweils nur wenig mehr als 25000 Einwohner. Doch dann setzte ein Boom ein, der mancherorts alle zwei Jahrzehnte zu einer Bevölkerungsverdoppelung führte: Gerade Mannheim wuchs von 25688 Einwohnern im Jahr 1855 auf 46453 Einwohner im Jahr 1875 (+ 81 Prozent) und 91119 Einwohner 1895 (+ 96 Prozent). Innerhalb von nur 15 Jahren, bis 1910) gab es dann bereits die nächste Verdoppelung auf 193902 Einwohner, worin allerdings bereits die ersten vier Eingemeindungen enthalten waren.[6]

Es dauerte aber länger als in manchen anderen Regionen des Reiches, bis in Südwestdeutschland die Industrialisierung so richtig in Fahrt kam, Arbeitsplätze schuf, den Wohlstand der Bevölkerung im allgemeinen hob und einigen Wenigen riesigen Reichtum bescherte. Noch 1875 war der Anteil der in industriellen »Großbetrieben« Arbeitenden recht bescheiden. Wie sehr man sich noch in den Anfängen befand, ist allein daran abzulesen, daß man mit fünf Beschäftigten schon als »Großbetrieb« galt. Aber selbst davon gab es in Württemberg nur 24,5 und in Baden 33,6 Prozent, während

der Reichsdurchschnitt bei 35,7 Prozent lag und
führende Regionen wie Westfalen und die Rhein-
provinz auf 51,6 bzw. 44,4 Prozent kamen. Bis 1907
hatten sich die Verhältnisse aber grundlegend
gewandelt. In »Großbetrieben«, die nun schon mindestens 50 Beschäftigte zählten, waren in Baden
47,9 und in Württemberg 42,8 Prozent der im
Gewerbesektor Arbeitenden tätig, während der
gesamtdeutsche Durchschnitt bei 42,4 Prozent lag.[7]

Der Aufschwung vollzog sich in Baden und
Württemberg vor allem in den Leitsektoren der
Chemie, der Elektrotechnik und des Maschinen-
und Automobilbaus. Die chemische Industrie war
eine Spezialität Badens und dabei vor allem des
Mannheimer Raums. Das bald weltgrößte Unternehmen, die Badische Anilin- und Sodafabrik
(BASF), ließ sich zwar aufgrund sehr viel günsti-
gerer Ansiedlungsbedingungen auf dem linken –
damals bayerischen – Rheinufer nieder; seine
Gewinne flossen jedoch weiterhin nach Mannheim
und Stuttgart, wo die Firmengründer residierten.

Die Elektroindustrie brauchte sich daneben
nicht zu verstecken. Sie reichte vom Anlagenbau,
mit dem sich Brown, Boveri & Cie. (BBC) seit 1898
in Mannheim profilierte, bis hin zu Spezialanwen-
dungen, bei denen Robert Bosch in Stuttgart mit
der Erfindung von magnetischen Niederspannungs-
und Hochspannungszündungen für Automotoren
ein besonderer Glücksgriff gelang. Wo 1901 noch
45 Beschäftigte tätig waren, wurden 1912 schon fast
4500 gezählt. Der Siegeszug des Automobils deutete
sich zwar an, aber noch waren die Firmen von Carl
Friedrich Benz in Mannheim und die seit 1904 in
Stuttgart-Untertürkheim ansässige Daimler Motoren-Gesellschaft (die erst 1926 fusionierten) nicht
von herausragender Bedeutung. Zeitgenössischen
Beobachtern fielen da eher andere Betriebe ins
Auge: der Landmaschinenhersteller Heinrich Lanz
in Mannheim etwa, der nach der Jahrhundertwende
die größte derartige Fabrik Europas mit mehr als
4000 Arbeitnehmern betrieb, oder die Gritzner AG

Die Villa Lanz erhielt einen harfengleichen Grundriß und eine konvexe Hauptfassade.

in Durlach, die größte Nähmaschinenfabrik
Europas.

Neben all diesen großen Namen darf schließlich
nicht vergessen werden, was als weitere Besonderheit der südwestdeutschen Industrialisierung
betrachtet werden muß – die überdurchschnittlich
starke Verbreitung der Textil- sowie der Nahrungs-
und Genußmittelbranche, vor allem der heute
längst vergessenen Zigarrenindustrie. Noch 1903
war die Tabakverarbeitung in Baden der Industrie-
zweig mit der größten Beschäftigtenzahl: Mit 33720
Arbeitern lag sie deutlich vor der Textil- und der
Maschinenindustrie, die jeweils gut 29000 Arbeit-
nehmer zählten. Gleichzeitig verbarg sich darin
ein erhebliches emanzipatorisches Potential: Fast
70 Prozent der mit dem Tabak Beschäftigten waren
Frauen und bei der Textilindustrie immerhin noch
rund 60 Prozent; beim Maschinenbau betrug die
Quote gerade einmal 5 Prozent.[8]

Heinrich Lanz betrieb nach der Jahrhundertwende in Mannheim die größte Landmaschinenfabrik Europas mit 4000 Arbeitnehmern. Sein Sohn ließ sich 1912 von einem Pariser Architekten eine protzige Villa bauen.

EINKOMMENSBESTEUERUNG IN BADEN UND WÜRTTEMBERG

Wer reich ist, besitzt normalerweise großes Vermögen und bezieht hohes Einkommen. Trotzdem sollten diese beiden Aspekte auseinandergehalten werden. Schließlich erwirbt so mancher sein Vermögen erst dadurch, daß er längere Zeit über beträchtliche Einnahmen verfügt; während andererseits ein beachtliches Vermögen – etwa in Form von Grundbesitz – nicht zwangsläufig auch hohe Erträge abwerfen muß. Die Steuergesetzgebung trifft diese Unterscheidung schon seit längerer Zeit. Über die Erträge der entsprechenden Steuern wurde von Anfang an genauestens Buch geführt, so daß man das Phänomen »Reichtum« genauer betrachten kann. Dennoch ist zu beachten, daß die Steuerstatistik nicht die lautere Wahrheit über die wirklichen Einkommens- und Vermögensverhältnisse der betroffenen Zahler offenbaren kann. Auch im Kaiserreich waren die Veranlagungsmechanismen komplex und die Steuerehrlichkeit nicht grenzenlos. Aber sie liefert Näherungswerte, deren Genauigkeit wohl von keiner anderen Quelle übertroffen wird.

Die moderne Form der Einkommensbesteuerung ist jünger als zumeist vermutet.[9] Die einschlägigen Gesetze wurden im Großherzogtum Baden am 20. Juni 1884 und im Königreich Württemberg am 8. August 1903 erlassen. Selbstverständlich wurden auch schon zuvor Einkommen besteuert, aber dies geschah wesentlich weniger systematisch und vor allem: Es wurden dazu weitaus weniger übersichtliche statistische Erhebungen angefertigt. Vor allem in Baden wurde von Anfang an eine Flut recht aussagekräftiger Daten über die Erträge der neuen Steuer veröffentlicht. In Württemberg ließ man sich mit der Einführung der Einkommensteuer nicht nur viel mehr Zeit, man war auch bei den Ergebnissen bei weitem nicht so publikationsfreudig. Entsprechend ist im Folgenden eine gewisse »Baden-Lastigkeit« nicht zu vermeiden.

Nicht jeder Einwohner des alten Großherzogtums war einkommensteuerpflichtig. Zunächst lag die Grenze bei 500 Mark, seit 1904 bei 900 Mark – Jahres-, nicht Monatseinkommen. Zur neuen Steuer wurden deshalb 1886 nur 317 196 Personen herangezogen, das waren 19,8 Prozent der Bevölkerung. Bis 1906 waren es zwar 367.318 Personen geworden, weil aber die Gesamtbevölkerung stärker gewachsen war, betrug der Anteil nur noch 18,2 Prozent. Da die ganz niederen Einkommen bei der Steuererhebung außer Betracht blieben, lagen die durchschnittlichen Einkommen relativ hoch: 1886 bei 1306,58 Mark, 1906 bei 2 071,37 Mark.[10]

Diese beträchtliche Erhöhung der durchschnittlichen Einkommen ergab sich jedoch nicht nur aus der Erhöhung des Freibetrags. Viel wichtiger war die deutliche Steigerung der Einkommen überhaupt. Blieb das gesamte steuerbare Einkommen 1886 noch unter einer halben Milliarde Mark (genau 414 442 117 Mark), so war 1906 schon das dritte Viertel überschritten (760 853 895 Mark) und 1911 fast eine Milliarde erreicht (976 385 591) – das bedeutete mehr als die Verdoppelung (235 Prozent) des ursprünglichen Betrages in 25 Jahren. Der Bevölkerung ging es nach Einschätzung von Regierung und Parlament gut, denn die Steuerschraube wurde beträchtlich angezogen: Im selben Zeitraum wuchs der Steuerertrag weit überproportional um 466 Prozent, von 4 502 841,07 Mark auf 21 000 082,50 Mark.[11]

Wenn man die absoluten Zahlen für 1886 vergleicht, wird man sich die Augen reiben: Auf 414 Millionen Mark (steuerpflichtiges) Einkommen wurden nur 4,5 Millionen Mark Einkommensteuer gezahlt? Das war effektiv nur wenig mehr als ein Prozent! Und tatsächlich war die damalige Besteuerung sehr maßvoll. Pro 100 Mark Einkommen wurden 2,50 Mark Steuern erhoben, ohne jegliche Progression. Die wurde erst 1894 begonnen, dann aber schnell immer mehr verfeinert. Das Schema für die Jahre 1886 bis 1910 zeigt die folgende zeitgenössische Tabelle:

EINKOMMENSTEUERTARIFE IM GROSSHERZOGTUM BADEN VON 1886 BIS 1910[12]

Für steuerbares Einkommen von	mit Steueranschlägen von	1886 bis 1891		1892 und 1893		1894 und 1895		1896 bis 1903		1904 bis 1908		1909 und 1910	
		von je 100 M Steueranschlag											
M	M	M	Pf	M	Pf	M	Pf	M	Pf	M	Pf	M	Pf
500 bis 800	100 bis 175					}2	–	}2	–	–	–	–	–
900	200									2	40	2	64,0
1.000 bis 24.500	250 bis 24.500							2	50,0	3	–	3	30,0
25.000 bis 29.000	25.000 bis 29.000							2	62,5	3	15	3	46,5
30.000 bis 39.000	30.000 bis 39.000							2	75,0	3	30	3	63,0
40.000 bis 49.000	40.000 bis 49.000	}2	50	2	–			2	87,5	3	45	3	79,5
50.000 bis 74.000	50.000 bis 74.000					}2	50	3	–	3	60	3	96,0
75.000 bis 99.000	75.000 bis 99.000							3	12,5	3	75	4	12,5
100.000 bis 149.000	100.000 bis 149.000							3	25,0	3	90	4	29,0
150.000 bis 199.000	150.000 bis 199.000							3	37,5	4	05	4	45,5
200.000 und mehr	200.000 und mehr							3	50,0	4	20	4	62,0

Ähnlich paradiesisch waren die Verhältnisse in Württemberg. Als 1903 die Einkommensteuer eingeführt wurde, betrug der Eingangssteuersatz für 500 bis 650 Mark Einkommen 0,35 Prozent. Bei 2000 bis 2150 Mark wurde 1 Prozent fällig, zwischen 30- und 35000 Mark 4 Prozent und mit 200000 Mark war der Spitzensatz von 5 Prozent erreicht.[13]

DIE ENTWICKLUNG DER REALEINKOMMEN

Die badischen Einkommen verdoppelten sich zwischen 1886 und 1911. Aber geschah dies real – oder doch nur nominal im Zuge schleichender Geldentwertung? Tatsächlich ist die Frage gar nicht einfach zu beantworten.

In den statistischen Publikationen Badens und Württembergs wurden nur wenige Daten zu Löhnen und ihrer Entwicklung veröffentlicht und überhaupt keine für die Gehälter. Immerhin liefern erstere Anhaltspunkte zu Größenordnungen und Entwicklungstrends. Ein erwachsener Mann erhielt beispielsweise in Stuttgart 1886 zwei Mark am Tag, seit 1900 drei Mark und 1908/09 3,50 Mark (Frauenlöhne waren etwa um ein Drittel niedriger). In derselben Größenordnung bewegten sich die Sätze in Mannheim. Bereits in Böblingen lagen sie schon deutlich niedriger: 1886 bei 1,50 Mark, um bis 1909 auf 2,50 Mark zu steigen. In ausgesprochenen Tieflohngebieten bewegten sie sich sogar nur von 1,20 Mark auf 2 Mark.[14]

Hervorzuheben ist allerdings, daß die Löhne eine äußerst breite Spannweite aufwiesen. Als 1910 genaue Daten in 34 Mannheimer Fabriken erhoben wurden, gab es auf der einen Seite Wochenverdienste, die unter 5 Mark lagen, auf der anderen aber welche, die über 35 Mark hinausgingen. Von den insgesamt fast 12 000 Beschäftigten verdiente damals ein gutes Viertel weniger als 15 Mark in der Woche, ein weiteres Viertel zwischen 15 und 24 Mark und etwa die Hälfte mehr als 24 Mark. Besonders gut wurde dabei in einer Zellstoff-Fabrik mit fast 1500 Beschäftigten gezahlt (72 Prozent über 24 Mark), besonders schlecht in einer Zelluloidwarenfabrik mit 768 Beschäftigten (5 Prozent).[15]

Es ist relativ einfach, sich darüber zu informieren, was man sich für solche Löhne kaufen konnte. Die statistischen Handbücher veröffentlichten regelmäßig eine Flut von Preis-Daten. Um einen Eindruck zu vermitteln, sei nur einmal ein die Stadt Mannheim betreffender Ausschnitt wiedergegeben:

Der Tabelle sind beträchtliche Unterschiede bei der Preisentwicklung zu entnehmen: »Forlenholz« (Kiefernholz) verteuerte sich in zehn Jahren nur um 10 Prozent, geräucherter Speck wurde sogar billiger, Kartoffeln legten dagegen um fast 50 Prozent zu. Aber wie sind diese Unterschiede zu gewichten? Alle wissenschaftlichen Bemühungen, die Entwicklung der Lebenshaltungskosten im Kaiserreich über einen festen Index berechenbar zu machen, kommen im wesentlichen zu ähnlichen Ergebnissen: Die Inflation zwischen 1895 und 1910 wird zwischen 24 und 26 Prozent veranschlagt. Weil aber gleichzeitig die Nominallöhne um 39 bis 47 Prozent (je nach Ansatz) wuchsen, blieb ein realer Zuge-

DURCHSCHNITTSPREISE FÜR LEBENSMITTEL (IM KLEINHANDEL) UND BRENNMATERIAL IN MANNHEIM[16]

| Jahre | 100 kg Kartoffeln | Mehl Nr.1 | | Brot, gangbare Sorte | Fleisch | | Schweinefleisch | | Speck, geräuchert | Schweineschmalz | Butter | | 10 Stück Eier | 1 Liter Milch | Bohnen | Erbsen | Linsen | Kaffee, gebrannt | 1 Liter Erdöl | 1 Ster Brennholz | | | 100 Kilogramm Kohlen usw. (beim Einkauf in Mengen von mindestens 1.500 kg) | | | |
		Weizenmehl	Roggenmehl		Ochsenfleisch	Rindfleisch	Frisch	Gedörrt			Tafelbutter	Landbutter								Buchenholz	Fichtenholz	Forlenholz	Rußkohlen I	II	Anthrazit	Koks
1902	7,00	40	32	24,0	1,50	1,40	1,61	1,81	2,00	1,46	.	2,40	62	20	30	36	51	2,85	19	13,32	11,63	10,00	.	.	.	.
1903	7,79	40	32	24,0	1,50	1,40	1,47	1,65	2,00	1,60	.	2,40	75	20	31	36	50	2,80	20	12,82	10,47	10,00	2,30	2,30	3,60	2,40
1904	8,19	40	32	24,0	1,50	1,48	1,36	1,60	2,00	1,23	.	2,40	73	20	36	36	50	2,80	20	12,72	10,01	10,00	2,39	2,39	3,90	2,50
1905	8,67	42	32	24,1	1,56	1,48	1,61	1,83	2,00	1,50	.	2,47	81	20	38	35	50	2,40	20	13,00	12,00	10,00	2,50	2,50	4,30	3,00
1906	8,16	44	34	25,0	1,65	1,58	1,83	2,08	2,9	1,73	.	2,60	88	22	47	37	63	2,40	20	13,00	12,02	10,00	2,53	2,50	4,14	3,00
1907	8,69	45	37	26,7	1,79	1,69	1,55	1,86	1,89	1,60	.	2,60	82	22	48	40	80	2,40	20	13,00	12,00	10,00	2,71	2,66	3,76	3,14
1908	8,50	48	42	27,0	1,77	1,58	1,58	1,75	1,91	1,57	2,79	2,59	74	22	38	44	63	2,60	20	13,46	11,06	10,86	2,80	2,71	4,01	3,38
1909	8,64	50	43	29,4	1,75	1,57	1,74	1,89	2,00	1,67	2,80	2,43	75	22	37	47	36	2,64	20	13,99	11,00	11,00	2,78	2,70	3,96	3,06
1910	8,87	49	41	30,0	1,79	1,63	1,75	1,95	1,95	1,75	2,95	2,60	74	22	40	48	50	2,80	20	14,00	11,00	11,00	2,74	2,64	3,78	2,90
1911	10,47	44	40	30,5	1,84	1,74	1,63	1,85	1,86	1,64	3,06	2,66	75	23	41	48	54	3,05	18	14,00	11,00	11,00	2,65	2,55	3,69	2,81
Durchschnitt 1902–1911	8,50	44	37	26,5	1,67	1,55	1,61	1,83	1,98	1,58	2,90	2,52	76	21	39	41	55	2,67	20	13,33	11,22	10,39	2,60	2,56	3,90	2,91

winn von mindestens 10, vielleicht aber sogar auch von 19 Prozent.[17]

Wie aber verteilten sich die Einkommen in der badischen Gesellschaft? Diese Frage scheint auch das Statistische Landesamt interessiert zu haben, denn 1912 legte es eine Statistik vor, die an Klarheit nichts zu wünschen übrig läßt, obwohl die ganz niedrigen, nicht einkommensteuerpflichtigen Einkommen unberücksichtigt bleiben. (Tab. unten)

Allerdings läßt die Tabelle den Betrachter insofern etwas ratlos zurück, als ein Maßstab für die Bewertung der vielen Einkommenstufen fehlt. Hier hilft die württembergische Statistik weiter, die eine vierfache Gliederung in »kleine Einkommen«

DIE EINKOMMENSVERTEILUNG IM GROSSHERZOGTUM BADEN 1886–1912[18]

Gruppen der Einkommensteuerstufen Einkommen von ... bis ausschließl. ... Mark	Steuerpflichtige								Steuerbetrag							
	1886		1901		1911		1912		1886		1901		1911		1912	
	Zahl	%	Zahl	%	Zahl	%	Zahl	%	Mark	%	Mark	%	Mark	%	Mark	%
500 bis 900 Mark	182.099	57,41	204.957	43,74	1) –	–	–	–	570.067	12,65	543.163	6,16	1) –	–	–	–
900 bis 1.000 Mark	19.936	6,28	47.378	10,11	74.928	17,11	73.092	16,30	99.675	2,21	189.512	2,15	412.104	1,96	402.006	1,81
1.000 bis 1.200 Mark	27.323	8,61	58.219	12,40	82.428	18,82	83.226	18,67	184.716	410	392.422	4,45	747.982	3,56	756.006	3,40
1.200 bis 2.000 Mark	49.664	15,66	93.659	19,99	173.682	39,66	178.021	39,93	596.633	13,24	1.109.957	12,99	3.016.810	14,37	3.104.565	13,97
2.000 bis 3.000 Mark	18.860	5,95	31.943	6,82	55.394	12,65	57.868	12,98	475.824	10,56	804.705	9,12	2.082.946	9,92	2.181.388	9,82
3.000 bis 6.000 Mark	13.833	4,36	22.562	4,82	36.082	8,24	37.464	8,40	855.042	18,96	1.394.698	15,81	3.280.990	15,62	3.400.487	15,37
6.000 bis 10.000 Mark	3.270	1,03	5.686	1,21	8.615	1,97	8.956	2,01	483.373	10,73	843.741	9,57	1.959.491	9,33	2.028.703	9,13
10.000 bis 20.000 Mark	1.582	0,50	2.706	0,58	4.319	0,99	4.547	1,02	478.438	10,62	836.787	9,40	2.043.680	9,73	2.149.600	9,67
20.000 bis 25.000 Mark	206	0,06	437	0,09	652	0,15	713	0,16	107.775	2,39	240.112	2,72	545.800	2,60	599.150	2,70
25.000 bis 30.000 Mark	122	0,04	215	0,05	388	0,09	418	0,09	79.287	1,7	150.229	1,70	424.050	2,00	455.700	2,05
30.000 bis 40.000 Mark	105	0,03	270	0,06	483	0,11	510	0,11	88.500	1,97	251.267	2,85	694.650	3,31	733.050	3,30
40.000 bis 50.000 Mark	59	0,02	144	0,03	239	0,05	259	0,06	63.650	1,41	182.160	2,07	464.750	2,21	509.075	2,09
50.000 bis 75.000 Mark	70	0,02	205	0,04	318	0,07	318	0,07	103.850	2,41	371.400	4,21	879.100	4,19	873.750	3,93
75.000 bis 100.000 Mark	17	0,01	70	0,01	137	0,03	158	0,04	35.875	0,80	187.406	2,12	569.380	2,71	658.180	2,95
100.000 bis 150.000 Mark	22	0,01	68	0,01	120	0,03	124	0,03	65.625	1,46	260.942	2,96	817.450	3,40	743.850	3,35
150.000 bis 200.000 Mark	11	0,003	34	0,01	49	0,01	58	0,01	45.225	1,00	194.096	2,20	418.200	1,99	496.000	2,03
200.000 Mark und mehr	18	0,01	54	0,01	109	0,02	120	0,03	171.600	3,81	866.740	9,83	2.741.700	13,06	3.130.050	14,09
Gesamt	317.196	100	468.607	100	437.943	100	445.852	100	4.505.155	100	8.819.37	100	21.000.083	100	22.221.560	100

1) Durch Gesetz vom 9. August 1900 wurde die Freigrenze des steuerbaren Einkommens mit Wirkung vom 1. Januar 1904 an von 500 Mark auf 900 Mark erhöht.

(500–3 050 Mark), »mittlere Einkommen« (3 050–10 000 Mark), »große Einkommen« (10 000–30 000 Mark) und »sehr große Einkommen« (mehr als 30 000 Mark) vornahm. Wendet man diese Einteilung auf das badische Material an, ergibt sich eine völlig eindeutige Situation: Vor der Erhöhung der Einkommens-Mindestgrenze von 500 auf 900 Mark bezogen über 93 Prozent der Steuerpflichtigen kleine Einkommen, danach waren es immer noch 88 Prozent. Deutlicher war die Verschiebung bei den mittleren Einkommen. Hier vergrößerte sich der Anteil von gut fünf auf über zehn Prozent. Auch der Anteil der Bezieher großer und sehr großer Einkommen verdoppelte sich: von 0,7 Prozent auf 1,55 Prozent.

Angesichts dieser minimalen Prozentwerte für Spitzeneinkommen ist es sinnvoll, mit absoluten Zahlen zu operieren, zumal dadurch die beträchtliche Vergrößerung dieser Gruppe viel deutlicher

wird. Über mehr als 10 000 Mark Jahreseinkommen verfügten 1886 noch 2 212 »Badener«; 25 Jahre später, 1911, waren es bereits 6 814 – das war eine Verdreifachung, während die Bevölkerung in dieser Zeit nur um ein Drittel zugenommen hatte.

»Badener« wurde hier in Anführungszeichen gesetzt, um auf ein spezifisches Problem hinzuweisen: Die meisten Statistiken differenzierten nicht zwischen natürlichen und juristischen Personen (wie GmbHs oder AGs). Insgesamt gesehen war dies auch kaum erforderlich, weil sich der Anteil der juristischen Personen an den Einkommensteuerzahlen noch 1911 im Promillebereich bewegte (etwa 1,2 ‰). Aber es gibt Ausnahmen, und diese Ausnahmen verdienen aus zwei Gründen Interesse: Der eine Grund ist die bessere Vergleichbarkeit mit den württembergischen Daten, in denen nur natürliche Personen erfaßt wurden:

EINKOMMENSVERTEILUNG IN BADEN UND WÜRTTEMBERG 1911/1912[19]

	Baden 1911	davon: natürliche Personen	Württemberg 1912 (natürliche Personen)
Einwohnerzahl (1910)	2.142.833		2.437.574
Einkommensteuerpflichtige	437.943 (100 %)	437.370	739.048 (100 %)
Kleine Einkommen Baden: 900–3.000, Württemberg: 500–3.050	386.432 (88,24 %)	386.302	678.822 (91,85 %)
Mittlere Einkommen 3.000/3.050–10.000	44.697 (10,21 %)	44.549	52.789 (7,14 %)
Große Einkommen 10.000–30.000	5.359 (1,22 %)	5.235	5.867 (0,79 %)
Sehr große Einkommen mehr als 30.000	1.455 (0,33 %)	1.284	1.570 (0,21 %)

Der zweite Grund ist der, daß gerade bei den Spitzeneinkommen die juristischen Personen eine weit überproportionale Rolle spielten: 171 der 573 juristischen Personen in Baden versteuerten nämlich mehr als 30 000 Mark Jahreseinkommen, das waren rund 30 Prozent. Bei den natürlichen Personen betrug die Quote dagegen nur 0,3 Prozent.

Die badische Einkommensteuerstatistik stellt reich gegliedertes Material bereit. Man kann ihr entnehmen, daß weitaus die meisten der 1284 Spitzenverdiener wiederum weniger als 100 000 Mark versteuerten; nur genau 200 lagen über dieser Grenze: 139 blieben unter 200 000 Mark, 58 unter einer Million und nur drei waren »richtige« Einkommensmillionäre, zumindest laut Steuererklärung.[20]

Rund 80 Prozent dieser Einkommen wurden in den sieben größten Städten Badens erzielt: 5614 natürliche und 197 juristische Personen lebten in Mannheim, Karlsruhe, Freiburg, Pforzheim, Heidelberg, Konstanz und Baden-Baden, wobei Mannheim (insgesamt 1658) mit weitem Abstand vor Karlsruhe (1267) führend war. Gerade in der Spitzengruppe mit Einkommen ab 100 000 Mark konnte sich aber auch Baden-Baden sehr gut behaupten. Von seinen 5969 Einkommensteuerzahlern lagen 13 »natürliche« Personen über der 100 000-Mark-Grenze; unter den 52 075 Mannheimern waren es ›nur‹ 39. Allerdings waren in Mannheim noch einmal 36 »juristische« Personen in dieser Einkommensklasse zu finden, in Baden-Baden jedoch keine einzige.[21]

Genaue Auskünfte über die Herkunft der konkreten Einkommen sucht man vergebens. Auch in früheren Zeiten war man mit derartigen Angaben sehr zurückhaltend. Immerhin ermöglicht es die Steuerstatistik aber, allgemeine Trends nachzuzeichnen. Die folgende Tabelle zeigt, wie sich die Anteile der hauptsächlichen Einkommensarten im Laufe der Jahre veränderten:

DIE ENTWICKLUNG DER EINKOMMENSARTEN IN BADEN 1886 BIS 1911[22]

	1886	1901	1911	Mannh. 1912	Wü. 1910
Summe	100	100	100	100	100 %
Mio. Mark	448	771	1.064	174	1.290
Grundstücke, Gebäude, Land- und Forstwirt.	37	27	22	11	25
Gewerbe	26	25	25	25	20
Sonstige Arbeit und Dienstleistungen	27	38	41	52	43
Kapitalien und Renten	10	10	12	12	12

Der Trend ist eindeutig. Während die Anteile der Einkommen aus Gewerbebetrieben und Kapital konstant blieben, vollzogen sich die grundlegenden Veränderungen in den beiden anderen Bereichen: Die traditionellen, grund- und bodengebundenen Einkommen verloren drastisch an Bedeutung, während die modernen, aus Industrie und Dienstleistung erzielten genauso erheblich gewannen. Wie sehr dieses Bild für städtische Ballungsräume noch zu akzentuieren ist, zeigt allein schon das Beispiel Mannheims. Und schließlich: Zumindest kurz vor dem Ersten Weltkrieg waren die Verhältnisse in Baden und Württemberg sehr ähnlich.

DIE VERMÖGENSVERTEILUNG IN BADEN

Als man in Württemberg noch erste Erfahrungen mit der gerade eingeführten Einkommensteuer machte, war man in Baden schon einen Schritt weiter und bereitete eine eigene Vermögensteuer vor. Nach langen Verhandlungen wurde das entsprechende Gesetz am 28. September 1906 erlassen.

Umstritten war bis zuletzt, bis zu welchem Grad die tatsächlichen Vermögenswerte in die Steuerberechnung einfließen sollten und inwieweit Schulden abzugsfähig wären. Schon allein, weil am Ende Grundstückswerte um 20 oder 25 Prozent vermindert wurden und landwirtschaftliches Betriebsvermögen mit Minimalanschlägen davonkam, während gewerbliche Betriebsvermögen gestaffelt Zuschläge zwischen 10 und 65 Prozent erfuhren, kann keine Rede davon sein, daß die in der Steuerstatistik erfaßten Vermögen dem real Vorhandenen genau entsprachen. Die sich aus den gesetzlichen Regelungen ergebende nahezu groteske Verzerrung der Situation braucht nur anhand der Gesamtwerte des Großherzogtums für das Jahr 1911 illustriert zu werden. Damals wurden insgesamt veranschlagt:

11.711 Millionen Mark, davon für
Grundstücke und Waldungen:	2.202 Mio. Mark – 19 %	
Gebäude:	3.986 Mio. Mark – 34 %	
gewerbliches Betriebsvermögen:	2.311 Mio. Mark – 20 %	
landwirtschaftliches Betriebsvermögen:	9 (!) Mio. Mark	
Kapitalvermögen:	3.203 Mio. Mark – 27 %[23]	

Trotz dieser Einschränkung verdienen die von der Vermögensteuerstatistik ermittelten Angaben über die Verteilung der Steuerzahler einige Beachtung, weil sie zumindest Anhaltspunkte zur Einschätzung der Vermögensverteilung liefern (Tabelle unten).

Das steuerbare Vermögen im gesamten Großherzogtum betrug 1910 ausweislich des Vermögensteuerkatasters nach Abrechnung der abzugsfähigen Schulden 9 199 120 057 Mark, der Steuersatz lag bei 0,11 Prozent. Damit kamen 10 032 764 Mark Steuern zusammen. Verteilt auf 377 472 Zahler waren dies durchschnittlich 26,58 Mark.

Faktisch wich die Verteilung jedoch weit vom Durchschnitt ab: 68 Prozent der Steuerpflichtigen hatten ein Vermögen von weniger als 10 000 Mark und zahlten dafür nur zehn Prozent des Steueraufkommens. 28,5 Prozent waren mit einem Vermögen zwischen 10- und 100 000 Mark schon recht wohlhabend; dafür hatten sie 30 Prozent der Steuer zu zahlen. 2,84 Prozent der Steuerzahler waren mit 100 000 bis 1 Million Mark Vermögen reich und zahlten dafür weitere 30 Prozent. Die absolute Spit-

BADISCHE VERMÖGENSTEUERSTATISTIK FÜR 1910[24]

Gruppen	Steueranschläge		Steuerpflichtige Zahl	%	Steueranschläge Mark	%
I	500 Mark bis unter	5.000 Mark	181.256	48,02	395.741.000	4,34
II	5.000 Mark bis unter	10.000 Mark	76.903	20,37	526.944.000	5,78
III	10.000 Mark bis unter	25.000 Mark	68.155	18,06	1044.124.000	11,45
IV	25.000 Mark bis unter	50.000 Mark	26.832	7,11	921.413.000	10,10
V	50.000 Mark bis unter	100.000 Mark	12.739	3,37	873.743.500	9,58
VI	100.000 Mark bis unter	200.000 Mark	6.090	1,61	839.589.500	9,21
VII	200.000 Mark bis unter	300.000 Mark	1.950	0,52	472.018.000	5,18
VIII	300.000 Mark bis unter	400.000 Mark	988	0,26	337.937.500	3,71
IX	400.000 Mark bis unter	500.000 Mark	585	0,15	261.253.500	2,86
X	500.000 Mark bis unter	1.000.000 Mark	1.131	0,30	782.017.000	8,57
XI	1.000.000 Mark bis unter	2.000.000 Mark	523	0,14	714.317.000	7,83
XII	2.000.000 Mark bis unter	3.000.000 Mark	131	0,04	318.079.000	3,49
XIII	3.000.000 Mark bis unter	5.000.000 Mark	80	0,02	306.888.000	3,36
XIV	5.000.000 Mark bis unter	10.000.000 Mark	75	0,02	501.824.500	5,50
XV	10.000.000 Mark bis unter	20.000.000 Mark	23	0,01	310.966.500	3,41
XVI	20.000.000 Mark und mehr		11	0,002	513.838.500	5,63
	Im ganzen		377.472	100	9.120.694.500	100

zengruppe der Millionäre umfaßte schließlich nur noch 843 »Personen« (0,22 Prozent). Sie zahlten die restlichen 30 Prozent Steuer.

Leider muß an dieser Stelle wieder von »Personen« gesprochen werden, weil nicht zwischen natürlichen und juristischen Personen differenziert wurde (und, anders als bei der Einkommensteuerstatistik, auch andernorts diese Unterscheidung unterblieb).[25] Es bleibt nur eine näherungsweise Berechnung der Zahl der »natürlichen« Personen: Wer mehr als eine Million Mark Vermögen besaß, dürfte ziemlich sicher auch mehr als 30 000 Mark Jahreseinkommen bezogen haben. Die 843 Millionäre sind also wohl unter den 1 455 Beziehern sehr großer Einkommen zu lokalisieren. Unter denen befanden sich wiederum 171 juristische Personen. Betrachtet man sie durchweg als besonders vermögend, so erhält man eine Untergrenze für die Zahl der badischen Millionäre: 672. Wahrscheinlich waren es aber doch noch ein paar mehr.

Die Vermögens-Millionäre waren genausowenig gleichmäßig über das Land verteilt wie die Bezieher der Spitzeneinkommen. Sie bevorzugten auf jeden Fall die Städte. 209 gab es allein in Mannheim, wo ja auch die weitaus meisten juristischen Personen mit sehr hohem Einkommen (73) lokalisiert worden waren. Möglicherweise lebten damit in Mannheim »nur« gut 130 Millionäre. Auf dem zweiten Platz würde mit 95 »Millionären« zwar die Landeshauptstadt Karlsruhe folgen, rechnet man aber 21 juristische Personen ab, wird sie von Freiburg überrundet, weil sich unter deren 90 Millionären höchstens 4 juristische Personen befanden. Sehr interessant für Reiche waren daneben Heidelberg (58 Millionäre, davon höchstens 4 juristische Personen) und Baden-Baden (35, höchstens 1).

Die absoluten Riesenvermögen konzentrierten sich in Badens Industriestadt Nr. 1, in Mannheim: Von den 34 Steuerpflichtigen, die mit mehr als 10 Millionen Mark veranschlagt waren, befanden sich 15 in Mannheim und nur jeweils 4 in Karlsruhe

und Freiburg. Mindestens einer der Mannheimer ist problemlos zu identifizieren: Dr. Friedrich Engelhorn jun. (1856–1911), der 1883 in das Pharmaunternehmen C. F. Boehringer eingetreten war und es schon wenige Jahre später als alleiniger Besitzer übernehmen konnte. Fritz Engelhorn hatte sich 1904 eine repräsentative, mehr als 800 m² Wohnfläche aufweisende Villa erbauen lassen.[26]

MILLIONÄRE IN WÜRTTEMBERG

Zu Zeiten des Kaiserreichs gab es in Württemberg zwar keine Vermögensteuer, dafür jedoch ein Kompendium, das mit einer Fülle individueller Daten aufzuwarten wußte: das »Jahrbuch des Vermögens und Einkommens der Millionäre in Württemberg mit Hohenzollern«. Es wurde von Rudolph Martin, einem ehemaligen Regierungsrat im Reichsamt des Innern, 1914 herausgegeben und ist mittlerweile in einem Faksimile-Nachdruck wieder leicht zugänglich.[27] Das Jahrbuch für Württemberg war Teil eines auf 24 Bände geplanten Gesamtwerks, in dem nicht nur die Anschriften aller Millionäre im gesamten Reich verzeichnet werden sollten, sondern für einen großen Teil von ihnen auch genauere Angaben über Vermögen und Einkommen sowie biografische Daten. 19 Bände konnte der rührige Berliner im eigenen Verlag herausbringen, dann brach der Erste Weltkrieg aus, und das Unternehmen fand ein abruptes Ende. Zu den nicht erschienen fünf Bänden zählt leider der über das Großherzogtum Baden.

Allerdings wird auch Martin der eine oder andere Irrtum unterlaufen sein. Gerade in Württemberg, das keine Vermögensteuer kannte, war er weitgehend auf Schätzungen angewiesen, so daß wahrscheinlich ein paar Millionäre fehlen. Trotzdem ist das Werk insgesamt sehr aussagekräftig. Obwohl Martins Interesse dem Individuum galt, sind seine Daten auch statistischer Beschreibung zugänglich. Damit soll begonnen werden, um den Zusammenhang zum vorigen Abschnitt herzustellen. Wenn für Baden mindestens 672 Millionäre (natürliche Personen) berechnet wurden, so sind in Martins Handbuch insgesamt (einschließlich der beiden Nachträge) 567 zu finden. Das wesentlich kleinere Baden lag damit deutlich vor Württemberg.

Leider ist für die Badener jene weitere Unterteilung nicht möglich, die anhand von Martins Daten durchzuführen ist. In Württemberg gab es 319 »einfache (1–2 Millionen Mark Vermögen) Millionäre«, 225 Millionäre mit 2–10 Millionen Mark und 23 mit sogar mehr als 10 Millionen.[28]

Die Herkunft der Einkommen
Die Angaben ermöglichen es, einen direkten – wenn auch mehr oder minder geschätzten – Zusammenhang zwischen Vermögen und Jahreseinkommen herzustellen, weil zumindest für alle diejenigen, die mit mindestens zwei Millionen Mark Vermögen veranschlagt wurden, eine eigene Spalte »Einkommen« vorhanden war. Martin begnügte sich dabei nicht mit pauschalen Prozentwerten. Bei den 106 Doppel-Millionären beispielsweise verzeichnete er ein recht breites Spektrum: In 30 Fällen blieb ihr Einkommen unter 100 000 Mark, in 37 Fällen lag es zwischen 100- und 150 000 Mark, in 30 Fällen zwischen 150- und 200 000 Mark und in 9 Fällen über 200 000 Mark.

Ganz eindeutig entsprach die Höhe der Einkommen der Art ihrer Herkunft: Der traditionelle, zumeist adlige Großgrundbesitzer mußte sich mit relativ bescheidenen Erträgen begnügen, die hohen und höchsten Werte wurden dagegen von Industriellen erzielt. Dies ist beispielhaft an den Extremen zu zeigen: Das mit Abstand niedrigste Einkommen eines Doppel-Millionärs bezog Oskar Freiherr von Münch, »Besitzer der Rittergüter Mühlen (105 ha), Mühringen (300 ha), zus. 405 ha, in Hohen-Mühringen, Oberamt Horb, Schwarz-

waldkreis« mit 40 000 Mark. Auch die beiden nächstfolgenden, deutlich besser Gestellten, waren Gutsbesitzer. Anzufügen ist auch gleich, daß Großgrundbesitz überhaupt in Baden wie Württemberg keine besondere Rolle spielte. Nur 3,06 bzw. 2,14 Prozent der landwirtschaftlich genutzten Flächen entfielen auf Güter von mehr als 100 Hektar Größe – im Reichsdurchschnitt waren es 22,2 Prozent.[29]

Ganz anders sah es dagegen in der Spitzengruppe aus. Dr. Hermann Voith, »Teilh[aber] der Maschinenfabrik J. M. Voith, zweiter Sohn des am 17. Mai 1913 gest[orbenen] Geh[eimen] Kommerzienrats Dr.-Ing. Friedrich Voith« in Heidenheim (Brenz) wurde von Martin mit 240 000 Mark veranschlagt, und der in Stuttgart lebende Kommerzienrat Adolf Kächelen, »früher Direktor und jetzt M[itglied] des A[ufsichts]-R[ats] der Bad. Anilin- und Sodafabrik« (BASF) gar mit 250 000.[30]

Die namentliche Spezifizierung der Millionäre hat zur Folge, daß auch finanzstarke Familienverbünde identifiziert werden können, deren Gesamtvermögen und -einkommen beträchtliche Größenordnungen erreichten. Hermann Voith beispielsweise stand nicht allein; er hatte zwei Brüder, die ebenfalls als Teilhaber der väterlichen Maschinenfabrik fungierten, Walther und Hanns. Außerdem gab es noch die Mutter Helene und die Schwester Johanna. Alle fünf wurden mit jeweils zwei Millionen Mark Vermögen geführt, nur die Einkommen differierten: 140 000 Mark für die beiden Frauen, 200-, 220- und 240 000 Mark für die drei Männer. Mutter, Tochter und Sohn Hanns hatten übrigens dieselbe Adresse: Villa Eisenhof in Heidenheim.[31]

Wie genau sind aber nun Martins Angaben zu nehmen? Als Maßstab bieten sich die Einkommensteuerwerte an, die zumindest punktuell daneben gehalten werden können. Ein solcher Vergleich ist bei Hans Freiherr von Ow-Wachendorf möglich, dem Präsidenten der königlich württembergischen

Zentralstelle für die Landwirtschaft, der Vorläuferin des Landwirtschaftsministeriums. Martin veranschlagte den königlichen Kammerherrn und Mitglied der ersten Kammer des Landtags als Vertreter des ritterschaftlichen Adels und »Besitzer und Mitbesitzer von etwa 4 Gütern im Umfang von rd. 400 ha« auf ein reines Vermögen von 2 Mio. Mark und als Bezieher eines Einkommens von 100 000 Mark. Tatsächlich wurde er 1905 mit 74 445 Mark veranschlagt. Stellt man in Rechnung, daß das Einkommen in fast zehn Jahren um einiges gewachsen sein wird und die Steuererklärung wahrscheinlich eher unter- als übertreibt, liegt Martin also ziemlich gut.[32]

Interessant ist der Fall Ow-Wachendorfs auch deshalb, weil er einen Einblick in die recht komplexe Zusammensetzung großer Einkünfte ermöglicht: Fast die Hälfte des Einkommens (49,6 Prozent) entfiel nämlich auf Kapitalerträge, 37,3 Prozent auf das Grundeigentum und 0,5 Prozent auf einen Gewerbebetrieb. Nur der Rest entstammte seinem Diensteinkommen als Präsident der Zentralstelle. Das waren 9 450 Mark oder 12,7 Prozent.[33] Dieses Beispiel zeigt, daß man allein mit einem staatlichen Gehalt (selbst wenn damit eine absolute Spitzenposition bezahlt wurde) höchstens sehr wohlhabend sein konnte, aber nie wirklich reich. Den Besitz einer richtigen Villa konnte man sich damit allein nicht leisten.

Um einiges besser gestellt war man da schon als »Spitzenmanager in einem Hochtechnologie-Unternehmen«, wie man nach heutigen Begriffen formulieren würde. Von Ferdinand Graf von Zeppelin ist eine Einkommensteuererklärung für das Jahr 1911 erhalten, die zeigt, daß er aus seinem Unternehmen zwar ein Einkommen von 39 447 Mark bezog, daß aber fast zwei Drittel seiner Gesamteinkünfte von 128 453 Mark aus Kapitaleinkünften und Renten bestanden. Zeppelin wurde von Martin als »einfacher Millionär« geführt, aber es bleibt unklar, ob er sich die aufwendige Villa

Herdweg 66 hatte käuflich erwerben können oder dort nur zur Miete wohnte.[34]

Über die Kosten derartiger Bauten finden sich nur ausnahmsweise Informationen. Helene von Reitzenstein, die Tochter des schwerreichen Stuttgarter Verlegers Eduard Hallberger, von Martin auf 5 Millionen Mark Vermögen geschätzt, ließ sich die »Villa Reitzenstein« zwischen 1911 und 1913 in bester Hanglage für 2,8 Millionen Goldmark errichten. Friedrich Freiherr von Gemmingen-Hornberg, der in die Familie des Großindustriellen Gustav Siegle eingeheiratet hatte und deshalb mit 10 Millionen Mark veranschlagt wurde, soll für sein zwischen 1907 und 1910 gebautes Palais Mörikestraße 12 sogar ungefähr 6 Millionen Mark ausgegeben haben – aber das ging »über das übliche Maß großbürgerlicher Repräsentation hinaus«.[35]

Also auch bei den Villenbesitzern gab es beträchtliche Unterschiede. Dies bietet Gelegenheit, zu den einleitend vorgestellten Fällen von Richard Leins und Fritz Hauff zurückzukehren.

Die Herkunft der Vermögen

Richard Leins fiel bei Martin unter die Kategorie »einfache (1-2 Millionen Mark Vermögen) Millionäre«, bei denen nur wenige allgemeine Angaben – und keine zum Einkommen – präsentiert wurden. In seinem Falle hieß dies: Teilhaber der »Firma C. Leins & Co., Fabrik für Holz- und Stahlrolladen, Eisenhoch- und Brückenbau« und Adresse (Gerokstraße 27). Allerdings ist zu berücksichtigen, daß Richard nicht allein agierte, sondern wahrscheinlich mit zwei Brüdern: Hermann und Alfred, die ebenfalls als Teilhaber derselben Firma geführt wurden. Zumindest Hermann residierte ebenfalls standesgemäß, Herdweg 102, in einer gediegen eingerichteten Villa.[36] Alfred wohnte Lenzhalde 46.

Fritz Hauff dagegen spielte mindestens eine Liga höher. Bei Martin wurde er nicht nur mit 8 Millionen Mark Vermögen eingeschätzt, er galt auch als einer der wenigen Einkommensmillionäre in Würt-

temberg. Dementsprechend wurde er auch einer ausführlicheren Darstellung gewürdigt. Der Vater des 1863 Geborenen hatte 1870 die Firma Julius Hauff & Co. in Feuerbach begründet. Sein Chemiebetrieb stellte zunächst verschiedene Säuren her, verlegte sich aber unter seinem Sohn »auf die Herstellung photographischer Präparate, Platten und Films [so der damalige Ausdruck] (…) Dr. Fritz Hauff ist das einzige Kind des [1899] verstorbenen Begründers der Firma und hat schon aus diesem Grunde ein Vermögen von ungewöhnlicher Größe.«[37]

Hauff war nur einer von zwei württembergischen Millionären, die ein Millioneneinkommen bezogen, obwohl ihnen Martin weniger als 10 Millionen Mark Vermögen zurechnete; der zweite war Bankdirektor Alfred von Kaulla (9 Mio. Vermögen, 1,1 Mio. Einkommen[38]). Umgekehrt gab es aber ebenfalls nur einen dieser Superreichen, dem weniger als eine Million Mark Einkommen zugeschrieben wurden: Franz Xaver Graf zu Königsegg-Aulendorf mußte sich mit 300 000 Mark Einkommen begnügen, weil er »nur« Besitzer von 7 Gütern mit zusammen 5040 ha Fläche war.[39] Mit diesen drei Ausnahmen galt die Gleichung: Wer zehn und mehr Millionen Mark Vermögen besaß, hatte auch mindestens eine Million Mark jährliches Einkommen.

Betrachtet man den erlauchten Kreis jener 25 Personen näher, die entweder ein Vermögen von mindestens zehn Millionen Mark ihr eigen nannten oder ein jährliches Einkommen von mindestens einer Million, so zeigt sich, daß der alte württembergische Adel doch noch nicht völlig bedeutungslos geworden war. Von den ersten sechs Positionen auf der Vermögensliste besetzte er immerhin fünf mit so illustren Namen wie dem Fürsten von Thurn und Taxis (270 Mio.), dem Fürsten zu Hohenlohe-Oehringen (154 Mio.), dem Fürsten zu Fürstenberg (110 Mio.), dem Fürsten von Oettingen-Wallerstein (36 Mio.) und dem König von Württemberg (36 Mio.). Einzig die – ursprünglich bürgerliche –

Gräfin Adelmann von Adelmannsfelden (66 Mio.) konnte als Millionenerbin in diesen Kreis vorstoßen.[40]

Erst auf dem zehnten Platz folgte der Mann, der das größte Einkommen in Württemberg versteuerte, Dr. Robert Bosch, »alleiniger Inhaber der Fa. Robert Bosch, elektrotechnische Fabrik«, von Martin auf 20 Millionen Vermögen und 4 Millionen Einkommen geschätzt. Allerdings waren seine Perspektiven glänzend: Da er »hauptsächlich erst seit dem Jahre 1905 mit amerikanischer Schnelligkeit zu einem Großindustriellen ersten Ranges geworden« war, prognostizierte Martin, daß Bosch »auch bald das größte Vermögen in Württemberg besitzen [dürfte]. Seine Fabrik überragt schon heute an Bedeutung jede andere Fabrik des Landes bei weitem.«[41]

Während bei den größten Vermögen also die Tradition eine erhebliche Rolle spielte, sah es auf den Stufen darunter schon ganz anders aus. Unter den 225 württembergischen Mehrfachmillionären (2–10 Mio.) war der alte Adel nur noch 37mal vertreten, viel häufiger war dagegen mit 52 Fällen der Titel eines Kommerzienrates oder Geheimen Kommerzienrates (einschließlich der Witwen, die auf einen solchen verwiesen); in der Spitzengruppe war er nur zweimal vorhanden gewesen.

Die neuen Vermögen entstammten immer mehr der Industrie. Einige Bedeutung besaß jedoch auch der Handel. Willi A. Boelcke berechnete seinen Anteil an den württembergischen Millionären auf etwa 13 Prozent.[42] Eduard Scharrer, Teilhaber einer Hopfenhandlung und Malzfabrik mit etlichen Filialen, war damit unter die reichsten Männer Württembergs aufgestiegen.[43]

Scharrer hatte übrigens bis Frühjahr 1914 noch bei Leonberg gewohnt, war dann aber nach

Die 1898 erbaute und 1944 zerstörte Villa Rotebühl-straße 70 in Stuttgart (S. 72 die Südfassade, links die Westansicht) war der Winterwohnsitz Henriette von Simolin-Bathorys, Haupterbin des BASF-Gründers Rudolph Knosp.

Bernried an den Starnberger See gezogen, wo nicht weit entfernt bereits Freifrau Henriette von Simolin-Bathory, die Erbin eines bürgerlichen 30-Millionen-Vermögens, zumindest im Sommer residierte. Rudolph Martin knüpfte daran die Bemerkung, daß der »Zug der Millionäre nach Oberbayern« für Württemberg »wenig erfreulich« sei.[44] Die Baronin besaß außerdem noch elf Häuser in der Knospstraße, fünf in der Augustenstraße und sieben in der Rotebühlstraße.

Wenn Mannheim die badische Metropole der Reichen war, so war es in Württemberg Stuttgart. Zumindest auf der Basis der 1910 gezahlten Einkommensteuer läßt sich die lokale Verteilung der Beziehung sehr großer Einkommen ganz genau nachvollziehen: Zwei Drittel von ihnen (1006 von 1570) lebten in nur acht Städten – allen voran in Stuttgart (683), in weitem Abstand gefolgt von Heilbronn (96), Ulm (65), Reutlingen (57), Esslingen (36), Göppingen (35), Ludwigsburg (35) und Gmünd (10). 102 der 683 Stuttgarter lagen dabei über 100 000 Mark, 28 sogar über 200 000.[45]

Ausblick

Für die Millionäre des Kaiserreichs muß die Weimarer Republik als blanke Katastrophe erschienen sein. Sie sahen sich in einem doppelten Würgegriff: Zum einen war angesichts der katastrophalen Finanznot des Reiches nach dem verlorenen Krieg und den von den Siegermächten geforderten Reparationen eine drastische Steuerreform unumgänglich gewesen. Unter Finanzminister Matthias Erzberger war deshalb 1920 die Einkommensteuer als Reichssteuer eingeführt und mit Sätzen von noch nicht gesehener Höhe versehen worden.

Das Minimum lag nun bei 10 Prozent, der Spitzensteuersatz bei sagenhaften 60 Prozent. Der griff zwar erst bei Einkommen von mehr als 10 Millionen Mark, aber selbst bei 30 000 Mark waren 21 Prozent fällig, wo man sich vor dem Ersten Weltkrieg noch mit rund 4 Prozent begnügt hatte.[46]

Zum anderen sahen sie sich wie alle anderen Deutschen auch einer bislang noch nie dagewesenen Geldentwertung gegenüber, die 1923 nur mit einer brachialen Währungsumstellung beendet werden konnte: 4,2 Billionen Mark entsprachen fortan einer Rentenmark (später dann: Reichsmark).

Auf diese Katastrophe folgte schließlich wenige Jahre später eine Wirtschaftskrise von ebenfalls noch nicht erlebtem Ausmaß – schlechte Zeiten auch für Millionäre. Im Krisenjahr 1931 wurden deshalb in Württemberg nur noch 109 Vermögen mit einer Million Reichsmark und mehr erfaßt, in Baden waren es sogar nur noch 64[47]. Das wäre ein Rückgang um rund 85 Prozent, wenn die Erhebungsmethoden tatsächlich völlig vergleichbar gewesen wären. Das Material, das die am 10. August 1925 eingeführte reichseinheitliche Vermögensteuer (mit einem einheitlichen Steuersatz von 0,5 Prozent vom Einheitswert des Gesamtvermögens) bereitstellt, müßte allerdings noch genauer untersucht werden.[48]

Es dauerte Jahrzehnte, bis die Zahl der südwestdeutschen Millionäre den vor dem Ersten Weltkrieg erreichten Stand wieder auf- und überholt hatte. Erst der gewaltige Aufschwung während der 1950er Jahre veränderte das Bild: Hatte es in der gesamten Bundesrepublik 1953 nur 1566 Vermögensmillionäre gegeben, so waren es 1960 schon 8795 und 1517 von ihnen kamen aus Baden-Württemberg.[49]

Was nach dem Zweiten Weltkrieg allerdings weitgehend fehlte, war die Darstellung des Reichtums durch große Villen, war die Gesellschaft, in der man sich als jemand zeigte, der es »zu etwas gebracht« hatte. In dieser Hinsicht hatte die Gesellschaft des Kaiserreiches ein anderes Format besessen.

Das Kaiserreich brachte in Baden ein nicht immer harmonisches Konzert verschiedener Architekturstile hervor. Neben an italienischen Vorbildern der Renaissance orientierten Villen gab es Bauten, die mittelalterliche Formen aufgriffen. Schließlich entstand eine ganze Reihe von eleganten Jugendstilvillen. Zu ihnen zählte die Baden-Badener Villa Fieser.

Villen und Landhäuser in Baden

VON DER HISTORISTISCHEN BURG
ZUM NEOKLASSIZISMUS

VON ISOLDE DAUTEL UND CLEMENS KIESER

Während der Kaiserzeit spielte im Großherzogtum Baden die Karlsruher Bauschule eine dominierende Rolle. Insbesondere im Villenbau war der Einfluß des Karlsruher Polytechnikums, der heutigen Universität, und der gerade gegründeten Baugewerkeschule prägend. Diese Vorrangstellung verwundert nicht, besetzten Architekturprofessoren doch oft gleichzeitig hohe Beamtenfunktionen in der Bauverwaltung der badischen Monarchie – eine Tradition, die durch den bedeutenden klassizistischen Architekten und Stadtplaner Friedrich Weinbrenner begründet worden war. Mit Johann Gottfried Tulla, dem für die hochwassergeplagte Bevölkerung segensreich wirkenden Begradiger des »Wilden Rheins«, gehörte er zu den Gründungsvätern der Karlsruher Hochschule. In der Folge standen die Professoren Heinrich Hübsch, Heinrich Lang und Josef Durm als höchste badische Baubeamte der großherzoglichen Oberbaudirektion vor. Professor Friedrich Ostendorf, der letzte in dieser Reihe, führte die inzwischen modernisierte Bauverwaltung seit 1908. Die Machtfülle dieser Männer war enorm. Sie waren Propheten und Regierende zugleich, bildeten junge Architekten nach ihren Vorstellungen heran und formten den öffentlichen Architekturgeschmack durch eigene und durch sie dirigierte Staatsbauten.[1]

BADISCHE VERHÄLTNISSE

Eine regelrechte »Stilverordnung« hatte es jedoch nur unter dem Klassizisten Weinbrenner und seinem Nachfolger Hübsch gegeben. Diese einengenden Bauvorschriften konnten sich noch bis zu den Gewerbefreiheitsgesetzen von 1862 halten, hatten aber auf das kaiserzeitliche Bauwesen keinen Einfluß mehr. Eine ungemein wichtige Neubelebung brachten dann die romantischen Ideen des Architekturlehrers Friedrich Eisenlohr in den 1840er Jahren. Er gestaltete bedeutende

Hochbauten für die im Entstehen begriffene Badische Eisenbahn.

In der Kaiserzeit ertönte – in Baden wie im ganzen Kaiserreich – ein keineswegs harmonisches Konzert verschiedener Architekturstile. Der zunächst im Villenbau insgesamt sehr verbindlichen, an italienischen Vorbildern der Renaissance orientierten Manier trat 1894 eine vaterländisch-romantische, in malerischer Weise mittelalterliche Formen aufgreifende Gestaltungsweise an die Seite. Damals wurde aus Berlin der Neogotiker und Fachwerkforscher Professor Carl Schäfer an die Karlsruher Hochschule berufen, der sich durch eigene Bauten und nachempfindende Wiederherstellungen an bedeutenden Monumenten des Mittelalters einen Namen gemacht hatte. Seine Hauptwerke sind der Portalbau des Doms zu Meißen und seine berühmtberüchtigte Vollendung des ruinösen Friedrichsbaus im Heidelberger Schloß.

So gingen von der Karlsruher Schule sehr unterschiedliche Signale aus. Neben die durch Heinrich Lang und Josef Durm propagierten, gelegentlich etwas wuchtigen Neorenaissancebauten traten nun romantische, mit Erkertürmchen und Fachwerk aufgelockerte, gelegentlich auch burgartig wirkende Entwürfe. Bald stimmten in die Polyphonie der Stile noch das heute ungewohnt prunkvoll-schwelgerisch wirkende Neobarock und das Neorokoko der Professoren Friedrich Ratzel und Eduard Dörr ein. In den Jahren um 1900 schließlich machte der unkonventionelle, zunächst durchaus schockierende Jugendstil Hermann Billings mit seinen eigenwilligen Formen und originellen Grundrissen Furore. Als das *enfant terrible* schließlich ebenfalls Hochschullehrer geworden war, ging dies mit einer Beruhigung der Formensprache einher. Letztlich fand der überaus gemischte Reigen in den Bauten Professor Friedrich Ostendorfs einen vorläufigen Abschluß.

Aus heutiger Sicht scheint es verwunderlich, doch blieb der Einfluß »ausländischer« Architekten auf das badische Bauwesen letztlich gering. Die

Bauten fremder Baumeister, vor allem im Weltkurort Baden-Baden, fanden zwar große Beachtung, blieben aber letztlich Muster ohne prägenden Wert. Selbst die nach 1900 vermehrte Ansiedelung von Architekten in Mannheim, die in der nahen hessischen Residenzstadt Darmstadt studiert hatten, ließ deutlich ablesbare Einflüsse vermissen: Denn fast zeitgleich besetzten die Karlsruher Professoren Friedrich Ostendorf und Hermann Billing ähnliche ästhetische Positionen. Im öffentlichen Bauwesen, aber auch im privaten Villenbau des Großherzogtums Baden dominierte also eine recht überschaubare Gruppe professoraler Baubeamter. Bei aller Machtvollkommenheit waren aber auch diese Männer stets herausgefordert, Antworten zu finden auf die großen ökonomischen und sozialen Umwälzungen im kaiserzeitlichen Baden.

Reich geworden durch Handel und Industrie, bauten sich in Baden auch viele Nichtadelige prachtvolle, oft palaisartige Villen, in der Stadt und auf dem Land. Der Begriff Villa löste schon damals Assoziationen von vornehmer Exklusivität und sorgenfreiem Reichtum aus. Nicht zuletzt der Eisenbahnbau trug dazu bei, daß die Stadt- und Landsitze der Industrie- und Handelsbarone überhaupt abseits der Produktions- und Kaufmannsmetropolen entstehen konnten. Die Kutsche blieb stehen, man nahm den Zug. So begünstigten Bahnhöfe, damals wie heute, auch die Entstehung von Villenvorstädten.

In Baden hatten die stolzen Gebietsgewinne der Säkularisation zur Bildung eines sehr langgestreckten Territoriums geführt. Die dadurch unmittelbar notwendige Erschließung durch zentral geplante Verkehrswege schuf die Voraussetzungen des bald regen Innen- und Außenhandels, der die zunächst langsam angelaufene Industrialisierung auf das Beste förderte. Bis etwa 1820 war die kleine Ortschaft Lahr die einzige badische Industriestadt, erst damals wurde sie vom aufstrebenden Mannheim überholt. Im südlicheren Freiburg gestaltete sich

der wirtschaftliche Aufschwung zaghafter, in Karlsruhe wurde dieser sogar erst nach der badischen Revolution von 1848 spürbar. Einen bedeutenden wirtschaftlichen Impuls brachten die erwähnten Gewerbefreiheitsgesetze von 1862, die den mittelalterlichen Zunftzwang endlich beseitigten. Ein Jahr später bedurften Aktiengesellschaften schon keiner Konzessionierung mehr, der Handel zwischen Frankreich und dem deutschen Zollverein wurde liberalisiert.

Die allgemeine Verbesserung der Lebensverhältnisse führte zu einer dramatischen Überbevölkerung der ländlichen Regionen. Das überkommene Agrarsystem konnte die hier geborenen Menschen nicht mehr ernähren, so daß diese in den Städten ein Auskommen suchen mußten. Ende des 19. Jahrhunderts erzwangen die beengten Wohnverhältnisse ein rasantes Städtewachstum mit immer neuen Stadterweiterungen. Besonders dramatisch gestaltete sich diese Entwicklung in Mannheim, dessen Einwohnerzahl sich allein in den beiden Jahrzehnten vor dem Weltkrieg mehr als verdoppelte. Der Bauboom schuf neben Industrie-, Handwerker-, Mietshausvierteln und Arbeitersiedlungen aber auch gediegene Villenstadtteile. Die historischen Ortskerne der Industriestädte mauserten sich zu Handelszentren, insbesondere das betriebsame Mannheim erlebte nach 1900 seine Metamorphose zur City. Während weniger Jahrzehnte war die in alten Handwerkstraditionen verwurzelte Einheit von Arbeits- und Wohnort weitgehend bedeutungslos geworden.

Waren die Jahre vor 1862 von einem vornehmen architekturstilistischen Duett beherrscht, so ertönte nun zusehends ein nicht immer harmonisches Quartett. Dieses nur scheinbar selbstverständliche Nebeneinander erzählt heute anschaulich von den Verunsicherungen einer Wirtschaftswunderzeit, die den rapiden Entwicklungen einer immer differenzierteren Gesellschaft auch ästhetisch zu entsprechen suchte. Die Architekten waren bald gezwungen, von alten Gewißheiten Abschied zu nehmen; dies zeigt sich nirgendwo besser als im privaten Villenbau, wo maßgeschneiderte Lösungen gefunden werden mußten.

Ein noch junges Problem bedeutete etwa die Unterbringung der nun aufkommenden Automobile. Diese wurden zunächst, wo vorhanden, in den Kutschenhäusern abgestellt. Dennoch sollte sich die Bauaufgabe »Garage« bald als fester Bestandteil des Villenbaus etablieren. Ein bedeutender Vorläufer ist das Garagenhaus des Automobilkonstrukteurs und Industriellen Carl Benz in Ladenburg. Benz hatte sich 1903 aus der Mannheimer Firma Benz & Cie zurückgezogen und

seinen Wohnsitz nach Ladenburg verlegt, wo er bis 1929 lebte. Die Familie bezog allerdings ein damals bereits drei Jahrzehnte altes Gebäude mit einem parkartigen Gartengrundstück. Benz veränderte das Gebäude mit romantisierenden Treppengiebeln. Bemerkenswert ist der Garagenneubau bei der Villa, der 1909 aus Teilen des abgebrochenen Bauernhauses auf dem Parkgelände errichtet wurde. Die »Benzgarage« wurde zweigeschossig in den exzentrisch anmutenden Formen einer mittelalterlichen

Carl Benz verlegte 1903 seinen Wohnsitz von Mannheim nach Ladenburg und bezog dort ein bestehendes Wohnhaus, das er mit romantisierenden Treppengiebeln veränderte.

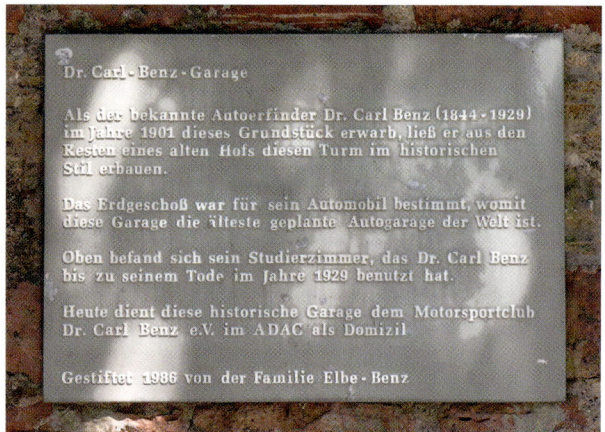

Die »Benzgarage«, zweigeschossig in den Formen einer mittelalterlichen Burgruine mit Zinnenkranz und Turm erbaut, beherbergte im Obergeschoß die Studierwerkstatt des Automobilkonstrukteurs und bot im Untergeschoß Raum für seine Automobile.

Burgruine mit Zinnenkranz und Turm gestaltet.[2] Im Untergeschoß befand sich der Abstellraum für das Automobil, darüber hatte sich der Konstrukteur eine Studierwerkstatt eingerichtet. Als Garage gehört das Gebäude zu den frühesten festen Bauten ihrer Art.

Benz schlug mit seinem Bauprojekt eine Verbindung zwischen Mittelalter und technikgläubiger Moderne. Seine Konfrontation von Ruine und Maschine ist dabei von einigem ästhetischen Reiz, auch wenn man bedenkt, daß Benz sich vom damals modischen, aber nationalromantisch gefärbten Ruinenkult inspirieren ließ, der in den Jahren der Errichtung durch die Wiederaufbaudebatte um die nicht weit entfernte Schloßruine Heidelberg einen Höhepunkt gefunden hatte. Zunächst entstand das vornehme Landhaus vor

den Toren der zu eng gewordenen alten Stadt und bildete als Fabrikantenvilla mit dem Produktionsbetrieb eine räumliche Einheit. Dies ereignete sich in guter Nachfolge des adeligen Gutsbesitzers, weshalb sich als zentrale Inspirationsquelle der Neorenaissancearchitekten jener von Andrea Palladio (1508–1580) neu konzipierte, ursprünglich antike Typus der *villa rustica* aufdrängte. Diese Anknüpfung an italienische Ideen war in Baden erstmals durch den angesehenen klassizistischen Baumeister und Architekturlehrer Friedrich Weinbrenner eingeführt worden.

Von der Bauherrenseite, den reich gewordenen Bürgern, wurde aber zunächst kein neuer Villenstil gefordert. Als Auftraggeber und Mäzene kaum geübt, griffen sie auf bereits etablierte Formen zurück, welche durch das Wirken Weinbrenners kanonisiert worden waren. Erst im zweiten Drittel des Jahrhunderts wurde man selbstbewußter und fand von kalter Repräsentation zu mehr häuslicher Behaglichkeit und Privatesse. Pompöse Auffahrten verschwanden, repräsentative Straßenportale mutierten zur schlichten Haustüre an der Seitenfassade. An der spätklassizistischen Formensprache änderte sich bis in die 1880er Jahre nichts Wesentliches mehr. Doch bald wurde die Luftverschmutzung seiner Fabrik für den Unternehmer unerträglich, so daß er in die neuen, gesünderen Villenvororte zog. Dort befand man sich mit baulustigen Adligen, Grundbesitzern, hohen Staatsbeamten und Großkaufleuten in guter Gesellschaft. Hier allerdings, wo jeder Geld hatte, wurde es zunehmend unfein, dies auch zu zeigen.

Aus den Wohnburgen des Großbürgertums sollte sich bald das kleinere Einfamilienhaus des Mittelstandes entwickeln, das gleichwohl städtische und ländliche Eigenarten besaß. Der einst strenge Hausgarten verlor seine zirkelgerechte Akkuratesse, man besann sich auf Biedermeier- und Bauerngärten und richtete die Wohnräume zunehmend nicht mehr zur Straße, sondern auf das Grün aus.

VON AUSSEN NACH INNEN: GRUNDRISSE

In Baden verfügten die mittleren und großen Villen der Kaiserzeit über die beachtliche Wohnfläche von durchschnittlich etwa 550 Quadratmetern.[3] Diese enormen Räumlichkeiten ermöglichten opulente Raumprogramme, die sich an adeligen Vorbildern der Renaissance und des Barock orientierten. Heinrich Lang, ein Schüler des Karlsruher Architekten Heinrich Hübsch, führte in seinem Wirken alte palladianische Grundrißideen wieder ein, welche die Wohnräume nun nicht mehr über einen langen Korridor, sondern über ein Vestibül oder über einen großen Vorplatz erreichbar machten.[4]

Seit den 1880er Jahren sollten unter dem einflußreichen Hochschullehrer und hohen Baubeamten Josef Durm, einem Schüler von Heinrich Lang, noch raffiniertere Grundrisse üblich werden. Das Treppenhaus wurde nunmehr zum Schaustück, dem täglichen Gebrauch diente ein Nebentreppenhaus. Es dauerte aber nicht lange, bis sich die Grundrisse nicht mehr dem Diktat des Zentralbaugedankens fügten. Diese Abkehr läßt sich auch unmittelbar an den Fassaden ablesen, denn schon zu Beginn der 1890er Jahre zergliederte sich die Villa immer weiter in funktional getrennte Bereiche. Eigene Personaleingänge wurden auch bei kleineren Villen üblich, das Vestibül mauserte sich zur überreichlich dekorierten Empfangshalle. So besaß etwa die grandiose Villa Engelhorn in Mannheim eine zentrale Halle, die als Eindruck heischendes Bindeglied zwischen Kutschvorfahrt und Entree sowie den Repräsentationsräumen im Erdgeschoß fungierte. Solche Raumdispositionen trafen besonders bei Großindustriellen auf Gefallen, da diese in diesen höchst einträglichen Jahren immer mehr Platz für Empfänge und Gesellschaften benötigten.

Schon in den Jahren vor 1900 erfand der geniale Architekt Hermann Billing aus Karlsruhe eigenwillige und individualistische Raumfolgen,

welche die vorangegangenen, streng rechtwink-
ligen Grundrisse konterkarierten. Sie bildeten
vertrackte Montagen aus unterschiedlichen, sich
gegenseitig durchdringenden Kuben, wie im markanten Grundriß seines 1898 für den eigenen
Bedarf errichteten Hauses in Karlsruhe deutlich
wird. Noch unmittelbar vor 1900 wären seine
stumpf- und spitzwinkligen Grundrisse und
Asymmetrien völlig indiskutabel gewesen.[5]

Waren Billings Raumkonzepte für den Jugendstil ungemein bedeutsam, so traten diesen schon
um 1910 die schöpferischen Raumideen des Neoklassizismus gegenüber. In der Freiburger Villa
Dietler entfielen beispielsweise die bis dahin kano-
nisch geglaubten Repräsentationsräume zur Straße.
Diese wenden sich nun wieder dem Garten zu.

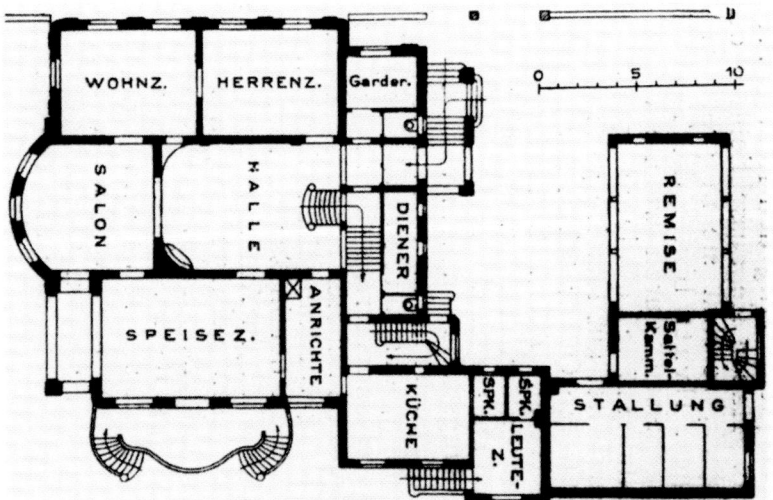

Seit den achtziger Jahren des 19. Jahrhunderts
fügten sich die Grundrisse nicht mehr dem Diktat
des Zentralbaugedankens. In der Mannheimer
Villa Engelhorn wurde die Empfangshalle zum
Bindeglied zwischen Kutschvorfahrt und den der
Straße zugewandten Repräsentationsräumen im
Erdgeschoß.

SPÄTROMANTIK: EISENLOHR UND DIE FOLGEN

In Deutschland konnte der aus England kommende
Burgenstil im Villenbau schnell Fuß fassen. Das
von dem Karlsruher Architekturprofessor Friedrich Eisenlohr errichtete »Schloß Ortenberg« ist
ein zentraler Vorläufer des bürgerlichen Wohnhausbaus, da hier einige später gerne übernommene
Details erstmals vorgetragen werden. Bezeichnen-
derweise ist das Projekt ein Kind romantischer
Mittelalterträumereien: Seit 1678 lag die ursprünglich staufische Burg verfallen da, ihre Reste ließ
der livländische Kaufherr und Deutschordensritter
Gabriel Leonhard von Berckholz beseitigen und
durch Eisenlohr das heutige neogotische Schloß
errichten. In der bedeutenden, heute wohlgepfleg-
ten Anlage befindet sich seit 1947 eine Jugend-
herberge.

In deutlicher Tradition des angelsächsischen
castle style knüpft das von einem Eisenlohr-
Schüler errichtete Freiburger Colombi-Schlößchen
(1859–1861), benannt nach der Auftraggeberin
Gräfin Zea Bermudez y Colombi, an die romantische Tradition an; es weist in seiner Raumdispo-
sition aber auch auf die Villenbauten der Kaiserzeit
voraus. Die Villa steht in ihrer malerisch-asymmetrischen Gestalt inmitten einer englischen Gartenanlage, ihre erdige Polychromie fügt sich harmonisch in die Landschaft. Auch hier fällt die enge
Verbindung zum *Gothic Revival* in England auf.
Der Baumeister Georg Jakob Schneider orientierte
sich deutlich an der Gestaltung des wiederaufge-
bauten Schlosses Ortenberg, allerdings fällt die
klarere plastische Durchgliederung der Fassade
auf. Der ganze Bau ist in einer Mischbauweise als
Backsteinbau mit kontrastierenden Werkstein-
gliedern gestaltet. Während der Einfluß der Schloß-
architektur von außen unverkennbar ist, zeigt sich
die innere Struktur fortschrittlicher: Eine große,
zentral gelegene Treppenhalle erschließt alle Räume

Der aus England kommende Burgenstil faßte auch in Deutschland schnell Fuß. Der Karlsruher Architekturprofessor Friedrich Eisenlohr (auf dem Bild mit Freunden) errichtete auf den Resten einer verfallenen staufischen Burg das neogotische Schloß Ortenberg. Links ein Blick in den prächtigen Festsaal.

Das »Colombischlößle« wurde 1859 bis 1861 auf
der ehemaligen Bastion »Saint-Louis« in stilistischen Formen der englischen Gotik errichtet.
Der Baumeister Georg Jakob Schneider orientierte
sich beim Entwurf der nach der Auftraggeberin
Gräfin Zea Bermudez y Colombi benannten Villa
an der Gestaltung des von seinem Lehrer Eisenlohr
wieder aufgebauten Schlosses Ortenberg, gliederte
die Fassade allerdings wesentlich plastischer.

Auf Seite 83 unten rechts Blick in das Treppenhaus der Villa.

Das Colombischlößle beherbergte 1947 bis
1952 die badische Staatskanzlei. Staatspräsident
Leo Wohleb regierte von hier aus das Land
Südbaden.

Der Landhausbau erforderte eine eigene Architektursprache. Das hölzerne »Schweizerhaus« des Dr. Berns in Güntertal bei Freiburg vermittelt den Eindruck von Beschaulichkeit, Intimität und Nähe zur Natur.

des Hauses. Schneider fand diese Disposition nicht bei seinem Lehrer Eisenlohr, sondern dürfte sein Vorbild in der Villa Berg von Friedrich Leins in Stuttgart gefunden haben. Dieses für die Entwicklung des Historismus ungemein bedeutende Gebäude wurde 1853 vollendet. [6]

Nach 1871 versickerte das vornehm zurückhaltende, weiter klassizistisch fühlende Biedermeier, um von der großbürgerlichen Baugesinnung der großen Städte schnell verdrängt zu werden.[7] Die ländliche Architektursprache erforderte wiederum eine andere architektonische Bekleidung als die oftmals beklemmend-pompöse Feierlichkeit der Stadtresidenz. Hier versprach man sich Beschaulichkeit, Ruhe, Intimität und Nähe zur Natur. Daß man dabei auf Luxus nicht verzichten wollte, zeigt das hölzerne Blockhaus des Dr. Berns in Güntertal bei Freiburg. Das große »Schweizerhaus« wurde von einem weitläufigen Park umgeben, die angegliederte eigene Landwirtschaft diente weit mehr der Erfüllung ländlicher Wunschvorstellung als dem Lebensunterhalt der Bewohner. Im Inneren

des Holzhauses befand sich, bei aller dekorativen Ländlichkeit, ein repräsentatives Raumprogramm mit mehreren Gesellschaftsräumen und Gästezimmern.

Am Landhausbau orientierte sich auch das noble Haus des Karlsruher Malerfürsten und Akademieprofessors Gustav Schönleber, dessen Architekt im ländlichen Oberitalien seine Vorbilder fand und diesen dort stets von weiten Parkanlagen umgebenen Bautypus in eine dicht bebaute deutsche Großstadt ohne größeres Gartengrundstück importierte. Der Künstler beauftragte mit dem 1889 bis 1891 errichteten Bau den Stuttgarter Oberbaurat Otto Tafel, der dem Landschaftsmaler aus seiner württembergischen Heimat bekannt war.[8] Das freistehende, zweigeschossige Wohnhaus mit Sockel

Das Haus des Karlsruher Malerfürsten und Akademieprofessors Gustav Schönleber (oben) fand seine Vorbilder im ländlichen Oberitalien, mußte aber in der dicht bebauten Residenzstadt auf die weiten Parkanlagen verzichten.

und Mezzanin erhebt sich auf einem annähernd quadratischen Grundriß und wird durch ein flach geneigtes, weit überstehendes Zeltdach bekrönt. Jede Fassadenseite besitzt eine individuelle Komposition mit ganz unterschiedlich gesetzten Rundbogenöffnungen, Balkonen und Gesimsen. Prominenter Blickfang nach außen sind die monumentalen Wandgemälde. Im Inneren befindet sich eine zentral gelegene Treppenhalle, die bis unter das Dach reicht und alle umliegenden Räume erschließt. Nach oben wird sie geschlossen durch eine illusionistische Wolkenmalerei des Bauherrn Schönleber. Für Dienstboten gab es eine eigene, unmittelbar angrenzende Treppe.

Das Erdgeschoß der heutigen badischen Hochschule für Musik diente einst ganz dem Wohnen der Familie, im Obergeschoß lagen die Arbeits- und Atelierräume. Leicht erkennbar verarbeitete der Architekt mit lockerer Hand die architektonische Formensprache eines Palladio, Ammanati, Vignola oder Perruzzi. Die üppig gestalteten figuralen Malereien an den Außenwänden der Villa überließ Schönleber seinem Freund und Malerkollegen Wilhelm Volz. Dieser gestaltete das Thema »Reise ins Märchenland«, die mächtigen Wandmalereien mit ihren von mythologischen Gestalten bevölkerten Meeresszenen an der Süd- und Ostseite sind bis heute erhalten geblieben. Sie versinnbildlichen den Triumphzug der Künste.

NEORENAISSANCE BEI LANG UND DURM

Der strenge Palladianismus des Karlsruher Hochschullehrers Heinrich Lang erfreute sich bei seinen großbürgerlichen Auftraggebern großer Beliebtheit. Die Disposition der Raumfolgen im Gebäudeinneren war am Fassadenaufriß stets ablesbar und erzeugte so einen Eindruck von Geradlinigkeit und selbstgewisser Wohlhabenheit, wobei man

an die stolzen Palazzi der Frührenaissance anzuknüpfen suchte. Nach ihren florentinischen Vorbildern besitzen diese Gebäude stets eine vertikale Dreigliederung; an jeder Fassade treten Risalite hervor, so daß sie in die Nähe von Zentralbauten rücken. In Heidelberg verwirklichte Professor Heinrich Lang 1877 bis 1879 ein Projekt, in dem er seine auch akademisch verkündete Stilauffassung deutlich machte. Unweit des Bahnhofs errichtete er dem Mediziner Professor Nikolaus Friedreich ein standesgemäßes Zuhause. Im Erdgeschoß befanden sich Sprechzimmer, die über einen separaten Eingang zu erreichen waren, die Wohn- und Studierzimmer erschloß Lang über das große Treppenhaus. Reiche Bemalungen zieren die Plafonds im Treppenhaus und in den Zimmern. Die plastisch gegliederte Fassade wird von einem würdigen Mansarddach mit Schieferdeckung bekrönt.[9]

Der immer komplexere Formenvorrat des Historismus führte auch in Karlsruhe zu gesteigerten Anforderungen an die Achitekturstudenten. Vom Planer wurde zusehends ein »wissenschaftliches« Denken gefordert, das bisher vorherrschende, eher handwerklich ausgerichtete Berufsbild des Werkmeisters trat zugunsten des Künstlerarchitekten zurück. Das Karlsruher Polytechnikum wurde alsbald zur Hochschule geadelt und nahm nur noch Abiturienten der Gymnasien und Realgymnasien auf. Dadurch wurde eine Rangordnung festgelegt, denn die 1878 neu gegründete Baugewerkeschule, aus der die heutige Fachhochschule hervorging, übernahm nun die Schulung jener Männer ohne Abitur, die zu Bauleitern der akademisch gebildeten Künstlerarchitekten herangebildet werden sollten.

Vor allem Josef Durm, ein Schüler Heinrich Langs, trieb die Verwissenschaftlichung der Architektur mit eigenen Publikationen in neue Höhen. Sein Historismus verstand sich jedoch nicht als Nachahmerei, sondern als Findung eigenständiger Synthesen aus historischen Formen und Regeln.

Seine Studenten hatten deshalb den notwendigen formalen Baukasten und dessen Regeln gründlich zu lernen.

Seit 1875 begann sich der Architekturgelehrte Durm in seinen Vorlesungen auch mit der französischen Renaissance zu beschäftigen. So verbreiteten sich wenige Jahre später bereits übersteile Turmhauben, Mansardwalmdächer und Klinkerfassaden. Später analysierte und verbreitete Durm auch niederländisch-flandrische Renaissanceformen.

Aus dieser Schule war der Karlsruher Architekturprofessor Adolf Weinbrenner hervorgegangen. Die Villa Baader in Konstanz errichtete er 1869 in den Formen der italienischen Renaissance.[10] Die beiden Hauptschauseiten zeigen unterschiedliche Ausprägungen: während sich die Straßenfront klassizistisch streng und kantig gibt, ist die Gartenfront nach Süden plastischer durchgebildet

in bewegten, barock anmutenden Gliederungen und vor allem am Mittelrisalit üppiger dekoriert. Besonders hervorzuheben ist die qualitätvolle und bemerkenswert vollständig erhaltene Innenausstattung, die den Raumgeschmack der frühen Gründerzeit noch heute erlebbar macht.

Josef Durms bildungsgesättigter Gründerzeitbau, das wuchtige Karlsruher Palais Schmieder, entstand als monumentales Stadtpalais und galt in seiner Formensprache bald als vorbildlich.[11] Hier äußerte sich eine Prachtentfaltung, die in Baden an einem

Der als Prinz-Max-Palais bekannte Gründerzeitbau war 1951 bis 1969 Sitz des Bundesverfassungsgerichts in Karlsruhe. Das monumentale Stadtpalais wurde 1881 bis 1884 für den ehemaligen Bankier August Schmieder gebaut, 1899 erwarb es der badische Thronfolger anläßlich seiner bevorstehenden Hochzeit.

Der populäre Dichter des »Trompeters von Säckingen« suchte in Radolfzell Ruhe für seine Arbeit. Von seinem noblen Landhaus konnte Joseph Victor von Scheffel den Blick auf den Bodensee (rechts) und den Hohentwiel bei Singen genießen.

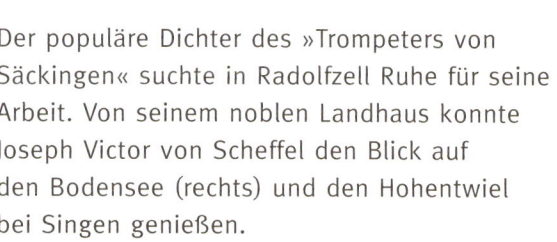

Privatbau bisher nie da gewesen war. Zahlreiche Künstler waren an der Verwirklichung beteiligt, mit dem Bauschmuck wurde geradezu verschwenderisch umgegangen. Leider ging die großartige Innenausstattung im Jahre 1944 durch Bombenangriffe verloren. Das Palais wurde 1881 bis 1884 für den wohlhabenden ehemaligen Bankier August Schmieder erbaut, einen gebürtigen Karlsruher, der, in der Heimatstadt in jungen Jahren ein Bankrotteur, in Breslau zu immensem Vermögen gekommen und als Privatier wieder heimgekehrt war.

Die in Karlsruhe zur Zeit der Erbauung unübliche und für Nichtadelige gänzlich unangemessene Prunksucht des Neureichen Schmieder war eine Überkompensation der frühen geschäftlichen Mißerfolge, eine verzweifelte Suche nach gesellschaftlicher Anerkennung, die ihm dennoch versagt bleiben sollte.

Das von Josef Durm verfaßte »Handbuch der Architektur« und der Band über die Baukunst der Renaissance in Italien können heute als Baukästen für viele der hier überaus eigenständig montierten

Motive angesehen werden. Auf einer historischen Aufnahme ist der formal gestaltete Garten mit Springbrunnen und sorgsam gepflegten Wegen zu sehen, der nach Westen durch eine gut gestaltete Blendmauer abgeschlossen wurde, hinter der sich Pferdeställe und Wagenhallen verbargen. Prinz Max von Baden erwarb das Palais 1899 anläßlich seiner bevorstehenden Hochzeit. Nun konnte die Prunkarchitektur durch die Karlsruher Bürger endlich akzeptiert werden, da sie einem Prinzen eher geziemte. Auch heute ist das Gebäude nur als »Prinz-Max-Palais« bekannt, auch wenn der Mann von Geblüt nach 1918 gezwungen war, Teile für kulturelle und wirtschaftliche Zwecke zu vermieten. Spätestens 1930 kam die Villa wieder in bürgerliche Hand. Von 1951 bis 1969 befand sich hier der erste Sitz des Bundesverfassungsgerichts, heute dient es als Bibliothek, Kino und Museum.

Schmieder und sein Architekt Durm hatten in Karlruhe gegen das Gebot der sozialen Angemessenheit verstoßen. Daß der über Baden hinaus bekannte und geschätzte Architekt aber eigentlich ein feines Gefühl für Architektur und Raum besaß, hatte er ein Jahrzehnt zuvor mit der Villa Scheffel in Radolfzell am Bodensee gezeigt. Hier entstand 1872/73 ein kleines, aber nobles Landhaus für den damals überaus populären Dichterfürsten Joseph Victor Scheffel, der am Gestade des Sees Zurückgezogenheit suchte. Das stereometrisch einfach wirkende Bauwerk stand damals frei auf dem großen Gartengrundstück. Sehr deutlich verrät es seine Nähe zur damals weithin rezipierten Berliner Schinkel-Schule. Durm und der Bauherr, welcher sich um alle Details selbst kümmerte, inszenierten einen malerisch-asymmetrischen Baukörper mit Turm und Flügelbau, der zurückhaltende Bauschmuck zeigt Medaillons mit Frauenbüsten, die in die vorgeblendeten Arkaden eingefügt wurden. Mit der Südseite dem Bodensee zugewandt, genießt man von hier einen herrlichen Blick auf den Hohentwiel bei Singen.[12]

»VATERLÄNDISCHE SPÄTROMANTIK«

Parallel zu der als ästhetisch und auch ethisch »richtigen«, damals nachgerade für »gesund« erachteten Architekturauffassung der Neorenaissance eines Josef Durm und seiner Anhänger blühte – in Baden etwas verspätet – eine Schule auf, die sich einer altdeutsch geprägten Vergangenheitsrezeption zuwandte. Hier kam die alte Handwerkerherrlichkeit noch einmal zu hohen Ehren, denn die Bauten dieser Stilphase erforderten Fähigkeiten, die das heimische Handwerk gleichzeitig romantisch verklärten. Noch einmal wurden Zimmerleute und Holzschnitzer, aber auch geschickte Steinmetzen und Bildhauer zu Protagonisten unter den Gewerken. Noch einmal vereinte der Villen- und Landhausbau alle Künste unter einem Dach. Beseelt von

Die Villa des Sägewerksbesitzers Adolf Feiler im Würmtal bei Pforzheim zeugt mit ihren Erkern, hölzernen Balkonen und dem umlaufenden Zierfachwerk von bemerkenswerter Handwerkskunst. Auffallend ist die kraftvolle Farbigkeit der architektonischen Gestaltung.

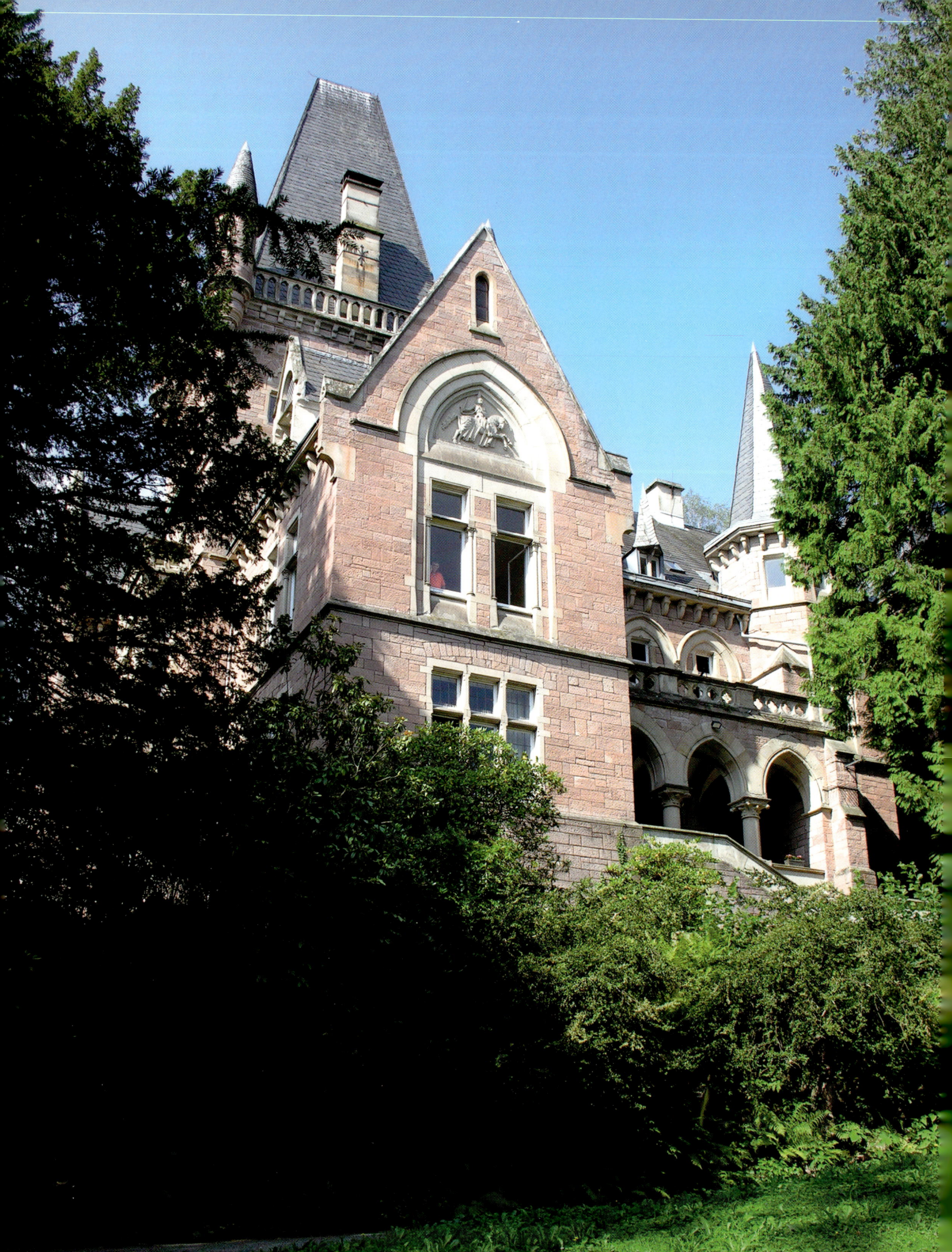

einer national angehauchten Mittelalterromantik eiferten Architekten und Bauherren den bürgerlichen Patriziern nach, die noch in den Jahrzehnten um 1500 in den großen deutschen Handelsstädten ihre vornehmen Stadthäuser errichten ließen.

Schließlich beförderte die Berufung des Architekturprofessors Carl Schäfer aus Berlin an die Karlsruher Hochschule den Durchbruch für das altdeutsche Empfinden in Baden. Als charismatischer Lehrer wurde Schäfer zum Gegenspieler von Josef Durm. Beide waren zwar Historisten, doch war Schäfers Ausgangpunkt nicht die italienische Renaissance, sondern das Spätmittelalter der Länder nördlich der Alpen.

Auch der Neogotiker Schäfer hatte historische Gebäude überaus sorgfältig studiert, auch er ließ sie im Detail zeichnen und vermessen. Aus dieser »wissenschaftlichen« Beschäftigung Schäfers erwuchs das Selbstbewußtsein, alte Gebäude stilgerecht, ihrem Denkmalwert angemessen zu ergänzen oder wieder aufbauen zu können. Aus Sicht der modernen Denkmalpflege kommt dieses Vorgehen freilich dem Frevel nahe. Schäfers Wiederaufbau des Friedrichsbaus, ein damals beschädigt daliegender Palas des Heidelberger Schlosses, ging ruppig mit den historischen Bauteilen um, tauschte sie über das notwenige Maß aus, gestaltete und erfand neu.

Im Mittelpunkt der universitären Lehre Schäfers stand freilich das deutsche Holzhaus[13], und die Bauaufnahme dieser Bauten war ein zentrales Lernziel seiner Studenten.[14] Obwohl Schäfer in Baden keine Villenbauten verwirklichte, vertrat er doch eine Architekturauffassung, die für zahlreiche Projekte in den Grenzen des Großherzogtums Baden prägend war.

Für die Interpretation des spätgotischen Mittelalters ist die Villa Remmler am Heidelberger Schloßberg beispielhaft, die der Architekt und Bauunternehmer Johann Remmler 1898/99 für den eigenen Bedarf errichtete. Der kubisch gegliederte Baukörper wird durch einen wuchtigen, das Gesamt-

In Baden-Baden ließen sich die Wohlhabenden der Welt nieder. Nach den Plänen des hannoverschen Architekten Edwin Oppler entstand in der Kurstadt an der Oos ein Sommersitz für Fürst Georg von Solms-Braunfels. Das Schloß (linke Seite, oben Details) wurde zum Vorbild vieler neogotischer Villen in Baden.

bild sprengenden Turm mit kleinen Erkerchen dominiert. Auf der Spitze des Turmes und auf dem gotischen Staffelgiebel ruht jeweils ein stilisierter Reichsadler, beredter Ausdruck patriotischer Gesinnung des Schloßherren. Daß es sich bei dieser »vaterländischen« Architektur nicht nur um ein städtisches Phänomen handelt, zeigt die Villa des Sägewerksbesitzers August Feiler im Würmtal nahe Pforzheim. 1901 nach Plänen von Hermann Neutz als zweigeschossiger Putzbau mit Naturstein- und Fachwerkteilen errichtet, besitzt die pittoreske Werksvilla einen runden Treppenturm mit Schieferhelm.[15] Die Wetterfahne präsentiert die Initialen des Bauherrn. Bemerkenswert ist die kraftvolle Farbigkeit der Architektur, die originalgetreu wiederhergestellt werden konnte. Die große Handwerklichkeit und die Verbindung zur Waldwirtschaft werden durch hölzerne Balkone mit sägeverzierten Brüstungsbrettern und die Erker repräsentiert – ein Bild, das durch das umlaufende Zierfachwerk mit Dekorationsmalereien unter einer recht lebhaften Dachlandlandschaft abgerundet wird.

In der Architekturgeschichte des badischen Villenbaus kommt der Kurstadt Baden-Baden eine Sonderrolle zu, da hier nicht immer einheimische Baumeister gewählt wurden. Denn in Baden-Baden ließen sich die Wohlhabenden der Welt nieder und brachten oftmals ihre Lieblingsarchitekten mit. So ist das grandiose »Schloß Solms« als frühes Beispiel einer neogotischen Villenarchitektur in Baden zu nennen, die für einen adeligen Herren errichtet wurde. Nach Plänen des namhaften hannoverschen Architekten und Baurats Edwin Oppler entstand mit dem Sommersitz des Fürsten Georg von Solms-Braunfels 1873 ein pittoreskes Wohngebilde, das – ganz wie seine mittelalterlichen Vorbilder – über eine »Vorburg« mit fachwerkgeziertem Torbau, schmucke Remisen und große Stallungen verfügt. Im Ostgiebel des Wohntraktes befindet sich ein Reliefbild eines Turnierritters. Oppler hatte für sei

nen Bauherrn bereits 1863 eine Villa in Hannover errichten dürfen, nicht nur in Baden-Baden wurde sein »Schloß Solms« bald zum Vorbild zahlreicher neogotischer Villen.[16]

DRITTER HISTORISMUS: NEOBAROCK

Bald nach der Jahrhundertwende machte sich eine neue Spielart des Historismus bemerkbar. Während Barockformen im späten 19. Jahrhundert noch als dekadent gegolten hatten, wendete sich nun das Blatt. An den zahllosen Schlössern, Bürgerhäusern und Kirchen des süddeutschen Raumes studierten diese Architekten die nun wieder geschätzte, wenngleich stark dekorierte Symmetrie dieser baugeschichtlichen Monumente. In Karlsruhe repräsen-

tierte Friedrich Ratzel dieses Empfinden. Der junge Karrierearchitekt diente als Assistent bei den beiden Streithähnen Durm und Schäfer, 1896 war er Privatdozent an der Karlsruher Hochschule und wurde 1905 ordentlicher Professor. Fast alle seine Aufträge, keine Villenbauten darunter, gingen auf die Gunst des Großherzogs Friedrich I. zurück, der ihn schon 1899, mit einem Professorentitel versehen, ins Hofbauamt berufen hatte. Besonders die glanzvollen Gebäude des Kunstvereins und des ungewöhnlichen Behördenzentrums an der Hildapromenade festigten Ruf und Vorbildfunktion. Mit leichter Hand fügte er aus Barockformen heitere Gebilde mit aufwendigen Rokokodekors, die freilich Einflüsse des gleichzeitigen Jugendstils nicht verhehlen.[17]

Die monumentalste Neobarockvilla Badens sollte jedoch von einem Pariser Architekten

geschaffen werden, der 1912 die Mannheimer Villa Lanz vollendete. Der überaus royal empfundene Protzbau des Émery-Eugène Saint-Ange, errichtet für den Industriebaron Dr. Karl Lanz, ist ein pompöser, an ländliche französische Adelssitze erinnernder Stadtpalast. Zum Anwesen gehörten einst Nebengebäude für die Bediensteten und eine große Parkanlage. Bemerkenswert sind nicht nur die Ausmaße des Anwesens, sondern auch die städtebauliche Einfügung des harfengleichen Grundrisses mit konvexer Hauptfassade in die

Die monumentalste Neobarockvilla Badens wurde 1912 die Villa des Mannheimer Industriebarons Karl Lanz, Sohn des Landmaschinenherstellers Heinrich Lanz. Der Stadtpalast (links das Tor) wurde in den zwanziger Jahren des letzten Jahrhunderts zum Telegraphenamt, später Fernmeldeamt.

noble Wohngegend der Mannheimer Oststadt. Schon nach dem Ersten Weltkrieg und dem finanziellen Niedergang der Industriellenfamilie kam die Villa in Firmenbesitz und wurde mit mehreren Direktorenwohnungen ausgestattet. Im Zuge der notwendigen Umbaumaßnahmen mußte das schmucke Mansarddach einem ernsteren Mezzaninaufbau weichen, aus dem französischen Landschloß wurde ein strenger Stadtpalast. Seit 1924 Eigentum der Reichspost, wurde dieser bald zum »Telegraphenamt«, ein Jahrzehnt später zum »Fernmeldeamt«. Der Altananbau der Gartenseite und die Personalhäuser fielen den modernen Erweiterungsbauten zum Opfer.

Mit über zwei Dutzend verwirklichten Projekten war Rudolf Tillessen, auch er ein Absolvent der Karlsruher Hochschule, Mannheims führender Villenbaumeister.[18] Seine Bauten prägten bis zur Bombardierung Mannheims die vornehmsten Straßen der Industriestadt. Bis 1903 war er einer

Die Villa des BASF-Gründers Friedrich August Engelhorn hat barocke Vorbilder, erinnert in ihrer fließenden Ausgestaltung jedoch an Ranken der Jugendstilkünstler.

»phantastisch« interpretierten Neogotik verpflichtet, dann – schlagartig, wohl mit der Mannheimer Festhalle »Rosengarten« – wendet er sich den Formen des süddeutschen Barocks zu, unter die sich, wie auch schon bei Ratzel, Elemente des modischen Jugendstils mischen. Friedrich August Engelhorn, Sohn des BASF-Gründers und Eigentümer der Boehringer-Werke, ließ sich 1904/5 durch Tillessen einen Wohnsitz errichten, dessen wogende Schmuckformen barocke Vorbilder haben, in ihrer fließenden Ausgestaltung jedoch an die vegetabilen Ranken der Jugendstilkünstler denken lassen. Nach Bombenschäden wurde das Dach mit seinen beiden Giebeln durch ein nüchternes Vollgeschoß ersetzt, Belvedere und angehängte Nebengebäude, Stallung und Remise konnten nicht überdauern.

AUFBRUCH IN DIE MODERNE: JUGENDSTIL

Ebenso produktiv und bedeutend war der Karlsruher Hermann Billing. Als einer der ersten deutschen Architekten schlug er einen Weg gegen den im ausgehenden 19. Jahrhundert noch allgemein gelehrten Historismus ein. Schon im Studium setzte er sich von der Neorenaissance des Lehrers Josef Durm ab und ging später ebenso auf Distanz zur Neogotik Carl Schäfers. Seine Vorbilder fand er zunächst bei Otto Wagner in Wien. 1901 Lehrer an der Kunstakademie, wurde er 1907 auch Professor für Baukonstruktion an der Technischen Hochschule der badischen Residenzstadt.

Billing hatte auf das Bauwesen des Großherzogtums einen enormen Einfluß, sein Büro gehörte bis zum Ersten Weltkrieg zu den begehrtesten Ausbildungsplätzen fortschrittlicher Architekten. Sein Werk umfaßt annähernd 300 gebaute Bauten und Projekte, darunter das »Melanchthonhaus« in Bretten, die Kunsthallen in Mann-

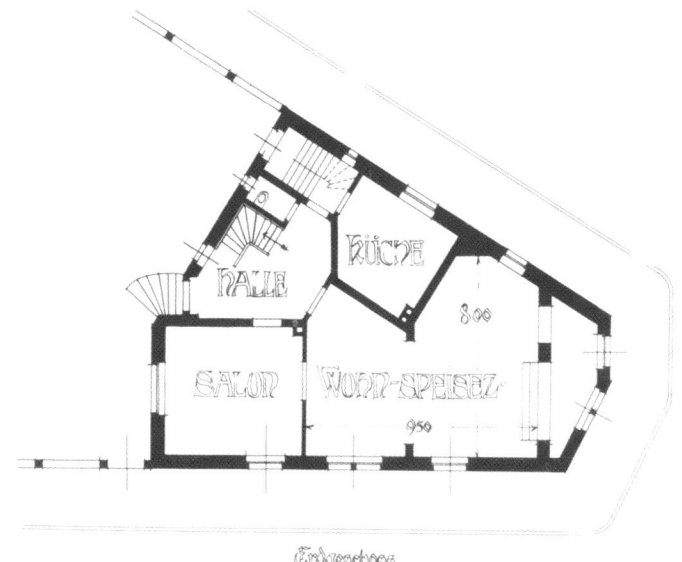

Erdgeschoss

heim und in Baden-Baden sowie das Kollegien-
gebäude der Universität Freiburg i. Br. und das
Kieler Rathaus. Nur durch Niederlassungen in Freiburg, Baden-Baden und Mannheim konnte sein
Büro die Auftragsflut bewältigen. Als Hochschullehrer achtete Billing sorgfältig darauf, keine Epi-
gonen heranzubilden, sondern war in modernem
Selbstverständnis eher Förderer als Vorbild seiner
Studenten. Sein eigenes Haus, 1898 in Karlsruhe
entstanden, macht deutlich, was Billings Denken
von der wissenschaftlich verstandenen Fachwerk-
romantik seines Lehrers Carl Schäfer unterschied.
Der Umgang mit den Fachwerkelementen ist frei
empfunden und unhistorisch, die Dachgauben-

In seinem eigenen Haus gestaltete der Karlsruher
Architekt Hermann Billing individualistische
Raumfolgen, welche die früheren streng recht-
winkligen Grundrisse ersetzten.
Das künstlerisch eigensinnige Haus, im englischen
Landhausstil mit Dachgauben und Fachwerk-
elementen gebaut, löste bei der Fertigstellung
1898 einen Skandal aus.

formen finden ihre Vorbilder nicht in der deutschen Spätgotik, sondern im englischen Landhausstil, die ganze Bauform ist vertrackt und expressiv.
Der Skandal, den das künstlerisch eigensinnige
Gebäude damals auslöste, ist heute nicht mehr
unmittelbar verständlich, er offenbart sich in der
kreativen Rebellion des Schülers Billing gegen
den Lehrer Schäfer.[19]

Neben Hermann Billing wurde das badische
Bauwesen durch das Karlsruher Büro Curjel &
Moser geprägt, eine 1888 bis 1915 mit rund dreihun-
dert Projekten überaus erfolgreiche Bürogemein-
schaft. Zu ihren bekanntesten Werken sind der
Badische Bahnhof in Basel, das Kunsthaus und die
Universität in Zürich und die Lutherkirche in Karlsruhe zu zählen.[20] Obwohl beide Partner Schweizer waren, standen sie doch in enger Verbindung
zur Karlsruher Schule, auch hatte Robert Curjel
zumindest in Karlsruhe studiert. Als Architekten
insgesamt dem Jugendstil verpflichtet, baute das
Büro in Mannheim eine Villa, die – bei aller Selb-
ständigkeit des jugendstilhaften Bauschmuckes –
ihre Nähe zu einem französischen, schon klassizistisch angehauchten Barock nicht verbergen kann.
Die Villa Bassermann in Mannheim entwarfen
Robert Curjel und Karl Moser 1914 für die Kaufmannswitwe Anna Bassermann als eingeschossigen Putzbau mit einem tief nach unten gezogenen
Mansardwalmdach. Mächtige Sandsteinpilaster
gliedern die Fassade, das zentrale Eingangsportal
wird durch schwere Zierformen gerahmt und
von einem Wappenmedaillon mit der Initiale »B«
überfangen. Das Haus ist zur Rückseite hin zweigeschossig und orientiert sich mit einer Terrasse
zum tiefer gelegenen Luisenpark.

Schon früher entstand in Baden eine ganze
Reihe von eleganten Jugendstilvillen, die auch ganz
anderen stilistischen Konzepten verpflichtet waren.
So schuf der bedeutende Münchener Jugendstil-
künstler Richard Riemerschmid im weltläufigen
Baden-Baden ein hervorragendes Wohngebäude.

Mächtige Sandsteinpilaster gliedern die Fassade
des eingeschossigen Putzbaus der 1914 für die
Kaufmannswitwe Anna Bassermann gebauten Villa
mit einem tief nach unten gezogenem Mansardwalmdach (links). Die zweigeschossige Rückseite
orientiert sich zum tiefer gelegenen Luisenpark.
Das Eingangsportal weist schwere Zierformen
auf und wird von einem Wappenmedaillon überfangen.

Auf der Friedrichshöhe entstand seine Villa für den Oberbürgermeister Reinhard Fieser. Der besonders als Möbelgestalter berühmt gewordene Architekt entwarf ein massives, zunächst schmucklos wirkendes Mansarddachhaus mit bossierter Sockelzone, das sich über einer wuchtigen Böschungsmauer erhebt. Zeitgenossen lobten seinen »einfachen und natürlichen Charakter und die nationale Empfindungskraft«. Es ist bemerkenswert, daß nach Riemerschmids Vorlagen auch die gesamte Innenausstattung der Villa entstanden ist, die dadurch zu einem Gesamtkunstwerk wurde.[21]

Der Münchner Jugendstilkünstler Richard Riemerschmid schuf auf der Friedrichshöhe in Baden-Baden für Oberbürgermeister Reinhard Fieser ein massives Wohngebäude von »einfachem und natürlichen Charakter« und gestaltete auch die gesamte Inneneinrichtung. Die Jugendstilvilla wurde zum Gesamtkunstwerk.
Die Abbildungen unten zeigen verschiedene Jugendstilornamente des Fieserschen Anwesens.

REFORMBEWEGUNG UND HEIMATSTIL

Der spätere Literaturnobelpreisträger Hermann Hesse war seit 1904 in Gaienhofen am Bodensee ansässig, 1907 ließ er sich hier von dem Basler Architekten Hans Hindermann ein Wohnhaus mit Walm- und Krüppelwalmdach bauen. Teils verputzt, teils verschindelt, besitzt es heimelig wirkende Sprossenfenster und Klappläden. Diese für den Schwarzwald charakteristischen Bauelemente zeigen ein Bestreben, das Haus in seine gebaute und natürliche Umgebung einzufügen. Zeitgenossen sprachen von *Reformarchitektur*, die sich vom Historismus abgrenzte, heute werden diese Phänomene, insbesondere die Aufnahme regionaltypischer Bauformen, als *Heimatstil* bezeichnet. Das »Zurück zur Natur« dieser Bewegung sollte unter den Nationalsozialisten später zur Heimattümelei mutieren.[22] Hermann Hesse und seine Frau Mia kehrten der Stadt den Rücken, um den Ideen der »Reformbewegung« zu folgen, welche sich auf

Hermann Hesse, der 1946 den Literaturnobelpreis erhielt, ließ sich in Gaienhofen am Bodensee von dem Schweizer Architekten Hans Hindermann ein Wohnhaus im »Heimatstil« mit Walm- und Krüppelwalmdach bauen. Die Inneneinrichtung ist heute noch teilweise original erhalten.

Züge des Heimatstils trägt auch das Wohnhaus des Heidelberger Versicherungsdirektors Karl Herzog. Die von Heinrich Metzendorf erbaute Jugendstilvilla mit ihrer kunstvoll belebten Dachlandschaft besitzt eine Loggia, die zu dem roten Sandsteinmauerwerk des Erdgeschosses einen reizvollen Kontrast bildet.

Neben Schindeln und Klappläden sollten auch die Sprossenfenster von Hesses Wohnhaus das Gebäude in seine natürliche Umgebung einfügen.

das Haus, die Gartenbewirtschaftung, kurzum die gesamte Lebensführung einschließlich Freikörperkultur bezogen.[23]

Auch das am Heidelberger Schloßberg für den Versicherungsdirektor Karl Herzog gebaute Wohnhaus trägt deutlich die Züge des Heimatstils. Sein Erbauer, der Architekt Heinrich Metzendorf aus dem hessischen Bensheim, war mit einem Lebenswerk von mehr als 400 Gebäuden, darunter vorwiegend Villen und Landhäuser, ungewöhnlich produktiv. Die 1904 fertig gestellte Jugendstilvilla besitzt eine durch unterschiedliche Aufbauten kunstvoll belebte Dachlandschaft. So öffnet sich unter dem breiten Walm eine bretterverschalte Loggia, die zu dem roten Sandsteinmauerwerk des Erdgeschosses einen reizvollen Kontrast bildet.[24]

NEOKLASSIZISMUS

Die Jahre vor dem Ersten Weltkrieg brachten eine zunächst zögerliche, dann entschiedene Hinwendung zum Klassizismus und rückten den durch Paul Mebes 1908 vorgelegten historischen Formenkatalog »Um 1800« in den Mittelpunkt architektonischer Wunschträume.[25] In dem Karlsruher Hochschullehrer Eduard Dörr fand diese Bewegung einen entschiedenen Entwickler und Wegbereiter. Allerdings lehrte er, ganz Schüler Durms, einen freien Umgang mit dem klassischen Musterkoffer und fand mit seinen Schülern und Anhängern auch mit seinen freien Grundrißentwicklungen bei Bauherren noch bis in die 1920er Jahre großen Anklang.

Der Villenbauboom der Jahrhundertwende hatte dem Freiburger Hofmöbelfabrikanten Adolf Dietler Ansehen und Wohlstand gebracht. Sein Unternehmen stattete die vornehmsten Häuser der Stadt und des Landes mit kostbaren Interieurs aus. So ist es erstaunlich, daß sich der erfolgreiche Handwerker etwas völlig anderes bauen ließ als jene Anwesen, die seine Firma üblicherweise ausstattete. Mit dem vielbeschäftigten Freiburger Architekten Rudolf Schmid vollzog sich parallel zum Jugendstil eine konsequente Verwirklichung eines Neoklassizismus unter völligem Verzicht auf barocke Anklänge. Drei elementare Kuben unterschiedlicher Größe wurden hier hintereinander gesetzt und von einem antikischen Sturzbalkensystem gerahmt. Einflüsse Palladios, des Engländers John Nash und der römischen Triumphbogenarchitektur wurden hier, am Vorabend des Ersten Weltkrieges zu einer bemerkenswerten, in ihrem Hybridcharakter aber auch wunderlichen Formensprache geführt.[26] Dennoch war die Villa Dietler ein stilistischer Wegstein im Villenbau, der die Abkehr vom Jugendstil beschleunigte.

Auch Gisbert Freiherr Teuffel von Birkensee, ein Schüler Schäfers wie auch Theodor Fischers in München und seit 1909 selbst Lehrer an der Karls-

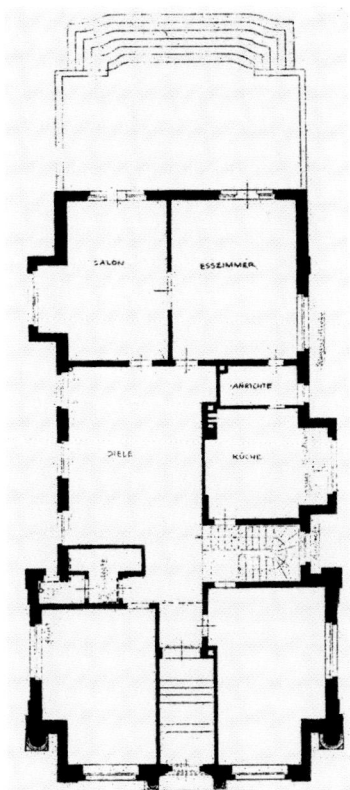

Der Freiburger Hofmöbelfabrikant Adolf Dietler ließ sich von Rudolf Schmid eine neoklassizistische Villa mit drei elementaren Kuben unterschiedlicher Größe bauen – ein stilistischer Wegstein, der die Abkehr vom Jugendstil beschleunigte.

In der Villa Dietler wandten sich die Repräsentationsräume nicht mehr der Straße, sondern dem Garten zu.

Wie ein Stadtpalast wirkt das herrschaftliche Wohnhaus des Heidelberger Mediziners Carl Menge. Die ursprünglich freistehende Anlage mit ihrer kolossalen Säulenloggia ist heute Teil eines Krankenhauses.

ruher Hochschule, entwarf mit dem herrschaftlichen Wohnhaus des Heidelberger Mediziners Professor Carl Menge ein Beispiel für eine wieder klassisch empfindende Baugesinnung. Wie ein Stadtpalast wirkt die ursprünglich freistehende Anlage mit ihrer kolossalen Säulenloggia, die in jüngerer Zeit leider zugebaut wurde. Bereits seit 1932 Altenheim, ist die Villa heute Teil eines Krankenhauses.

Eine Fabrikantenvilla mit ebenfalls deutlichen neoklassischen Merkmalen ist die Pforzheimer Villa Franz Wagners, eingebettet in eine elegante, parkähnliche Gartenanlage mit Freitreppen, Terrassen und skulpturalem Schmuck. 1912 gestaltete der Pforzheimer Architekt Heinrich Deichsel das Anwesen im heiteren Flair des Südens, allerdings unter weitgehendem Verzicht auf architektonischen Zierat sehr modern. Das vornehm ausgestattete Innere des Hauses besticht durch höchst aufwendige, eigens angefertigte und zum Teil wandfeste Interieurs, die jüngst mit großem Aufwand instand gesetzt wurden.[27] Besonders bemerkenswert sind hier die Stuckarbeiten, die die historischen Formen bereits mit expressiver, teils aber auch sachlich empfindender Ausdruckskraft interpretieren.

Als größte Villa Badens aus den Jahren vor dem Ersten Weltkrieg entstand bis 1911 die Villa Krehl in Mannheim.[28] Für den Klinikdirektor und Ehrenbürger Professor Ludolf Krehl konzipierte der Karlsruher Architekturlehrer Friedrich Ostendorf, der 1907 seinem Lehrer Carl Schäfer im Lehramt gefolgt war, ein grandioses, aufwendiges Parkanwesen in Hanglage, das über eine überwältigende Gartenanlage mit Grotte, verschiedenen Pavillons und Brunnen verfügte und ein wenig an die berühmten Gärten des Palazzo Pitti in Florenz erinnert. Horrende Unterhaltskosten nötigten die Familie aber bereits 1919, in die Gartenvilla umzuziehen und das Haupthaus der evangelischen Landeskirche als Schülerheim zu überlassen. Die

Hanglage erforderte hohe Unterbauten, die der Architekt vor den zwei kurzen Gebäudeflügeln zu einer Art Ehrenhof formte, von dem aus das Haupthaus wie durch einen Stollen betreten wird.

Obwohl historische Anleihen nicht zu übersehen sind, zeigte sich Ostendorf bei der Verwendung von Architekturschmuck zurückhaltend. Seinen persönlichen Ausweg aus dem ihm verhaßten Historismus und Jugendstil – er machte sich gern über Hermann Billing lustig – fand er in einer abstrahierenden Interpretation barocker und klassizistischer Formen. Ostendorf wurde 1915 als Kriegsfreiwilliger in Frankreich getötet. Dieser »Heldentod« verhalf seinen Bauten und seinen Schriften zu einer Wirksamkeit, die bis weit in die 1920er, auch noch bis in die 1930er Jahre hinein spürbar bleiben sollte. Sein elementarer Reduktionismus läßt die erst nach

dem großen Krieg durchbrechende Moderne bereits spüren. Eine Rolle als Pionier der Moderne muß Ostendorf dennoch – und dies gilt für die Karlsruher Schule der Vorkriegszeit insgesamt – versagt bleiben. Neue funktionale Antworten fanden diese Architekten erst in der unmittelbaren Reaktion auf die katastrophalen Folgen des Ersten Weltkriegs.

Der Karlsruher Architekturlehrer Friedrich Ostendorf baute für den Klinikdirektor Ludolf Krehl die größte Villa Badens vor dem Ersten Weltkrieg. Das aufwendige Parkanwesen verfügte über eine Gartenanlage mit Grotte, mehrere Pavillons und Brunnen. Vor den zwei kurzen Gebäudeflügeln formte der Architekt eine Art Ehrenhof. Die Zeichnung unten rechts zeigt die Einbettung der Villa in die Parkanlage.

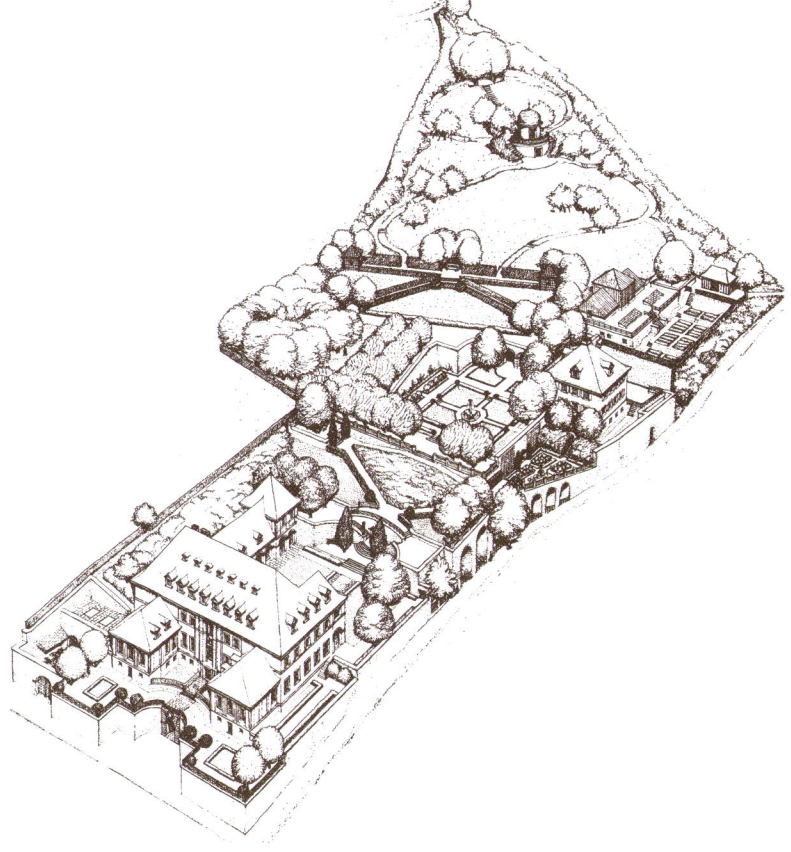

Dem in Stuttgart lebenden Künstler Franz Boeres wurde die Innenausstattung der Villa von Robert Bosch – mit Ausnahme des Speisezimmers – übertragen. Blick in das Künstlerzimmer mit der Vogelfrieslampe von Franz Boeres.

Interieurs

IM KAMPF UM EINFACHE FORMEN

VON SONJA GÜNTHER

HISTORISMUS

Im späten 19. Jahrhundert waren schwere, überladene Möbel in recht dunklen Räumen verbreitet. Die Verwendung historischer Stilimitationen erfreute sich allgemeiner Beliebtheit. Handwerkliches wurde maschinell imitiert und fand auch in die Wohnungen von Arbeitern und Angestellten Eingang.

Der Historismus, der schon Mitte des 19. Jahrhunderts eingesetzt hatte, beschränkte sich zunächst auf die Nachahmung der Gotik für die Inneneinrichtung reicher Leute, später wurden Stile auch gemischt verwendet. Es gab Möbel in Rokoko-Formen, in Renaissance-Manier; auch vor der Romanik und Gotik machte man nicht halt. Wie war es dazu gekommen? Was war der Anlaß, nach den schlichten, heute noch immer beliebten Biedermeier-Interieurs zu einer solchen Überladenheit an Formen zu kommen? Schließlich stellte Paul Mebes noch 1908 fest: »Schöneres und bequemeres Mobiliar (…) haben auch die Modernen nicht geschaffen, deren beste Leistungen bewußt oder unbewußt sich jenen Arbeiten anlehnen.«[1] Gemeint sind hier die Leistungen der Jugendstilkünstler im Vergleich mit der Gestaltung um 1800. In diesen hundert Jahren folgte auf Schlichtheit und Einfachheit des Klassizismus und des Biedermeier die sich immer schneller und in rasanter Vervielfältigung bewegende historisierende Formenwelt, bis um 1900 ein Stillstand eintrat, der zur Keimzelle der Moderne werden sollte.

Auf der Londoner Weltausstellung 1851 gab es für die breite Öffentlichkeit neben den technischen Neuerungen auch Möbel zu sehen, deren Aussehen reformbedürftig erschien. Entsprechend den Werken der Architektur waren ihre Stilformen – und deren Vermischung – auf den Möbelbau übertragen worden. So schenkte Kaiser Franz Joseph von Österreich Königin Victoria von England anläßlich der Eröffnung der Ausstellung einen Bücherschrank, dessen Aussehen demjenigen eines gotischen Domes nachkam, und Friedrich Wilhelm IV. soll auf der Berliner »Allgemeinen Deutschen Gewerbe-Ausstellung« von 1844 einen gotischen Armlehnstuhl erworben haben, auf dessen Rückenlehne die Burg Stolzenfels geprangt habe.

Es war also zunächst der Adel, der zum repräsentativen Interieur zurückkehrte, das er mit historischen Formen verband, obwohl doch davor – nach der Französischen Revolution 1789 – das Bürgerliche als *chic* gegolten hatte. Aber der Adel wollte, nach der gescheiterten Revolution von 1848, seine wiederhergestellte Macht auch zum Ausdruck bringen, so zum Beispiel durch besonders prächtig gestaltete Innenräume.

1871 gewannen die Deutschen den Krieg gegen Frankreich. Es entstand das deutsche Kaiserreich, die »Gründerzeit« begann. Gleichzeitig mit der Institutionalisierung des Adels in der Politik bildeten sich aber auch bestimmte Typen einer bürgerlichen Gesellschaft heraus, so der Parvenue, der »Gründerzeitbaron«. Er wollte seine neugewonnene Macht wie die Fürsten unter Beweis stellen und ließ sich schloßartige Villen mit überdekorierten Interieurs und parkartigen Gärten entwerfen.

In England gab es parallel zu dieser Entwicklung eine Reformbestrebung, welche europaweit zum Jugendstil um 1900 werden sollte. Schon 1848 – also noch vor der Weltausstellung in London – war die Bruderschaft der Präraffaeliten gegründet worden, die sich ebenfalls auf die Gotik berief. Doch war ihr Anspruch ein anderer. Für sie war die Gotik die letzte große Zeit, in der noch handwerklich gearbeitet wurde. England war das Land, in dem die Industrialisierung schon so weit fortgeschritten war, daß sie das Handwerk bedrohte, ja dieses schien sogar in Gefahr auszusterben. Also arbeiteten die Präraffaeliten handwerklich und versuchten so, die industrielle Produktionsweise zurückzudrängen. Sie beriefen sich auf die Schriften von John Ruskin, der das einfache Leben predigte. William Morris, wie Ruskin Mitglied der Bruderschaft, setzte Ruskins Ideen in die Tat um, indem er Stoffe wob, Tapeten druckte und auch Innenräume gestaltete. Allerdings hatten die Präraffaeliten nicht unmittelbar Einfluß auf die Gesellschaft, denn sie blieben eine Elite, deren Aktivitäten aber jahrzehntelang bei Intellektuellen und Künstlern einen nachhaltigen Eindruck hinterließ. »Ich glaube, daß Maschinen alles hervorzubringen vermögen, nur keine Kunstwerke«, sagte Morris 1881 in einem Vortrag.[2]

Soweit die Stimme der Fortschrittlichen. Mit dem Jahre 1871 stieg die Zahl der Fabrikgründungen, und die Produzenten waren auf hohen Absatz angewiesen. Während sie für sich selbst ihre Möbel zu Höchstpreisen von Handwerkern anfertigen ließen, stellte für ihre Firmen das Surrogat – das heißt die maschinelle Imitation des Teuren, das aus billigen Materialien bestand – eine hohe Einnahmequelle dar. Mit deren Verkauf stieg auch die Zahl der Fabrikarbeiter. Viele Handwerker mußten ihre Betriebe schließen, die sich oftmals auf dem Land befanden. Das zwang sie dazu, ihre Heimat zu verlassen, um in der Stadt, näher am Fabrikarbeitsplatz, zu leben. Später, als die Löhne langsam angehoben wurden, waren sie in der Lage, ihre Mietwohnungen mit Imitaten nach den Vorbildern aus den Villen der Reichen zu möblieren. Und was da alles entstand: Holzteile waren nicht mehr handwerklich zusammengebaut, da wurde genagelt, geleimt und gedrechselt. Diese Schundware sollte nun zur Attraktion für die Wohnungen kleiner Angestellter und Arbeiter werden.

In den vornehmen, üppig konzipierten Einfamilienhäusern, die mit ihren Türmchen, Altanen und Dekorationen oftmals das Aussehen von kleinen Burgen hatten, gab es üppig geschmückte Interieurs. Alles sollte prächtig sein: Dunkle Hölzer waren mit Schnitzwerk und Intarsien geschmückt, dicke orientalische Teppiche bedeckten die Fußböden, die Wände waren oft mit Seide oder schweren dunklen Tapeten beklebt. Samtportieren behinderten den Lichteinfall durch die Fenster, goldene

Quasten und Troddeln waren keine Seltenheit. Sträuße aus künstlichen Blumen oder Federn und Nippes füllten jedes freie Plätzchen in der Wohnung, schwere Kronleuchter aus geschliffenem Kristall erhellten matt die Festtafeln. Nicht weniger üppig war das Essen: Teure Rotweine wurden zu Fasanen und Rebhühnern gereicht, Hummer und Lachs von Rheinweinen begleitet, und zum Nachtisch gab es üppig dekorierte Süßspeisen. Das Stunden dauernde Festessen wurde schließlich mit Likören, Brandys und brasilianischen Zigarren abgerundet.

In Fontanes »Frau Jenny Treibel« lesen wir: »Das Eßzimmer entsprach genau dem vorgelegenen Empfangszimmer und hatte den Blick auf den großen parkartigen Hintergarten mit plätscherndem Springbrunnen, ganz in der Nähe des Hauses; eine kleine Kugel stieg auf dem Wasserstrahl auf und ab, und auf dem Querholz einer zur Seite stehenden Stange saß ein Kakadu und sah, mit dem bekannten Auge von Tiefsinn, abwechselnd auf den Strahl mit der balancierenden Kugel und dann wieder in den Eßsaal (…). Der Kronleuchter brannte schon, aber die niedrig geschraubten Flämmchen waren in der Nachmittagssonne kaum sichtbar (…)«.[3]

Auch in der Kleidung – in erster Linie derjenigen der Damen – war Pracht angesagt. Die Mode der Barockzeit lebte wieder auf. Die Taille wurde geschnürt, die Röcke waren ausladend, die Hüte breitkrempig mit Federn, sogar ausgestopfte Vögel saßen darauf. Dazu wurden sündhaft teure Perlen und Brillanten getragen. Gegen Ende des 19. Jahrhunderts nahmen Dekorationen von Interieurs und Kleidung immer mehr zu, so daß bald ein Maß erreicht war, das nur noch ins Gegenteil verkehrt werden konnte. Wie wir sehen werden, geschah das nur zum Teil, denn es waren nur die Kenner von künstlerischen und handwerklichen Qualitäten, die sich von den angesehenen und geschätzten Architekten der Zeit beraten ließen und somit dem Historismus absagten.

In den Gründerzeitvillen brauchte man nach wie vor die üppig ausgestatteten zahlreichen Räumlichkeiten, um damit repräsentieren zu können: Empfangshallen, Musikzimmer, Bibliotheken, Räume zur Unterbringung des Personals sowie großzügige Küchenanlagen zur Vorbereitung der Galadiners. Hier war es keine Seltenheit, daß bei Bankiers, Kommerzienräten oder Brauereibesitzern auch Kaiser und Könige zu Gast waren. Frauen und Kinder waren in dieser Gesellschaft unterprivilegiert. Sie bevölkerten die bühnenartigen Interieurs wie Schauspieler vor prächtigen Kulissen in ebenso prächtiger Aufmachung und hatten nach den Gesetzen des Hausherren zu agieren. Aus dieser Gruppe brachen die Jugendstilkünstler und -literaten schließlich europaweit aus, um ihren eigenen Interessen nachzugehen und nach eigenen Normen zu leben.

JUGENDSTIL

Hatte sich die Bruderschaft der Präraffaeliten als erste für neue, einfache Formen eingesetzt, so sollte ihr Beispiel bald Schule machen. Gegen Ende des 19. Jahrhunderts formten sich überall in Europa Gruppen junger Leute mit ähnlichen Zielsetzungen: Die Maschinenarbeit wurde zunächst abgelehnt, Künstler kümmerten sich um die Wiederbelebung guter alter Handwerkstechniken. Sie gründeten Werkstätten, so in München die »Vereinigten Werkstätten für Kunst im Handwerk« 1898, im selben Jahr die »Dresdener Werkstätten für Handwerkskunst« und 1903 die »Wiener Werkstätte«. Sie wollten Kunst ins Handwerk bringen. Künstler – zumeist Kunstmaler – arbeiteten mit Handwerkern zusammen. So wurden neue, aufsehenerregende Formen entwickelt.

In Baden und Württemberg fühlte man sich allerdings noch lange, bis über die Jahrhundertwende hinaus, dem Historismus verpflichtet. Die

vielen neu gegründeten Unternehmen verlangten nach Repräsentation, und diese konnte in der Innenraumgestaltung vermeintlich nur durch das Kopieren alter Stile, vornehmlich aus Renaissance oder Barock, zum Ausdruck gebracht werden. Der Jugendstil galt hier als »Armeleute-Stil für Reiche«, doch entwarfen auch namhafte Architekten, die sich dem Reformstil verschrieben hatten, Villen und Landhäuser in Baden und Württemberg: Baillie Scott, Hermann Billing, Curjel & Moser, Kayser & Großheim, Hermann Muthesius, Bernhard Pankok, Bruno Paul, Richard Riemerschmid.

Der Impuls, sich auch in Baden und Württemberg der modernen Bewegung anzuschließen, ging sicherlich vom hessischen Darmstadt aus, wo man 1901 auf der Ausstellung »Ein Dokument deutscher Kunst« faszinierende Interieurs in erstklassiger handwerklicher Ausführung zu sehen bekam. Großherzog Ernst Ludwig von Hessen und bei Rhein hatte die Künstlerkolonie auf der Mathildenhöhe gegründet, um das heimische Handwerk neu zu beleben.

Die Länder Baden und Württemberg, deren Jugendstil wie überall einer intellektuellen Elite vorbehalten war, die sich dem Darmstädter Impuls mehr oder weniger zwangsläufig anlehnte, profitierten von den nach Hessen berufenen Spitzenkünstlern: Peter Behrens, Hans Christiansen, Ludwig Habich, Bernhard Hoetger, Patriz Huber, Albin Müller, Joseph Maria Olbrich und anderen. Gleichwohl war der Historismus noch allgegenwärtig.

So gab es in Mannheim die vom Architekten Rudolf Tillessen entworfene Villa Röchling (1899/1901) mit einem »Italienischen Salon« in schweren, düsteren Renaissanceformen. Die Villa Reuther, ebenfalls von Tillessen, hatte eine Diele in dunkler Täfelung mit hohen Lehnstühlen. »Die Halle«, schreibt Hermann Muthesius 1907, »ist in den letzten Jahrzehnten ein fast typischer Raum des Landhauses jeder Größe und jeden Formats geworden.«[4] Ein Raum, der »als Gesellschaftsraum nicht weiter bewohnt wird«, wie es in Bezug auf den »Ostmärker Hof«, einen prächtigen Landsitz der Familie Ludwig Gütermann in Gutach, hieß.[5] Hier war, wie bei der Villa Dietler in Freiburg, Rudolf Schmid der verantwortliche Architekt. Schmid zeigt, »daß er des Ornamentes für seine Wirkungen nicht bedarf, sondern mit der Grundform allein auskommen kann«[6], eine Aussage, welche seine Interieurs Lügen strafen. So schreibt er über den »Ostmärker Hof«: »Das im Jahre 1894 erbaute Haus ist in seinem Grundriß für eine Familie von entwickelterer, vornehmerer Lebenshaltung angelegt

Schwere, düstere Renaissanceformen: der »Italienische Salon« (unten) und das »Bibliothekszimmer« (rechte Seite unten) der Villa Röchling in Mannheim, erbaut 1899 bis 1901 von Architekt Rudolf Tillessen.

RECHTS OBEN:
Anfang des 20. Jahrhunderts erhielt fast jedes Landhaus eine Eingangshalle: Blick in die Diele es Hauses Reuther in Mannheim (Rudolf Tillessen).

(…). In der künstlerischen Ausbildung des Inneren gewinnt die italienische Formensprache (…) die Oberhand«, das Wohnzimmer hatte eine Kassettendecke, »welche an die üppigsten Vorbilder Italiens anklingt; im Schmuck des Badezimmers ist der italienischen Grotten-Architektur Eingang gewährt. Seine unteren Teile sind in farbigem Marmor gehalten, die oberen Wandteile in musivischem Muschel- und Kieselwerk. Darüber wölbt sich eine Korbbogen-Tonne mit Kassetten.«[7]

Soweit also der Architekt selbst, der mit Sicherheit von der neuen Bewegung in Kunsthandwerk und Architektur Kenntnis hatte, sie aber nicht übernehmen wollte. Er war in Freiburg tätig, der Weg

Die Familie Gütermann bewohnte den »Ostmärker Hof«, einen 1894 von dem Freiburger Architekten Rudolf Schmid erbauten prächtigen Landsitz in Gutach im Breisgau: Blick in die Diele (links oben), in das Wohnzimmer mit Kassettendecke und in den Baderaum (unten).

nach Darmstadt war nicht allzu weit, wo 1908 – also ein Jahr vor der Publikation seines Artikels – die »Hessische Landesausstellung für freie und angewandte Kunst« stattgefunden hatte. Alle Mitglieder der Künstlerkolonie waren daran beteiligt. Olbrichs Hochzeitsturm wurde vom internationalen Fachpublikum bewundert, ebenso die Einzelvillen, welche teilweise schon 1901 gebaut und eingerichtet worden waren.

Doch auch in Baden und Württemberg hatten große Künstler aus München wie Bernhard Pankok oder Richard Riemerschmid Zeugnisse ihres Könnens abgelegt. 1901 hatte Pankok in Tübingen das Haus Lange entworfen, das ein Markstein in der

Bernhard Pankok (rechts) entwarf 1901 das Tübinger Wohnhaus von Konrad Lange, ein Markstein in der Geschichte des Jugendstils. Die Innenräume waren, wie das Foto von Diele und Treppe zeigt, von bemerkenswerter Schlichtheit.

Der Kunstmaler Bernhard Pankok (1872–1943) erhielt 1902 einen Lehrstuhl an der Stuttgarter Kunstgewerbeschule.

Geschichte des Jugendstils werden sollte. Er hatte auf der Pariser Weltausstellung 1900 für seinen »Erkerraum« einen Grand Prix bekommen und lebte in dieser Zeit noch in München, wo er für die »Vereinigten Werkstätten für Kunst im Handwerk« tätig war. 1902 wurde er an die »Königlichen Lehr- und Versuchswerkstätten« nach Stuttgart berufen, möglicherweise war man auf das Haus in Tübingen aufmerksam geworden.

Der Bauherr des Hauses Lange war Kunsthistoriker und als solcher mit der allgemeinen Situation von Kunst und Handwerk um 1900 vertraut; außerdem war er Direktor der Stuttgarter Staatsgalerie und Ordinarius an der Tübinger Universität. So »wollte er sich ein zeitgemäßes Wohnhaus durch einen jungen Künstler erbauen lassen«[8]. Pankok war zu Beginn seines Tübinger Auftrages erst 28 Jahre alt, hatte aber innerhalb der Künstlerelite einen hervorragenden Ruf. Obwohl er Kunstmaler und Kunstgewerbler war, hatte er den Mut, dieses Haus mit seinen steilen Dachverschneidungen und seinen teilweise bizarren Attributen zu bauen. Doch die Innenräume waren von erstaunlicher Schlichtheit bei entsprechender handwerklicher Ausführung durch die Vereinigten Werkstätten in München. Vorherrschend war die Betonung von Naturhölzern in guter Detailarbeit. Diele und Treppenhaus wirkten fast schon karg, was für den Künstler, dessen Münchner Entwürfe manchmal recht kraus gewesen waren, neu war. Von hier aus sollte er sich für die nächsten Schaffensjahre weiterentwickeln, bis er – etwa um 1910 – wieder Dekorationen schuf, die aber nie aufgesetzt wirkten, sondern stets dem handwerklichen Fertigungsverfahren entsprachen.

Als Richard Riemerschmid 1902 Bau und Inneneinrichtung für das Haus Fieser in Baden-Baden entwarf, war er in München schon ein angesehener Architekt. Mit dem Schauspielhaus in der Maximilianstraße von 1900/01 hatte er sich einen großen Namen gemacht. Noch heute fasziniert dieses Werk durch seine flachen Schwünge an Wänden und Decke, seine sanft geformten Kapitele der Säulen und seine malerischen Holzarbeiten. Wie nun kam er dazu, in Baden-Baden ein Haus zu bauen? Der damalige Oberbürgermeister des Kurortes war sein Schwager, der sich wegen eines Entwurfes an ihn wandte. Auch Riemerschmid war auf der Pariser Weltausstellung erfolgreich gewesen und hatte wie Pankok und Bruno Paul einen Grand Prix erhalten.

Nach seinen Plänen wurde auch die gesamte Innenausstattung des Hauses Fieser in Baden-Baden gearbeitet. Die Möbel wurden von der Firma Kohlbecker & Sohn in München hergestellt. Einzelne Teile waren als Bänke mit hohen Lehnen fest in die Wände eingearbeitet, es gab Vertäfelungen, die Decken hatten Stuckverzierungen in sanften Schwüngen, oder sie waren getäfelt und hatten hölzerne Konsolen. Die Lampen waren aus rhythmisch geformten Messingstäben, die Heizkörper mit den für Riemerschmid typischen Metallplättchen verkleidet. Alle Stühle in diesem Hause waren die für Riemerschmid bekannten Meisterleistungen, wie sie der Architekt schon anläßlich der Pariser Weltausstellung unter Beweis gestellt hatte. Sie sind einladend geformt, so als erwarteten sie den Menschen, der darauf Platz nehmen sollte, und sie zeigen ein statisches Gefühl für Lasten, welche in die Füße abgeleitet werden.

Riemerschmid kannte das Material genau, das er für seine Objekte verwenden wollte: Holz wurde tischlermäßig korrekt verarbeitet, Metall wirkte wie bei den Lüstern filigranhaft. Neben vorwiegend in Weiß gehaltenen Räumen, vor deren Hintergrund der Naturton der Möbel kontrastierte, gab es auch Zimmer, welche in lebhaften Farben gestaltet waren. Das »Speisezimmer« im Hause Fieser war aus amerikanischem Pappelholz, ein Pfeilerschrank aus diesem Interieur hat sich in Baden-Badener Privatbesitz erhalten. Im »Kinderzimmer« gab es einen sehr rustikalen, großen Wandschrank mit auffallenden Beschlägen an den Türen. Die schlichte Rahmenkonstruktion bestand aus breiten Brettern, die Füllungen hatten lebhafte Maserung.

Hatte sich ein Professor für Kunstgeschichte und Direktor der Stuttgarter Staatsgalerie in Tübingen – ein Kenner der Kunstszene also – ein aufsehenerregendes Haus von Bernhard Pankok bauen lassen, so mag das einleuchten. Es erstaunt aber, daß Baden-Badens Bürgermeister diesen Schritt schon 1902 wagte, als, wie wir festgestellt haben, die pompöse Stilnachahmung des Historismus noch allenthalben in Baden und Württemberg beliebt war. Er bezog ein neues Haus, dessen Räume nach modernen kunsthandwerklichen Prinzipien gestaltet waren, und setzte dadurch gegen die Überladenheit an Schmuck und Zierat eigene, damals moderne Akzente. Sicherlich hatte er Richard Riemerschmid in München besucht und sich von ihm die dortigen Ausstellungen kunsthandwerklicher Objekte des Jugendstils zeigen lassen.

Auch die Hinzuziehung des 36jährigen Bruno Paul zur Einrichtung eines Raumes im Stuttgarter Robert-Bosch-Haus weist auf Weltoffenheit des Bauherren hin.[9] Bosch muß wohl Bruno Pauls besondere Fähigkeiten im Umgang mit eleganten, dabei soliden Interieurs erkannt haben, als er den Künstler auswählte, der zunächst in München durch seine Karikaturen bekannt geworden war und dann einen raschen Aufstieg als Möbelentwerfer und als Architekt machte. Bruno Paul lebte seit 1907 in Berlin, wohin er als Leiter der Unterrichtsanstalt des Kunstgewerbemuseums berufen worden war. 1908/09 baute er im Charlottenburger Westend sein erstes Berliner Landhaus. Robert Bosch kannte wohl auch die Luxuskabinen, die

Nach den Plänen des Münchner Architekten Richard Riemerschmid wurde 1902 die Innenausstattung der Villa des Baden-Badener Oberbürgermeisters Fieser gearbeitet. Das Speisezimmer aus amerikanischem Pappelholz mit seinen Stühlen war eine handwerkliche Meisterleistung.

Bruno Paul auf dem Dampfer »Kronprinzessin Cecilie« für die Norddeutsche Lloyd 1907 eingerichtet hatte: Interieurs, die von hoher Raffinesse im Umgang mit edlen Materialien zeugten.

Als Vorbild für das »Speisezimmer« im Hause Bosch gilt Bruno Pauls Entwurf für einen Raum gleicher Funktion auf der 3. Deutschen Kunstgewerbeausstellung in Dresden 1906. Paul hatte nach anfänglichen Arbeiten in typischer Jugendstilmanier schon nach kurzer Zeit zu einer makellosen Geradlinigkeit gefunden, wie sie der »Wiener Werkstätte« eigen war. Dieselbe Geradlinigkeit bei exakter Abstimmung der Einzelformen zeigt auch das »Speisezimmer« im Robert-Bosch-Haus in Stuttgart von 1911, hergestellt in den »Vereinigten Werkstätten für Kunst im Handwerk« in München. Ein großes Büffet beherrscht den Raum, seine Türen zeigen feine Rechteck- und Quadrataufteilungen, der mittlere Teil springt unten vor, darüber gibt es vier Glastüren mit Rhombensprossen. Obwohl vor die Wand gestellt, bildet dieses Büffet mit der türhohen Wandverkleidung und dem Attikaabschluß eine Einheit. Auch die Türblätter selbst fügen sich harmonisch ein. Bemerkenswert sind dunkle Umrahmungen und Abschlüsse als Kontraste. Am schweren Speisetisch stehen Stühle, deren Profile teilweise rund und gebogen, teilweise gerade geformt sind. Auch diese Möbel sind vom Kontrast zwischen hell und dunkel belebt.

Berühmter als Bruno Paul war Hermann Muthesius. Der 1861 geborene Architekt hatte in Berlin erste Landhäuser nach englischem Vorbild gebaut. Zwischen 1896 und 1903 war er Technischer und Kulturattaché an der Deutschen Botschaft in London gewesen. Während dieser Zeit studierte er die englische Architektur, war von den Landhäusern fasziniert und schrieb darüber sein dreibändiges Werk »Das englische Haus«, erschienen 1904 und 1905. Doch blieb er nicht nur bei der Theorie, er setzte diese auch in die Praxis um und baute seit 1904 in Berlin erste Landhäuser mit

phantastischen Raumprogrammen. Das Äußere war sehr englisch mit tief gezogenen Dächern, schmal gestelltem Fachwerk und Gärten, welche den Erdgeschoßgrundriß fortsetzten oder wiederholten. Sehr elegant waren Anordnung und Gestaltung der Interieurs. Alles war hell, die Räume waren oft durch weite Schiebetüren miteinander verbunden.

Das »Speisezimmer« im Hause Bosch (links), entworfen 1911 von dem 36jährigen Architekten Bruno Paul und hergestellt in den Münchner »Vereinigten Werkstätten für Kunst im Handwerk«, strahlt eine weltläufige, heitere Eleganz aus. Es erhielt als beherrschendes Element ein großes Büffet mit feinen Rechteck- und Quadrataufteilungen (darüber). Oben das »Bilderzimmer«, neu ausgestattet mit Möbeln des Wiener Jugendstils. Darunter das »Künstlerzimmer« mit einem Wandbrunnen.

Die Halle mit dem Treppenaufgang im Haus des Darmstädter Architekten Emil Beutinger in Heilbronn erzielt ihre Wirkung durch den weißen Schleiflack der Holzteile, die in quadratisch durchbrochener Form als Treppengeländer dienen.

Muthesius hat sich zeit seines Lebens mit Häusern und ihren Gärten beschäftigt, hat Besichtigungen durchgeführt und in einigen Büchern deren schönste zusammengestellt. So bildete er in seinem 1907 erschienenen Werk »Landhaus und Garten« das Haus Beutinger in Heilbronn ab, dessen Architekt Emil Beutinger auch der Bauherr war. Dieses Haus ist mit seiner Achsverschiebung des Grundrisses im Sinne von Muthesius gehalten. Es hat ein relativ bescheidenes Raumprogramm, dabei aber eine schöne Halle mit dem Treppenaufgang, dessen Wirkung durch weißen Schleiflack der Holzteile

erzielt wird, welche in quadratisch durchbrochener Form als Treppengeländer dienen. Auch die Türen hatten quadratische oder rechteckige Füllungen, womit der Dekoration Genüge getan wurde, denn Muthesius war der Meinung: »Im allgemeinen wird der Bemalung durch den Stubenmaler und der Anbringung von Stukkaturarbeiten in Deutschland viel zu viel Bedeutung beigemessen. Hat man gut gegliederte und proportionierte Räume und ist die Wand- und Fußbodenfarbe gut gewählt, so ist für gewöhnliche Fälle ein Zutrag von weiteren Schmuckformen überflüssig.«[10]

Englisch im Sinne von Muthesius ist auch eine Diele im Landhaus Gertz, das der Architekt Heinrich Metzendorf in Heidenheim etwa 1905 baute. Der Treppenantritt ragt hier in die Halle hinein, die Wandverkleidungen sind harmonisch aufeinander abgestimmt.

Auch Hermann Billing und die beiden Schweizer Robert Curjel und Karl Moser, die in Karlsruhe assoziiert waren zu der bekannten Firma Curjel & Moser, vertraten in der Innenraumgestaltung jene von Muthesius so sehr geschätzte englische Geradlinigkeit, wie sie von einer Gruppe junger Künstler um Charles Rennie Mackintosh nach Wien kam und mit der Berufung des Architekten des Wiener Sezessionsgebäudes Joseph Maria Olbrich an die Mathildenhöhe dann auch in Darmstadt heimisch wurde.

Die von Hermann Billing entworfenen Interieurs zeichnen sich durch eine Hinwendung zum Klassizismus aus. So lesen wir in einem Artikel in der Zeitschrift *Moderne Bauformen* von 1910: »Wie sehr die Formenwelt des Klassischen auf die künstlerische Entwicklung von Hermann Billing in neuerer Zeit eingewirkt hat, davon geben auch seine Wohnhäuser ein beredtes Zeugnis.«[11] In Gernsbach hatte Billing in dieser Zeit zwei Villen gebaut: die Villa Weber und die Villa Kast. In der Tat neigen hier die Darmstädter oder auch Wiener geradlinigen Formen des Jugendstils eher zum

Klassizismus, dabei herrschen in den von ihm ausgestatteten Interieurs viel Ruhe und Gelassenheit.

Curjel & Moser standen dem nicht nach, wenn
sich auch ihre Innenräume weicher, traulicher,
charmanter zeigten. Sie legten Wert auf »Einbeziehung der Schränke in die Wandvertäfelung, die
Ausbildung der Garderobenschränke, Speise-
schränke u.s.w. zu kleinen, kabinettartigen Wand-
kammern. Die farbige Abstufung der Raumstim-
mung je nach Charakter und Bestimmung des
Raumes ist wiederum Sache des persönlichen Geschmacks und des künstlerischen Taktes.«[12] Der
Entwurf zu einem »Musikraum« für die Villa
Weyermann in Freiburg hat eine zarte Raumstim-
mung; die leichten Blau- und Grüntöne sind auf
das dunkle Holz abgestimmt und setzen duftige
Akzente. Desgleichen ist die Wirkung eines Entwurfes zu einem »Eßzimmer« derselben Villa großzügig, dabei freundlich, und schafft durch den Anspruch von eingebauten Einrichtungsgegenständen
viel freie Fläche: »Die Träger des Grundklangs sind
Wand und Möbel (etwa so, daß das Holz der Möbel
und der Wandvertäfelung die eine, die Farbe der
Tapete oder des Anstrichs und der Möbelstoffe die
andere Note dieses Klangs angeben).«[13]

In Mannheim wurden zwischen 1871 und 1914
zahlreiche aufsehenerregende Villen gebaut. Zum
Teil war man hier noch dem Historismus verpflich-

In Heidenheim wurde 1905 nach Entwurf des
Architekten Heinrich Metzendorf das Landhaus
Gertz gebaut. Der Treppenaufgang ragt in
die Diele hinein, die Wandverkleidungen sind
harmonisch aufeinander abgestimmt.

Kamin im Wohnzimmer der Villa Weber in Gernsbach (rechts). Die von dem Karlsruher Architekten
Hermann Billing 1906/07 entworfenen Interieurs
zeichnen sich durch eine Hinwendung zum Klassizismus aus.

Die Karlsruher Architekten Curjel & Moser legten Wert auf farbliche Abstimmung. Die leichten Blau- und Grautöne des Musikzimmers (unten) sind auf das dunkle Holz abgestimmt. Das Eßzimmer (oben) schafft durch eingebaute Einrichtungsgegenstände viel freie Fläche.

tet. So etwa mit dem Haus, das für den Bankier Gustav Ladenburg »Mitte 1880 durch W. Manchot im Renaissancestil erbaut« wurde, das »im Inneren reich und vornehm ausgestattet« war und »manches wertvolle Kunstwerk« enthielt. Diese Textpassage entstammt einem Artikel des Architekten Wilhelm Söhner, der ein zweites Haus für Bankier Ludwig Ladenburg von Architekt Tillessen nennt, das eine bemerkenswerte »Ausbildung des Eingangs und des Treppenhauses« gehabt habe.[14]

Im selben Band der *Deutschen Bauzeitung* von 1905 ist auch ein Mannheimer Highlight der Baugeschichte zu finden: Die Architekten Kayser & Großheim aus Berlin – bekannt durch die Gerichtsgebäude am Lietzensee und die Hochschulgebäude am Steinplatz in Berlin – entwerfen und bauen das Haus Kahn. Wieder haben wir hier, wie bei Bruno Paul und Hermann Muthesius, die Verbindung Berlins zu Baden und Württemberg. In diesem Haus Kahn sind die Interieurs eine wahre Sensation. Nicht nur die beiden Berliner Architekten waren daran beteiligt, sondern auch Hans Christiansen, Mitglied der Künstlerkolonie auf der Darmstädter Mathildenhöhe, und vor allem der bis heute weltberühmte schottische Architekt Baillie Scott, dessen Arbeiten Muthesius in seinem Buch »Das englische Haus« gewürdigt hatte.

Scott war einer der Hauptvertreter des englischen Landhausbaues und schuf Interieurs von zarter Farbigkeit. So hatte er Innenräume für das Großherzogliche Schloß in Darmstadt entworfen. Im Mannheimer Haus Kahn richtete er Kaminräume und vor allem ein bezauberndes »Musikzimmer« ein: »Eine interessante Grundrißausbildung zeigt das Haus des Rechtsanwaltes Dr. Kahn der Architekten Kayser & von Großheim, Königlich Geheime Bauräte in Berlin (…). Eine ungemein großräumige Anlage der Haupträume vereinigt sich mit einer scharfsinnigen Ausgestaltung aller Nebenräume. Sehr interessant ist die innere künstlerische Ausgestaltung. Hier wird ein Einblick in die Familienräume einer kunstsinnigen Familie gestattet, die mit an der Spitze aller kunst- und musikalischen Bestrebungen der Stadt Mannheim steht.«[15]

Das lichtdurchflutete »Musikzimmer« hatte weiße Wandvertäfelungen. Bemalungen standen als Blüten in Quadratform oder als wirbelnde Blättchen darüber und schmückten auch die Decke. Eine Erkernische mit eingebauten Bänken war halbhoch durch weiße Sprossen aus Schleiflack abgegrenzt. Die Stühle hatten Halbkreisformen oder hohe, gerade Lehnen, ein Schreibschrank reichte bis auf halbe Türhöhe. Das ganze phantastische Gebilde wurde von filigranhaften Lampen bekrönt.

Im Mannheimer Haus Kahn richtete der schottische Architekt Baillie Scott um 1903 ein bezauberndes Musikzimmer für eine kunstsinnige Familie ein. Filigrane Lampen krönen einen lichtdurchfluteten Raum mit weißen Wandvertäfelungen und einer Erkernische mit eingebauten Bänken.

UM 1910

Die Jugendstilarchitekten hatten zur Einfachheit der Formen aufgerufen. Kurze Zeit war ihnen auch Erfolg beschieden gewesen: Von 1898 bis etwa 1902 schufen sie in allen Ländern Europas Kunstwerke von hohem Rang, die heute in Museen bewundert werden können. Diese Stücke waren teuer, denn sie waren handwerklich hergestellt. Der Anspruch der Künstler war gewesen, einfache

Speisezimmer im Haus Alexander Gütermann in Gutach. Rudolf Schmid schuf noch 1911 für seine Landhäuser überladene, von Stilimitationen geprägte Innenräume.

Inneneinrichtungen zu entwerfen, die allen gefallen sollten und die sich jeder sollte leisten können – beides erwies sich als Irrtum. Nur ganz wenige konnten mit den Jugendstilmöbeln etwas anfangen, und nur ganz wenige Reiche konnten sie sich kaufen. So blühte nach wie vor die Nachahmung oder auch Vermischung historischer Stile. Der Freiburger Architekt Rudolf Schmid etwa schuf für seine Landhäuser nach wie vor Innenräume, die überladen und von Stilimitation geprägt waren.

Blicken wir aber auf die Werke der großen Meister des Jugendstils, so stellen wir fest, daß auch sie um 1910 damit begannen, für die Innenräume ihrer Villen Dekorationen vorzusehen. 1911 wurde in Stuttgart das Haus Rosenfeld nach Entwürfen von Bernhard Pankok unter Hinzuziehung von Hans Schmidt-Annaberg fertiggestellt. Über ersteren hieß es im *Kunstgewerbeblatt* von 1916: »Zur größten Tat faßte der Künstler alle seine Fähigkeiten zusammen im Hause Rosenfeld in Stuttgart, dessen Außen- und Innenbau er von 1910–1911 vollendete und den man geradeaus als eine Höchstleistung des ganzen neueren deutschen Kunstgewerbes bezeichnen darf.«[16] Dieser Meinung war der Kritiker Fritz Hellwag, der die Entwicklung von Architektur und Kunstgewerbe bestens kannte, jetzt aber die neuen, wieder geschmückten Interieurs bewunderte.

Das Haus Rosenfeld war auf seine Art elegant. Es gab hier Schnitzereien und Intarsien an kostbaren Hölzern. Der »Festsaal« hatte eine reiche Stuckdecke, die darüber hinaus noch bemalt war, der Fußboden Intarsien. Die ringsum angebrachten metallenen Wandleuchten erhöhten die Feststimmung. Grazile Sesselchen hatten weinrote Polsterung, ihre Gestelle waren aus geschnitztem Palisanderholz. Es wurde von einer »gereiften Leistung des architektonischen Aufbaus und der tektonischen Durchbildung aller Teile im Hause Rosenfeld« gesprochen. Ferner hieß es, daß die »Führer,

wie Paul und Riemerschmid« sich, »des nackten
Linearismus überdrüssig, längst zu einer plastische-
ren Empfindung durchgerungen« hätten.[17] Das
trifft auf Bruno Paul zu, der mit seinen Interieurs
auf der Brüsseler Weltausstellung von 1910 und
auf der Werkbundausstellung von 1914 in Köln
die Formen des Klassizismus wiederaufgenommen
hatte. Auch Riemerschmid schätzte mehr und mehr
Schmuckformen in seinen Innenräumen, und
Muthesius war mit seinem 1913 in Heilbronn erbauten Haus Rümelin hinter seinem englischen Anspruch zurückgeblieben.

Die Pioniere um 1900 hatten die Waffen nieder-
gelegt im Kampf um neue, einfache Formen. Sie
waren ihren einstigen Prinzipien untreu geworden. Von bedeutenden Innenraumgestaltungen
in Deutschland zwischen 1910 und 1914 weiß man
wenig. Obwohl die Fachzeitschriften der Zeit nicht
müde wurden, auf kostbare kunsthandwerkliche
Objekte und teure Möbel hinzuweisen, so gab
es dennoch keine neuen Impulse mehr.

Der letzte war die Gründung des Deutschen
Werkbundes 1907 in München gewesen. Zwölf
Künstler und zwölf Firmen hatten sich zusammen-
geschlossen unter der Devise: »Die Veredelung
der gewerblichen Arbeit im Zusammenwirken von
Kunst, Industrie und Handwerk durch Erziehung,
Propaganda und geschlossene Stellungnahme zu
einschlägigen Fragen«[18]. Zu den Gründern gehörten auch Hermann Muthesius, Bernhard Pankok,
Bruno Paul und Richard Riemerschmid. Doch
ging die Industrie ihre eigenen Wege, das Kunsthandwerk war in seiner kostbaren Formensprache
erstarrt. Eine andere Generation sollte bald zu
neuen Ufern aufbrechen, Walter Gropius, Ludwig
Mies van der Rohe und Le Corbusier gehörten
dazu. Sie begriffen die Leistungen der fortschritt-
lich Denkenden um 1900 als Basis für das herauf-
ziehende technische Jahrhundert, das nach Be-
endigung des Ersten Weltkrieges seinen Siegeszug
auch in der Innenraumgestaltung antreten sollte.

Der Festsaal im Stuttgarter Haus Rosenfeld,
1911 nach Entwürfen von Bernhard Pankok gestaltet, hatte eine bemalte Stuckdecke, Fußboden-
intarsien und an den Wänden metallene Leuchten.

Zu den ersten großbürgerlichen Stadtpalais, die am Stadtrand von Stuttgart entstanden, gehörte die Villa Bohnenberger, 1869 bis 1871 von Architekt Carl Friedrich Beisbarth erbaut. Der Gutsbesitzer und Privatier Arthur Bohnenberger wollte, wie zu der Zeit nicht unüblich, keine reine Sommervilla und hatte deshalb verlangt, daß sein Haus in der Olgastraße ganzjährig zu bewohnen sei.

Villen und Landhäuser in Württemberg

BAUEN ALS PERSÖNLICHE ÄUSSERUNG
UND AUSSENDARSTELLUNG

VON CHRISTINE BREIG

Mit der Verbreitung der Ideen des englischen Landschaftsgartens in Deutschland in der zweiten Hälfte des 18. Jahrhunderts und den aufkommenden romantischen Idealen im 19. Jahrhundert wurde die Villa als Bautyp erneut bedeutsam. Wie in der Antike und der Renaissance verband man auch im 19. Jahrhundert mit diesem Bautypus ursprünglich das Leben in ländlicher, abgeschiedener Umgebung. Die Vorbilder für den Villenbau des 19. Jahrhunderts waren die italienischen Villen, insbesondere die Bauten von Palladio und deren Weiterführung im englischen Landsitz des 17. und 18. Jahrhunderts, sowie einer Entwicklung aus der antiken *villa suburbana* zu einem luxuriösen Haus in der Landschaft.

Diese Entwicklung wurde durch den wirtschaftlichen Aufstieg des Bürgertums im 19. Jahrhundert begünstigt, das bald zu einem wichtigen Träger künstlerischer und kultureller Strömungen wurde. Mit seinen Häusern wollte sich das Bürgertum seine Wohnvorstellungen erfüllen und zugleich der Aristokratie als gleichwertiger Partner präsentieren.

Einerseits sollte die Villa ein privater Ort sein, aus dem die Erwerbswelt ausgeschlossen war, andererseits dienten die zum Wohnen viel zu großen Häuser mit ihren zahlreichen Bediensteten und ihrer reichen Innenausstattung der Selbstdarstellung des gesellschaftlichen Ranges ihrer Besitzer.[1] Diese Entwicklung ist, bei allen regionalen Unterschieden und Besonderheiten, im Verlauf des 19. Jahrhunderts auch in Württemberg zu beobachten.

DIE ZEIT DER REICHSGRÜNDUNG

Gerade für Stuttgart, der Residenzstadt der Könige von Württemberg, waren wirtschaftlicher Aufstieg und Entwicklung des Villenbaus eng mit der Anbindung an die Eisenbahn im Jahr 1846, der Aufhebung des Zunftzwanges 1862 und der Reichsgründung 1871 verbunden. So entstanden in den siebziger Jahren des 19. Jahrhunderts und den folgenden Jahrzehnten bis 1914 weit über zweihundert Villen und Landhäuser.[2]

Die ersten Villen entstanden am Stadtrand im Tal, so die Villa Bohnenberger. Sie wurde 1869–1871 von Architekt Carl Friedrich Beisbarth für den Gutsbesitzer und Privatier Arthur Bohnenberger in der Olgastraße 11 erbaut. Zu dieser Zeit wurden in Stuttgart noch Villen nur für den Sommeraufenthalt gebaut. Deshalb hatte der Bauherr ausdrücklich verlangt, daß seine Villa ganzjährig zu bewohnen sei. So wurde im Hauptgebäude eine Warmluftzentralheizung installiert.

Das dreigeschossige Gebäude mit flachem Walmdach und Dachterrasse steht direkt an der Straße, am rückwärtigen Teil schließt sich der angelegte Garten mit Gartenloggia und Nebengebäude an. Die Fassade im Stil der Renaissance ist sehr regelmäßig gegliedert, umlaufende Gesimsbänder und senkrechte Fensterachsen bestimmen den Fassadeneindruck. Durch Rundbogenfenster und Fensterbekrönungen mit Dreiecksgiebel wird die *belétage* im 1. Obergeschoß an der Fassade sichtbar. Auffallend ist die abgeschrägte Ecke mit einem Erker im ersten Obergeschoß. Der aufwendige Außeneindruck ging Hand in Hand mit der Innenausstattung. Vom Eingang gelangte man über einen Gang in ein großes Vestibül, an dessen Seite eine zweischenklige Treppe in das erste Obergeschoß mit den Gesellschaftszimmern führte.[3]

Etwa zeitgleich entstand 1871 in Stuttgart die Villa Siegle, die für den Farbenfabrikanten Gustav Siegle von Adolf Gnauth entworfen wurde. Das Gebäude, ebenfalls im Stil der italienischen Renaissance, stand allerdings weit von der Straße zurückversetzt am Hügel der Karlshöhe in der Reinsburgstraße 39. 1944 wurde es bei einem Fliegerangriff zerstört, die Ruine 1953 abgetragen.

Zur Planung der Villa reisten Siegle und Gnauth nach Italien. Am Comer See sind die beiden fündig geworden, die dort stehende *Villa Carlotta* wurde zum Vorbild. Die Fassaden, insbesondere die Straßenfassade, lebten von einer klaren, ausgewogenen Gliederung. Sehr anschaulich sind viele Elemente

der italienischen Renaissance am Gebäude umgesetzt worden: das rustizierende Sockelgeschoß, das umlaufende Friesband am Mezzanin des Gebäudes, das Palladiomotiv[4]. Atlanten trugen die Konsolen der Balkone, und hohe, schlanke Fenster, axial angeordnet, setzten vertikale Rhythmen. Die klare Gliederung der Hauptfassade fand sich in den Grundrissen des Erd- und Obergeschosses wieder. Die Eingangssituation war, da von zentraler Bedeutung für den ersten Eindruck, sehr repräsentativ angelegt: Der Besucher betrat das Gebäude im Untergeschoß und wurde in ein größeres Vestibül geführt. Daran schloß sich eine Halle mit Treppe an, über die man in das »Erdgeschoß« (eigentlich das Hochparterre) mit den Gesellschaftszimmern gelangte.[5] Allein das Erdgeschoß war durch die Größe und Funktionen seiner Räume schon sehr eindrucksvoll – es gab ein Wohnzimmer, einen Speisesaal und ein kleineres Eßzimmer, eine Bibliothek, einen Billardraum und zwei Salonräume.

Eine der ältesten Unternehmervillen entstand 1867 in Friedrichshafen am Bodensee. Das Haus des Schweizer Lederfabrikanten Hans Heinrich Hüni wurde noch in unmittelbarer Nachbarschaft zum Werk gebaut. Der verhältnismäßig schlichte Bau zeigt an einzelnen Stellen zur Belebung kunstvolle Konstruktionen aus Gußeisen (links ein Detail des Balkongeländers).

Am nördlichen Bodenseeufer entwickelte sich der Villenbau im Gegensatz zu Stuttgart, wo die aufkommende Industrialisierung in der zweiten Hälfte des 19. Jahrhunderts eine entscheidende Rolle gespielt hatte, nur langsam. Anfangs entstanden überwiegend Sommer- oder Altersresidenzen von auswärtigen Bauherren, die von Architekten aus dem Umfeld ihres Hauptwohnsitzes entworfen worden waren. Nur in Überlingen und Friedrichshafen, wo sich am frühesten ein neues Industriebürgertum angesiedelt hatte, findet man Villen von einheimischen Architekten aus dieser Zeit. Die Mehrzahl der noch heute existierenden Gebäude wurde erst zwischen 1900 und 1910 gebaut.

Eine der ältesten Fabrikantenvillen ist die Villa Hüni. Sie wurde 1867 für den Schweizer Lederfabrikanten Hans Heinrich Hüni erbaut. Direkt in Nachbarschaft zum Werk gelegen, hob sie sich nur durch ihren hellen Verputz, ihre Höhe und durch den sie umgebenden Park von ihrer Umgebung ab. Sie ist, wie viele später entstandene Villen, mit ihrer Schauseite dem See zugewandt. Das zweieinhalbgeschossige Haus mit Walmdach und Mezzanin wirkt verhältnismäßig schlicht. Der in sich geschlossene Baukörper wird nur durch einen gering vorspringenden Mittelrisalit mit Dreiecksgiebel etwas aufgelockert. Die strenge, klare vertikale Gliederung der Fassaden, hervorgerufen durch die Axialität der Fenster, sowie die Symmetrie verweisen auf klassizistische Formvorstellungen. Einzig an den Balkongittern der weit auskragenden Balkone der Seefassade, an der Eingangsüberdachung, den Schutzgittern vor den Treppenhausfenstern und der Bekrönung des Walmdaches wurden kunstvolle Konstruktionen aus Gußeisen zur Belebung gesetzt. Sie sind ein Hinweis für die Aufgeschlossenheit des Bauherren gegenüber einem damals neuartigen Material und dem technischen Fortschritt. [6]

Die Nähe zu den Produktionsstätten war für die Lage der Villa Laiblin in Pfullingen (Kreis Reut-

Oskar Merkel, Mitinhaber der Kammgarnspinnerei Merkel & Kienlin in Esslingen, ließ sich zwischen Fabrikgelände, Eisenbahnlinie Stuttgart–Ulm und Neckar eine an Renaissancevorbildern orientierte Villa bauen. Die Gliederung der Eingangsfassade durch einen Portikus mit toskanischen Säulen wird an der Gartenseite durch einen polygonalen Standerker mit Rundbogenfenstern und Säulenvorlagen aufgenommen.

lingen) ebenfalls wichtig. Die Villa in der Klosterstraße 82 wurde 1872 von dem Reutlinger Architekten Hermann Zwißler[7] für den Papierfabrikanten
und späteren Kommerzienrat Ernst Louis Laiblin
gebaut. Allerdings hat der Bauherr bewußt darauf
geachtet, Distanz zur Fabrik zu halten.

Die Villa war ein neuer Bautypus im Wohnhausbau von Pfullingen: ein zweieinhalbgeschossiges,
verputztes Wohnhaus mit einem höheren Mittelrisalit, der an der Straßenfassade von je zwei über-
einander angeordneten Loggien flankiert wird.
Deutlich wurden Formen der italienischen Renaissance verwendet: vertikale Fensterachsen kontra-
stieren zu den umlaufenden, horizontalen Gesims-
bändern, auf denen die hohen Fenster aufsitzen;
ebenso werden die Risalite jeweils von aufgelegten
Eckpilastern eingefaßt. Ein mediterraner Charakter
wird durch die Loggien vermittelt, die im Innern
mit ornamentalen Wandfresken geschmückt sind –
eine besondere Kostbarkeit der Villa.

Um den repräsentativen Außeneindruck im
Innern weiterzuführen, ist besonders das Treppenhaus als Entrée aufwendig gestaltet. Preßbrokat-
Tapeten, geschnitzte Holzgeländer und Lünetten-
bilder sowie Ornamente im Dekor der Jahrhundertwende an der Unterseite der Treppenläufe in zarten
floralen Motiven bestimmen den Eindruck. Doch
der Hauptblickfang ist die Fensterlünette über dem
Hauseingang in leuchtenden Farben. Hier ist das
Familienwappen der Laiblins selbstbewußt in
Beziehung zu einem »heiligen Hain« mit antikisie-
render Herme und zu einer aufragenden, mittelalterlichen Burg im Hintergrund gesetzt worden.

Die Villa ist in zwei Wohnbereiche aufgeteilt.
Insbesondere die Ausstattung der Wohn- und
Schlafräume und der Diele in der Wohnung im
Hochparterre hat sich erhalten, ebenso die Zim-
merdecken mit Stuckdekor im nachempfundenen
Stil des Rokoko. Die Innengestaltung verweist
durch ihre Formensprache deutlich auf die Zeit
Ende des 19. Jahrhunderts. Die Villa gehörte

damals dem Sohn des Bauherrn, dem Privatier
Louis Laiblin, der sein Haus in der Raumgestaltung
dem Zeitgeschmack anpaßte, ohne repräsentierende
Verpflichtungen berücksichtigen zu müssen.[8]

Im Nachbarort Reutlingen entstanden, ebenso
im Zuge der Industrialisierung, prächtige Wohngebäude, so auch in der Gartenstraße, die am Rand
der historischen Altstadt liegt. Dort ließ sich Kommerzienrat Louis Bantlin, Inhaber der Lederfabrik
Johann Martin Bantlin in Reutlingen, 1873 eine
Stadtvilla von Architekt Felix von Berner bauen.
Er hatte nicht nur als Fabrikant, sondern auch als
späterer Vorsitzender der Handels- und Gewerbe-
kammer Repräsentationspflichten, so daß er ein
angemessenes Wohnhaus benötigte. Der zwei- bis

Die Villa Kienlin in der Esslinger Mörikestraße verweist in ihrer reduzierten Formensprache schon auf die Moderne des 20. Jahrhunderts. Das zweigeschossige Gebäude mit Mansardwalmdach hat bis auf einen halbrunden Standerker im Erdgeschoß eine eher flächige Fassade.

zweieinhalbgeschossige, geschlossene Baukörper mit Mansardwalmdach präsentiert sich formal sehr zurückhaltend, nüchtern, eher in traditionell gehaltener klassizistischer Formensprache. Die axialen Fenster sitzen im 1. Obergeschoß auf einem umlaufenden Gesimsband auf. Die symmetrische, der Gartenstraße zugewandte Fassade hat als Mittelbetonung einen gering zurücktretenden Risaliten mit Balkon im 1. Obergeschoß und enge Fensterstellungen in allen Stockwerken.[9]

Ähnlich wie bei der Villa Hüni in Friedrichshafen und der Villa Laiblin in Pfullingen findet sich in Esslingen bei der Villa Merkel die Verknüpfung von privater Sphäre und Berufsfeld, die sich in der Standortwahl des Wohnhauses in der Nähe der eigenen Produktionsstätte zeigt. Fabrikant Oskar

Merkel, Mitinhaber der Kammgarnspinnerei
Merkel & Kienlin und seit 1869 Geschäftsführer,
ließ sich 1873 vom Stuttgarter Architekten Otto
Tafel eine an Renaissancevorbildern orientierte
Villa bauen. Auffallend ist ihre Lage auf dem
Grundstück an der Fabrikstraße zwischen Indu-
striegelände, Eisenbahnlinie Stuttgart–Ulm und
Neckar. Vom Haus aus konnte man, je nach Raum,
entweder die Bahnlinie oder den Garten, im Stil
eines englischen Landschaftsgartens angelegt, und
die bewaldeten Hänge des Neckarufers sehen.
Hierin spiegelt sich die Selbstverständlichkeit, mit
der die Fabrikanten die Nähe zum industriellen

Die Villa Mayer in der Ellwanger Freigasse mit Mansardwalmdach und symmetrischer Fassade wird an der Eingangsseite
durch einen Risalit mit geschwungenem Barockgiebel betont.
Die Bekrönungen und Umrahmungen der Fenster erinnern an
Rokokoformen, die flächige Fassade und die Eckbetonungen
zeigen Elemente des Klassizismus.

Der Salon im Obergeschoß zeigt ein Originaldeckenfresko aus dem 18. Jahrhundert und
stilistisch angepaßte Möbel. Auf der linken Seite
die Eingangshalle mit Säulenportikus.

Arbeitsplatz und eine repräsentative Privatheit
miteinander zu verbinden suchten.

Die Begeisterung des Bauherren für technische
Neuerungen zeigt sich in der Verwendung von
Beton als Baumaterial, wodurch die Villa zu einem
der ersten aus diesem Werkstoff errichteten Wohngebäude in Süddeutschland wurde. Diese Begeisterung findet sich aber auch in der Glas-Eisen-
Konstruktion als Abdeckung über dem Lichthof,
der zentralbefeuerten Warmluftheizung, in dem
elektrischen Telegraphen, in der Badeeinrichtung
mit Röhrenleitung, einer Badewanne aus Zink
und einem Gasofen.[10]

Das zweieinhalbgeschossige Gebäude mit flachem Walmdach und symmetrischen Fassaden wird
an der Eingangsseite durch einen Mittelrisalit betont
und hat in der Mittelachse einen Eingangsportikus
mit eingestellten toskanischen Säulen beziehungs-
weise Pfeilern. Die Akzentuierung und Gliederung
der Eingangsfassade wird an der Gartenseite durch
einen polygonalen Standerker mit Rundbogenfenstern und Säulenvorlagen an den Kanten aufgenommen. Schon durch die aufwendigere Fassadengestaltung im Erdgeschoß wird von außen die Lage
der repräsentativen Räume, die belétage, ablesbar.
Den Mittelpunkt der Villa bildet eine zweigeschossige, rechteckige Eingangshalle, umrahmt von
Rundbogenarkaden auf ionischen Säulen, im Obergeschoß als Galerie mit Kompositsäulen ausgebil-
det. Sie erhält durch ein verglastes Dach Tageslicht.
Aufwendige Ausstattungsdetails, wie der geo-
metrisch-ornamentale Mosaikfußboden oder die
Geländerbrüstung im Obergeschoß, verweisen
ebenfalls auf die zentrale, repräsentative Funktion
des Vestibüls.

Besonders in dieser Eingangshalle kann man
sehen, wie die italienischen Renaissancevorbilder
aufgegriffen und für die Wohnbedürfnisse in der
2. Hälfte des 19. Jahrhunderts mit ihren andersarti-
gen klimatischen Gegebenheiten verändert wurden.
Zweigeschossige Innenhöfe mit Arkaden gehörten

fast unabdingbar zum Bestandteil italienischer Palazzi und Klosteranlagen. Doch im Gegensatz zur Villa Merkel sind diese Hofräume ohne Überdachung. Anscheinend wollte Otto Tafel die unverwechselbaren Raumerlebnisse italienischer Innenhöfe nach Esslingen bringen. Tafel löste das klimatische Problem mit dem bis dahin bei Villen ungewöhnlichen Glasdach. Der Eindruck des offenen Himmels wird durch die bewußt akzentuierte Farbgebung noch verstärkt: das schwarz-weiße Erdgeschoß mit dunklem Mosaikboden und schwarz marmorierten Säulen geht in die weißgetünchte Obergeschoßzone über.[11]

Kennzeichen vieler Villen dieser Zeit sind Fassadengestaltungen mit italienischen Renaissanceformen – Hinweis darauf, daß von bürgerlicher Seite Traditionen aufgegriffen wurden, um eigene Positionen zu begründen und zu verfestigen. Vor allem wurden Epochen mit angeblich ausgeprägtem bürgerlichem Charakter, wie die Renaissance, rezipiert.[12]

VON 1875 BIS 1900: OSTWÜRTTEMBERG UND NORDÖSTLICHER BODENSEE

Die bisher beschriebenen Villen waren Neubauten, die Villa Mayer in der Ellwanger Freigasse 9 ist das Resultat eines Aus- und Umbaus. Sie geht auf ein Ende des 18. Jahrhunderts errichtetes Wohngebäude zurück, das anfangs eher den Charakter eines kleinen Landhauses oder aufwendigeren Gartenhauses hatte, bis es 1837 zu einem gehobenen Wohnhaus ausgebaut wurde. Danach wechselten die Besitzer und Bewohner häufig. Das Haus erlebte fürstpröpstliche Beamte, einfache Bürger und Handwerker und sogar einen Fabrikationsbetrieb für Blechspielzeug.

Das heutige Aussehen geht auf die Umgestaltung in den Jahren 1875/76 durch Sophie Kurz zurück, seit 1874 die neue Besitzerin des Villengrundstücks.

Die Witwe des Großkaufmannes Heinrich Kurz stammte aus einer alteingesessenen Ellwanger Familie, jedoch lebte sie später aus familiären Gründen in Odessa. Erst 1865, fünf Jahre vor dem Tod ihres Ehemannes, kehrte sie nach Ellwangen zurück.

Das zweigeschossige Haus mit Mansardwalmdach und symmetrischen Fassaden wird an der Eingangsseite durch einen Risalit mit geschwungenem Barockgiebel betont. Fensterbekrönungen in Festornamentik und die weiß abgesetzten Fensterumrahmungen sowie die Dachform erinnern an Formen des Rokoko, während die eher flächige Fassade, der geschlossene Baukörper, die Pilaster der großen Ordnung als Wandvorlagen und die Eckbetonungen Elemente des Klassizismus darstellen. Der repräsentative, festliche Fassadeneindruck wird im Innern durch eine Eingangshalle mit Säulenarkaden weitergeführt. Besonders erwähnenswert ist der Salon im Obergeschoß mit einem Originaldeckenfresko aus dem letzten Viertel des 18. Jahrhunderts und stilistisch angepaßtem Mobiliar.[13]

In den folgenden Jahren veränderte sich die Fassaden- und Grundrißgestaltung der Villen. Eine eindeutige stilistische Zuordnung auf historische Epochen ist nicht mehr erkennbar, Mischformen entstehen, und verschiedenste Elemente und Formen werden je nach Geschmack des Bauherrn und Architekten kombiniert.

Auch in Heidenheim an der Brenz bauten sich in den achtziger Jahren Fabrikanten als Ausdruck ihres Selbstverständnisses und ihres Selbstbewußtseins neue Villen. Am Stadtrand, in der Plouquetstraße 24, ließ sich Georg Joos 1885/86 von dem Stuttgarter Architekturbüro Eisenlohr und Weigle eine Villa bauen. Joos war der Schwiegersohn von Christoph Friedrich Plouquet und Mitinhaber der gleichnamigen Textilfirma. Die Herstellung von Stoffen, insbesondere von Leinen und Leinwänden, geht in Heidenheim mindestens bis in das 14. Jahrhundert zurück, da sich die Gegend am Fuße der

nordöstlichen Schwäbischen Alb für den Flachs-
anbau eignete. Im 19. Jahrhundert wurde durch den
Import von Baumwolle die fabrikmäßige Herstellung von Textilien möglich. Die ersten mechanischen
Webstühle in Deutschland standen hier (1828).

Mit dem Büro Eisenlohr und Weigle hatte Georg
Joos ein damals noch junges Architekturbüro engagiert. Ludwig Eisenlohr und Karl Weigle führten
seit 1877 das gemeinsame Architekturbüro in Stuttgart und etablierten es in den Folgejahren dort als
eines der großen Büros.[14]

Der heute gebräuchliche Name Villa Walden-
maier für die Villa von Georg Joos geht auf den
Fabrikanten Josef Waldenmaier zurück, der die
Villa 1910 kaufte. Inzwischen gehört sie der Stadt,

Die Villa Waldenmaier in Heidenheim an der Brenz
mit ihrer Eingangsfassade in Ziegelsteinsichtmauerwerk und flachem Walmdach ist durch einen
sechseckigen Erker und einen breiteren Vorbau
im Obergeschoß asymmetrisch unterteilt.

die sie 1984/85 grundlegend renovieren ließ; seit
1979 steht das Haus unter Denkmalschutz.[15]

Die Eingangsfassade des zweigeschossigen
Gebäudes in Ziegelsteinsichtmauerwerk mit flachem Walmdach erscheint etwas unruhig. Durch
einen sechseckigen Erker und einen breiteren
Vorbau im Obergeschoß ist sie asymmetrisch
unterteilt. Ein Gesimsband trennt die Geschosse
optisch voneinander, unter dem Dach verläuft ein
Fries. Die eigentlich flächige Fassade wird durch
Eckeinfassungen und Fensterumrahmungen in
rötlichem Ziegelmauerwerk untergliedert.

Wenig später entstand in der Nähe der Villa
Waldenmaier die Villa Ebbinghaus in der St. Pölte-
ner Straße 33. Im Jahr 1887 baute Max Ebbinghaus,
Schwiegersohn von Simon Schäfer und Mitinhaber
der Zigarrenfabrik »Gebrüder Schäfer«, eine zweieinhalbgeschossige Villa mit flachem Walmdach.
Der etwas höhere Sockel in rustizierenden Putz-
bändern, das Hochparterre in rustizierenden röt-
lichen Bossenquadern, das Obergeschoß in hellem
Ziegelmauerwerk und das gelbe Konsolsimsband,
das die geringe Dachauskragung trägt, vermitteln
einen schlichten, aber lebhaften, eleganten Eindruck. Die symmetrische Hauptfassade wird durch
einen gering vorspringenden Risalit und Eckeinfassungen in der Mitte betont, ein sechseckiger
Erker mit Balkon im ersten Obergeschoß unterstützt diesen Akzent. Deutlich ist das erste Obergeschoß als *belétage* an der Fassadengestaltung
zu erkennen.

Ein weiteres Beispiel aus der Region ist die Villa
Hähnle in Giengen an der Brenz. Sie wurde 1895
von dem Ulmer Architekten P. Kienzle für Melchior
Hähnle gebaut, bis 1874 Teilhaber an der Fabrik
seines Bruders Hans, der die deutsche Filzindustrie
in Giengen begründet hatte. Melchior Hähnle hat
»gerne aufwendig gebaut«, wie es in der Literatur
heißt. Deshalb kam er in finanzielle Schwierig-
keiten, so daß ihm sein Bruder Hans finanziell helfen mußte und 1904 die Villa übernahm.

Das eher blockhafte, zweigeschossige Gebäude mit Mansardwalmdach lebt von einem umlaufenden, farblich von der Fassade abgesetzten Band zwischen Erd- und Obergeschoß. Ebenso sind die Fenster im gleichem Farbton von der Fassade abgesetzt. Die Gartenfassade (Südseite) des Hauses unterteilt sich in einen hohen Risalit mit Schopfwalmdach und Zierfachwerk im Giebel und in einen schmalen, hohen Turm mit geschwungenem, pagodenförmigen Dach. Der Risalit hat als Akzent im Obergeschoß einen Zierbalkon mit schmiedeeisernem Gitter und zwei bleiverglaste Fenster mit farbigen Jugendstilmotiven. Im Innern ist die Villa von einem Treppenhaus mit breiter Treppe und aufwendig gedrechseltem Geländer geprägt. Erfreulicherweise hat sich die Innenausstattung erhalten, so im Erkerzimmer des Obergeschosses die Ausstattung im Stil der Neorenaissance, während das Balkonzimmer auf demselben Stockwerk und andere zum Garten gelegene Zimmer in Formen des Jugendstils gestaltet sind.[16]

Ebenso wie die Villa Mayer in Ellwangen hat das sogenannte »Schlössle« in Kreßbronn am Bodensee in der Seestraße 20 eine längere Geschichte. Ursprünglich stand an dieser Stelle ein kleines Landgut. Nach Abriß der Gebäude 1876/77 wurde dort eine »Villa mit Turm« nach Plänen der Berliner Architekten August Orth und Edmund Knoblauch für den neuen Besitzer des Grundstückes, den Juristen Dr. Otto Bohlmann, im ländlichen Villenstil der »Berliner Schule« errichtet. Sie bestand aus einer Kombination von eher klassizistischer Turmvilla und Elementen im Schweizer Stil. 1896 kaufte der Überseekaufmann Karl Heisler das Anwesen und baute das Villengebäude großzügig um.

Das zweigeschossige Gebäude bekam ein Satteldach und einen hohen Turm in klassizistischen Formen. Die Eingangsfassade mit Mittelbetonung durch einen zweigeschossigen Erkervorbau und Balkon im Giebelbereich hat im Erdgeschoß eine Putzbandfassade. Die Ecken werden von Profil-

steinen eingefaßt. Im Hochparterre lagen die Wohn- und Gästezimmer sowie ein Saal. Die Küche und andere Wirtschaftsräume sowie die Zimmer für die Dienerschaft befanden sich im Untergeschoß, während es im Obergeschoß weitere Schlafräume gab. Die Villa war mit wertvollen Möbeln und Teppichen ausgestattet. Dem Park widmete Heisler große Aufmerksamkeit, da er sich für Gartenanlagen besonders interessierte. Belvedere-Loggia und spitzes Turmdach bestehen heute nicht mehr, so daß der Turm die Villa heute nur wenig überragt.[17]

Das Obergeschoß der Villa Ebbinghaus in Heidenheim mit ihrem sechseckigen Erker und Balkon ist an der Fassadengestaltung als BELÉTAGE zu erkennen.

DIE JAHRHUNDERTWENDE

Ebenfalls im Schweizer Stil, jedoch später als das »Schlössle« in Kreßbronn, entstand die 1900 gebaute Villa Amann in Bönnigheim. Alfred Amann jun., der jüngere Sohn des Gründers und Besitzers der 1882 gegründeten Nähseidenfabrik Amann & Söhne in Bönnigheim, ließ sie sich von dem Schweizer Architekten Jaques Gros errichten. Das zweieinhalbgeschossige Gebäude mit teilweise holzverschalten Fassaden, einem Turm mit Zeltdach und

An der Stelle eines kleinen Landguts entstand 1876/77 in Kreßbronn am Bodensee eine »Villa mit Turm«, die zwei Jahrzehnte später großzügig umgebaut wurde. Das zweigeschossige »Schlößle« bekam ein Satteldach und einen hohen Turm in klassizistischen Formen, der ohne sein spitzes Dach die Villa heute nur noch wenig überragt. Dem Garten widmete der neue Besitzer große Aufmerksamkeit.

schmalen Balkonen in beiden Stockwerken lebt von den unterschiedlich weit vor- und zurückspringenden Baukörpern. Die axial angeordneten Fenster und die farblich von der Fassade abgesetzten Fenstereinfassungen vermitteln einen lebhaften, abwechslungsreichen, landhausartigen Eindruck. Das Gebäude ruht auf einem Sockel in Sichtmauerwerk.

Assoziationen an Chalets in den Alpen werden geweckt. In der Tat hatte der Bauherr einen Architekten beauftragt, der ausschließlich Gebäude im Schweizer Chaletstil gebaut hatte. Vorbild für diese Villa im Landhausstil war die »Villa la Planta« in St. Moritz, die Alfred Amann dort gesehen hatte, als er in der Gegend zur Jagd weilte. Im Inneren des Hauses dominieren, ganz typisch für den Zeitgeschmack der Entstehungszeit, Jugendstilelemente das Erscheinungsbild. Zum Beispiel ist der Treppenhausbereich mit floralen Wandmalereien geschmückt, und ein großes Fenster mit Jugendstilornamenten prägt den ersten Eindruck. Bis

Im Schweizer Stil entstand im Jahr 1900 für den Besitzer der Nähseidenfabrik Amann & Söhne in Bönnigheim ein zweieinhalbgeschossiges Gebäude mit teilweise holzverschalten Fassaden, einem Turm mit Zeltdach und schmalen Balkonen in beiden Stockwerken (rechte Seite). Im Innern der Villa Amann beherrschen Jugendstilelemente das Erscheinungsbild. Das Treppenhaus ist mit floralen Wandmalereien geschmückt, ein großes Fenster zeigt Ornamente im Jugendstil.

in die Zeit des Zweiten Weltkrieges lebte die Familie von Alfred Amann und seine Nachkommen in diesem Gebäude.[18]

Landhausartige Gebäude mit Holzverschalungen, Sichtfachwerk und Holzbalkonen, aber auch mit Turmanbauten entstehen nun in den verschiedensten Orten, besonders in den grünen Randgebieten der Städte, wie in Stuttgart-Degerloch, oder auch in Ausflugsgegenden, wie dem Bodensee.

Auch die Villa Franck oberhalb von Murrhardt wurde als Sommersitz gebaut, sie präsentiert sich allerdings in neobarockem Stil, während im Innern die Räume zeittypisch in Jugendstil gestaltet sind. Sie wurde in den Jahren 1905 bis 1907 von dem Stuttgarter Architekturbüro Schmohl und Stähelin

Außenansicht der verschneiten Villa Franck
in Murrhardt mit barocker Treppenanlage.

für den Ludwigsburger Zichorienfabrikanten
Robert Franck erbaut. Murrhardt war der Geburtsort von Martha Franck, geb. Seeger, der Ehefrau
von Robert Franck.

Dreigeschossig mit Mansardwalmdach und grob
bossiertem Kalktuffsockel, steht die Villa imposant
am Hang. Unter ihr erstreckt sich ein Teil der
Gartenanlage. Die dem Tal und Murrhardt zugewandte Seite ist als Hauptfassade besonders eindrucksvoll gestaltet. Sie wird in ihrer Mitte von
einem konvex vorspringenden, aufragenden Mittelrisalit mit geschwungenem Giebel akzentuiert.
Eckeinfassungen und senkrechte Fenstereinfassungen mit aufgelegten, breiten, bossierten Lisenen
untergliedern mit den Fensterachsen und den Dachhäuschen die Fassade. Der barocke Außeneindruck
wird durch die Treppenanlage verstärkt, die vom
Gebäude in den Garten hinunterführt. Franck hatte
die Zichorienfabrik »Heinrich Franck und Söhne«
zu der führenden Ersatzkaffee-Fabrik Europas
gemacht, so daß er sich für seine »Sommervilla«
schlichtweg alles gönnen konnte. Die Villa mit
ihren 42 Räumen wurde mit allen technischen
Errungenschaften ausgestattet, die es damals zur
Steigerung der Wohnqualität gab. So versorgte ein
Generator Villa und Park mit Strom, eine Dampf-
zentralheizung speiste 65 Heizkörper, eine kleine
Kokerei produzierte Gas. Eiskeller, Klimaanlage,
Spülklosett mit eigener Kläranlage und eine eigene
Wasserleitung gab es, dazu eine Telefon- und Tele-
grafieanlage.[19]

Diese Ausstattung mit jeglichen technischen
Neuerungen erinnert an die Villa Merkel, die gut
drei Jahrzehnte Jahre früher entstanden und die
von ihrem Besitzer Oskar Merkel ebenfalls mit den
damals neuesten technischen Finessen ausgestattet
worden war. Mit dem seit 1898 bestehenden Büro
von Paul Schmohl und Georg Stähelin hatte Robert
Franck ein renommiertes Architekturbüro beauftragt, das in Stuttgart viele Villen und Einfamilienhäuser in dieser Zeit gebaut hat.[20]

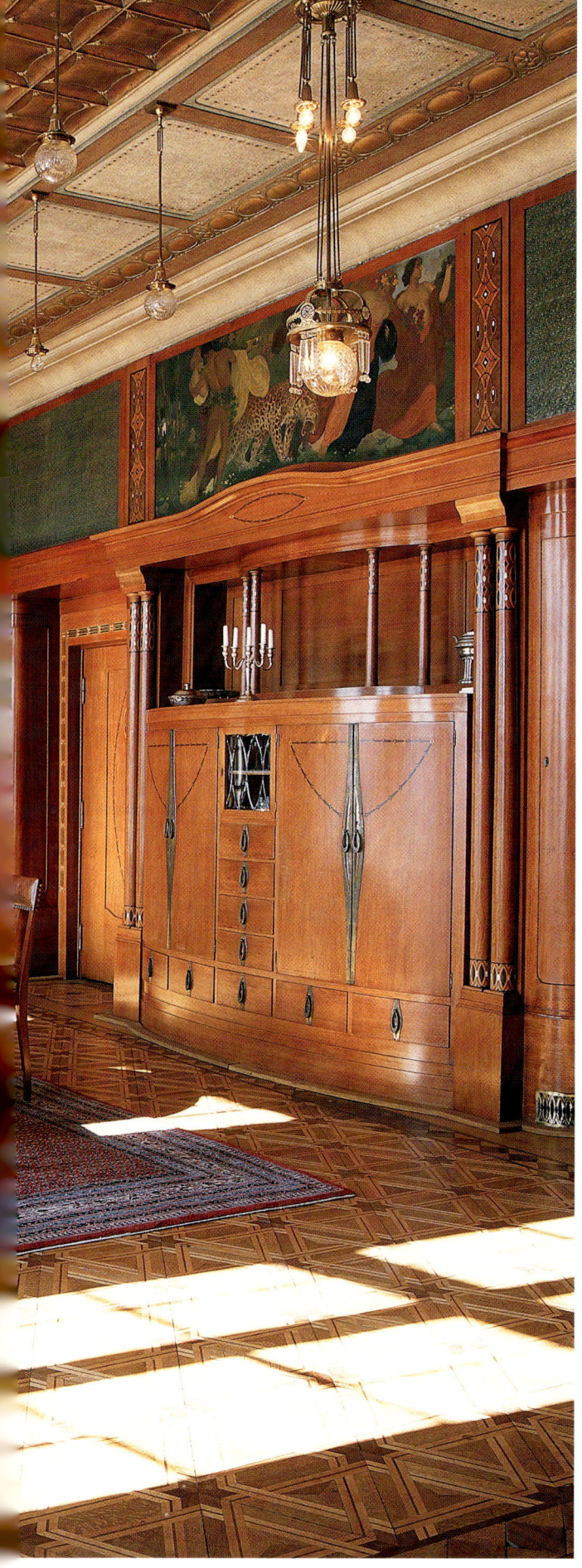

Die Villa Franck, 1905 bis 1907 vom Stuttgarter Architekturbüro Schmohl und Stähelin für den Ludwigsburger Zichorienfabrikanten Robert Franck als Sommersitz in Murrhardt erbaut, präsentiert sich von außen in neobarockem Stil. Imposant am Hang gelegen, erstreckt sich unter ihr ein Teil des Gartens, durch den eine große Treppenanlage zu dem dreigeschossigen Gebäude führt (vorherige Doppelseite).

Im Innern ist die Villa vom Jugendstil geprägt. Ihre 42 Räume wurden mit allen technischen Errungenschaften der Zeit wie Zentralheizung und Klimaanlage, Spülklosett und Telefonanlage ausgestattet, Garten und Haus von einem Generator mit Strom versorgt.

Seit dem Jahr 2000 werden die Räume in einer Mischung aus anspruchsvoller Gastronomie und kulturellen Veranstaltungen genutzt. Das architektonische Juwel wird schrittweise restauriert.

Das Wohnhaus Gminder in Fischbach am Bodensee, 1907/08 von dem Architekten Theodor Fischer für den Fabrikanten Emil Gminder aus Reutlingen entworfen, ist ebenfalls als Ferien- und Sommerhaus gebaut worden, allerdings wesentlich schlichter und weniger prunkvoll als die Villa Franck in Murrhardt oder die Villa Amann in Bönnigheim. Das eingeschossige Gebäude mit weit heruntergezogenem, steilem Schopfwalmdach und flächigen Fassaden wirkt von außen blockhaft. Die symmetrische Gartenseite hat einen vorgewölbten Mittelbau, in dem im Erdgeschoß ein großer Gartensaal und im ebenfalls konvex gekrümmten Giebelhäuschen mit Dachhaube ein geräumiges Zimmer gelegen ist. Das Haus zählte zu den ersten Landhäusern am nördlichen Bodensee, bei denen mit der historischen Formgebung gebrochen wurde. Die Wirtschaftsräume lagen separat in einem Seitenflügel, und das Wohnhaus mit Nebengebäuden wurden so geplant, daß es sich harmonisch in das Gelände einfügte. Gminder ließ geschwungene Kieswege, aber auch eine axial auf den Hauseingang zuführende Lindenallee anlegen. Das Haupthaus wurde einer axialsymmetrischen Grundordnung unterworfen: Allee, zentraler Eingang, Halle, Gartenzimmer, Terrasse und der bis zum Seeufer führende Gartenweg bildeten eine Achse.

Die landschaftliche Einbindung war dem Architekten sehr wichtig, genauso wie die Grundrißgestaltung, die von geschlossenen Flächen, kalkulierten Blickachsen und sorgfältiger Lichtführung geprägt war. Fischer erweist sich darin als Vorläufer der Architektur des 20. Jahrhunderts: ganzheitliche Gestaltung, individuelle Anpassung der Architektur

Der Stuttgarter Architekt Theodor Fischer baute nicht nur das Wohnhaus des Fabrikanten Emil Gminder in Fischbach am Bodensee, sondern auch die Arbeitersiedlung Gmindersdorf bei Reutlingen für die Firma Ulrich Gminder. Links zwei Beispiele von Siedlungshäusern.

an die Umgebung und die Öffnung der Räume zum Außenraum. Diese modernen Merkmale wurden aber durch traditionelle, eher repräsentative Motive ergänzt, wie die »barocke« Achse Zufahrt-Eingang-Halle-Gartensaal oder der Säulenportikus, die Kuppel und die Allee.

Theodor Fischer war mit Gminder beruflich eng verbunden, da er für ihn nicht nur ein Jahr früher dessen Wohnhaus in Reutlingen umgebaut hatte, sondern auch seit 1903 für die Firma Ulrich Gminder die Arbeitersiedlung Gmindersdorf bei Reutlingen baute.[21]

Das Haus Colsman in Friedrichshafen, Am Maybachknoten, wurde 1909/10 vom Stuttgarter Architekturbüro Bonatz und Scholer für die Luftschiffbau-Zeppelin GmbH errichtet. Dieses Architekturbüro baute später ebenfalls für die Luftschiffbau-Zeppelin GmbH die Arbeitersiedlung »Zeppelindorf«. Paul Bonatz war nach seinem Studium in München bis Ende 1901 bei Theodor Fischer am Stadtbauamt München tätig. Von 1902 bis 1906 war er Assistent von Fischer an der TH Stuttgart und wurde 1908 sein Nachfolger als Professor für Entwerfen und Städtebau. Seit 1910 arbeitete er mit seinem Studienfreund Friedrich Eugen Scholer zusammen. Aufgrund der engen Kontakte zwischen Bonatz und Fischer erstaunt es nicht, formale Vorstellungen von Fischer im Werk von Bonatz und Scholer wiederzufinden, zum Beispiel die Grundrißgestaltungen, die Orientierung am Lichteinfall oder auch die Öffnung der Räume nach außen.

Das Haus für Direktor Alfred Colsman lag direkt neben den Zeppelin-Werken und ist ein zweieinhalbgeschossiges Gebäude mit hohem, steilem, geschlepptem Walmdach. Die symmetrische Gartenseite (nach Südwesten) erhält eine Mittelbetonung durch den konvex ausschwingenden, eineinhalbgeschossigen Standerker und die breiten Frontgiebel. Deutlich wird das Erdgeschoß durch die hohen, stehenden Fenster und den gerundeten

Erker als *belétage* gekennzeichnet. Ein umlaufendes Gesimsband mit aufsitzenden Fenstern des Obergeschosses, Spaliergitter für Pflanzen und Klappläden sind zusätzliche Gliederungselemente der Fassade.[22] Im Grundriß wiederholt sich die klare Gestaltung durch großzügige Raumanordnungen. So halbieren die große Diele und das Wohnzimmer mit ausschwingendem Erker das Erdgeschoß in Eßzimmer und Anrichte auf der einen Seite, während sich in der anderen neben Garderobe und WC das »Zimmer des Herrn« und das »Zimmer der Dame« befinden.

ZURÜCK ZU DEN HISTORISCHEN VORBILDERN UM 1910

Eine Villa, die in der Fassadengestaltung und Baukörperanordnung für den süddeutsch-württembergischen Raum zunächst eher zeituntypisch anmutet, ist die Villa Bosch in der Heidehofstraße 31 in Stuttgart. Sie wurde 1909/10 von dem Stuttgarter Architekturbüro Heim und Früh für den Fabrikanten Robert Bosch gebaut. Das Haus hat eine klassische Fassade, die an Villen oder Palazzi der italienischen Renaissance erinnert. Zudem wecken die Staffelung der einzelnen Baukörper in Höhe und Tiefe wie auch das Formenrepertoire Assoziationen an die Villa Berg des damaligen Kronprinzen Karl von Württemberg, die 1845 bis 1853 in Stuttgart gebaut worden war.

Der hohe Sockel aus grob behauenem Sandstein, das Erdgeschoß in rustizierendem Mauerwerk, die verputzte Fassade der restlichen Geschosse prägen den Eindruck des zweieinhalbgeschossigen Gebäudes. Ein aus dem Baukörper emporwachsender, das Gebäude überragender Turm setzt einen deutlichen Akzent. Die asymmetrische Eingangsfassade wird durch eine Kolonnade mit vier Säulen und die zweiläufige Freitreppe deutlich in der Mitte betont. Die Fenster bilden größtenteils Vertikalachsen und

Robert Bosch, der im Stuttgarter Westen mit einer »Werkstätte für Feinmechanik und Elektrotechnik« begonnen hatte, ließ sich 1909/10 auf dem Stuttgarter Heidehof, fernab seiner Firma, eine Villa bauen, die mit ihrer klassischen Bauform an italienische Renaissance-Palazzi erinnert (oben). Die Familie Bosch übertrug Franz Boeres, der 1905 im Stuttgarter Kunstverein eine Ausstellung präsentiert hatte, nicht nur die Innenausstattung der Villa, sondern auch die bauplastische Gestaltung des Gartens. Die Fotos unten zeigen Elemente davon.

Eine Naturinsel innerhalb der Stadt: Wasser und Steingruppen sind ebenso vorhanden wie exotische Pflanzen. Hierzu passen die verstreuten Architekturelemente wie Pergola, Bänke und Balustraden oder der Steintisch im nördlichen Teil des Parks (nächste Doppelseite), von dem aus sich ein herrlicher Ausblick über Stuttgart zeigt.

beleben durch je nach Geschoß unterschiedliche
Fensterformen und -größen den Fassadeneindruck.
Die Mittelbetonung der Fassade wird im Erdgeschoßgrundriß aufgenommen. Hinter dem Eingang und
einem Vestibül steht man in einer weiten, zweigeschossigen Halle mit einer Galerie im ersten Obergeschoß. Diese Raumverbindung teilt den Grundriß
in Gesellschafts- und Küchenräume. Die Innenausstattung ist in Jugendstilformen ausgeführt.

Der Architekt Jakob Früh, gebürtiger Schweizer, war durch eine ganze Reihe von Arbeiten mit
Robert Bosch eng verbunden, da er nicht nur dessen beide Villen in Stuttgart, sondern auch mehrere
Verwaltungs- und Fabrikgebäude für ihn baute.
Er arbeitete in den Jahren 1902 bis 1913 zeitweise
mit Carl Franz Heim zusammen.[23]

Ein weiteres Stuttgarter Beispiel aus dieser Zeit ist
die Villa Gemmingen in der Mörikestraße 12, erbaut
1910/11 vom Büro Eitel und Steigleder aus Stuttgart
für Freiherrn Fritz Baron von Gemmingen-Hornberg, Hauptmann a. D. und königlicher Kammerherr. Angeblich ließ Gustav Siegle die Villa am Rand
der Karlshöhe für seine Tochter Dora, die Ehefrau
von Baron von Gemmingen-Hornberg, bauen.

Der gebürtige Stuttgarter Albert Eitel war etwa
seit der Jahrhundertwende in seiner Heimatstadt
als Architekt tätig. Von 1906 bis 1912 führte er ein
gemeinsames Büro mit Eugen Steigleder, der Erfahrung im privaten Villen- und Wohnhausbau besaß.
Die Villa Gemmingen wurde in etwas schlichterer
Form eines spätbarocken Lustschlosses gebaut.
Es ist ein zwei- bis dreigeschossiges Gebäude mit
Mansardwalmdach, das, weit von der Straße zurückversetzt, am Hang steht. Garten- und Eingangs-
fassaden sind symmetrisch. Die Gartenfassade
untergliedert sich in einen Mittelrisaliten mit konvex gekrümmtem Vorbau mit Kuppeldach und
in zwei vorspringende Seitenrisalite mit je einer von
Säulen getragenen Terrasse. Hohe, stehende, axial
angeordnete Fenster wechseln sich mit aufgelegten

Die Villa Gemmingen an der Stuttgarter Mörikestraße erinnert, wenn auch in etwas schlichterer Form, an ein spätbarockes Lustschloß. Zurückversetzt am Hang stehend, sind Eingangs- und Gartenfassaden symmetrisch angelegt. Die Gartenfassade gliedert sich in einen Mittelrisalten mit konvexem Vorbau und Kuppeldach und in zwei vorspringende Seitenrisalite mit je einer von Säulen getragenen Terrasse.

Pilastern der großen Ordnung an der Fassade ab. Die Symmetrie findet sich im Grundriß wieder, so wurde auch die Mittelbetonung der Fassade durch die zentrale Lage eines ovalen Salons aufgenommen. Die im Erdgeschoß gelegenen Gesellschaftsräume sind miteinander als *enfilade* verbunden, ursprünglich ein Element aus dem barocken französischen Schloßbau.[24]

Eine andere auf Repräsentation angelegte Villa in Stuttgart ist die Villa Reitzenstein, Richard-Wagner-Straße 15. Sie wurde 1910 bis 1913 von den Architekten Hugo Schlößer und Hans Weirether für Freifrau Helene von Reitzenstein, geb. Hallberger, gebaut. Sie war mit Carl Friedrich von Reitzenstein, Major a. D. und Oberhofmeister der Königin, verheiratet. Als Tochter des Unternehmers und Verlegers Eduard Hallberger war sie Miterbin des von ihrem Vater gegründeten Verlags Eduard Hallberger (ab 1881 Deutsche Verlags-Anstalt). Heute ist die Villa Sitz des Ministerpräsidenten des Landes Baden-Württemberg.

Das zweigeschossige, symmetrische Gebäude mit Mansardwalmdach erinnert stilistisch an Schloß Monrepos, das 1760 bis 1764 erbaute Lustschloß von Herzog Carl Eugen bei Ludwigsburg. Ebenso erinnert es entfernt an die Villa Gemmingen, die zeitgleich auf der anderen Seite des Stuttgarter Talkessels entstand. Die Fassaden sind symmetrisch, haben aber unterschiedlich gestaltete Mittelbetonungen. Insbesondere die Gartenfassade, die auf die Stadt hinunterschaut, und die der Straße zugewandte Fassade sind aufwendig gestaltet. Die Gartenfassade wird durch einen gerundeten Mittelrisalit mit hohem Kuppeldach und ionischen Doppelsäulen der großen Ordnung betont. Die Eingangsfassade wird von zwei Seitenflügeln eingefaßt und durch den in der Mitte liegenden Eingang mit Frontgiebel akzentuiert.

Imposant ist die Eingangssituation: Nach einem längeren Weg durch den Garten betritt man den von Seitenflügeln flankierten »Innenhof« und tritt durch eine Säulenvorhalle in einen Windfang, um in die zentral gelegene Halle mit gerader, vierläufiger Treppe in das erste Obergeschoß zu gelangen. Im Erdgeschoß findet sich, wie bei der Villa Gemmingen, eine Anordnung der Gesellschaftsräume *enfilade*, sowie ein zentral gelegener, ovaler Empfangsraum. Mit dem Architekturbüro Schlößer und Weirether, das seit 1908 bestand, hatte die Bauherrin ein im Villenbau erfahrenes Büro beauftragt.[25]

Auf Repräsentation angelegt ist die Stuttgarter Villa Reitzenstein. Das zweigeschossige Gebäude erinnert stilistisch an das Lustschloß Monrepos Herzog Carl Eugens. Das Gebäude ist auf allen Seiten eindrucksvoll gestaltet, wenn auch mit kleinen Unstimmigkeiten in der Sandsteinfassade. Die Abbildungen auf der linken Seite zeigen eine Zeichnung der Gartenfassade, die auf die Stadt blickt, mit der Kuppel über dem Mittelrisaliten, den Frontgiebel über dem Eingangsportal, und darüber die seitliche Gebäudefassade.

Mehr als vierzig Zimmer und Säle stehen in der Villa Reitzenstein für die Nutzung als Sitzungs- und Repräsentationsräume zur Verfügung. Unten der Gobelinsaal. Auf der rechten Seite links der Runde Saal, darunter die Bibliothek. Rechts oben der Blaue Salon, unten das Eckzimmer.

Auffallend ist, daß sich die Architekten der drei eben geschilderten Beispiele, trotz ihrer Entstehungszeit um 1910, an historischen Vorbildern orientierten, während Bauten wie das Haus Gminder oder die Villa Colsman schon in reduzierter Formensprache entstanden sind, die auf die Moderne des 20. Jahrhunderts verweist. Die Vereinfachung von Formen, die allmähliche Abwendung von historischen Stilen setzt sich noch in der Zeit vor 1914 durch.

Das ist auch bei der Villa Kienlin zu sehen, die in Esslingen in der Mörikestraße 4 vom Architekturbüro Schmohl und Stähelin für Emil Kienlin 1911/12 gebaut worden war. Der Bauherr war Teilhaber der Kammgarnspinnerei Merkel & Kienlin in Esslingen. Das zweigeschossige Gebäude mit Mansardwalmdach und mittelbetonter Gartenfassade hat bis auf einen halbrunden Standerker im Erdgeschoß eine eher flächige Fassade. Es gibt seitlich je einen vorspringenden Risalit mit Walmdach. Die Fassade lebt vom Rhythmus der hohen, stehenden Fenster, die im Obergeschoß auf einem Gesimsband aufsitzen. Im Erdgeschoß befanden sich die Gesellschaftszimmer, im Obergeschoß Privaträume und Gästezimmer, im Souterrain Wirtschaftsräume mit einem Bad für die Dienerschaft, während unter dem Dach weitere Zimmer für Kinder, Gäste und Personal lagen. Wie Oskar Merkel und Robert Franck legte Emil Kienlin viel Wert auf die Nutzung technischer Errungenschaften so gab es eine Dampfheizung für das Haus, eine Waschmaschine, eine Staubsaugeranlage, einen Haustelegraphen. Die Küche war mit einem Gasherd ausgestattet. Es gab herrschaftliche Bäder und eine mit Marmor ausgekleidete gußeiserne Badewanne.[26]

Im Kreis Biberach steht die *Villa Rot* im oberschwäbischen Burgrieden-Rot, Schloßweg 2. Das heutige *Museum Villa Rot* wurde 1912 für Raymund von Fugger, der einer Nebenlinie der Augsburger Fugger entstammte, von dem Architekten Balthasar von Hornstein-Grüningen in barockisierendem Stil erbaut. Es ist ein eineinhalbgeschossiges Gebäude mit Mansardwalmdach. Die symmetrische Gartenfassade wird von einem Erker im Erdgeschoß und Balkon im Obergeschoß sowie einem Frontgiebel in der Mitte betont. Zum Erker führt eine zweiarmige, gekrümmte Treppe empor. Stehende Giebelhäuschen bilden zusammen mit den Fenstern senkrechte Achsen, die den Mittelrisalit einfassen.[27]

Alle hier vorgestellten Häuser erwecken den Eindruck, den die jeweiligen Bauherren nach außen vermitteln wollten, da die jeweilige Formensprache verschiedene ideelle Gehalte in sich trug, die als Zeichen und Signal gesetzt wurden. Weil in den letzten Jahrzehnten des 19. Jahrhunderts die Devise galt, »Stilistisch ist alles erlaubt, was gefällt«, konnte man sich je nach Geschmack bei den einzelnen Baustilen bedienen und im Zweifelsfall auch Stilelemente mischen. Größe wie Raumprogramm der Gebäude waren von der Lebenssituation der jeweiligen Bauherren geprägt. Je nach deren gesellschaftlichem Status wurde eine bestimmte Zahl an Zimmern benötigt. Insbesondere durch die Konzentration der Gesellschaftsräume auf einem Geschoß wird eine Trennung zwischen privaten und öffentlichen Räumen sichtbar.

Interessant ist, daß auch in den kleineren Städten durch die Industrialisierung eine neue Bauherrenklientel aufkam, die ein Interesse am Villen- oder auch Landhausbau entwickelt hat. In fast jeder Stadt des ausgehenden 19. Jahrhunderts zeigten sich Bestrebungen der politischen Entscheidungsträger, meist Männer aus dem Bürgertum, das Einzelhaus mit Garten als ideale Wohnform zu ermöglichen. Das wurde auch von den Baubehörden, unter anderem durch Ausweisen von Baugebieten, nach Kräften gefördert und unterstützt.[28]

Vorfahrt für Staatsgäste: Das Foto zeigt den Eingangsbereich der Villa Reitzenstein, akzentuiert durch die repräsentative Säulenvorhalle und den Frontgiebel.

Erst ab 1880 dürfen »unbescholtene Bürger« gegen Eintritt die Gewächshäuser in dem märchenhaften
Garten der Stuttgarter »Wilhelma« besichtigen, die sich der württembergische König Wilhelm I. 1842
bis 1864 bauen ließ. Die Luftaufnahme zeigt die Lage der Wilhelma in der Nähe von Schloß Rosenstein,
dem Landsitz des Monarchen (in der linken Bildmitte). Oben blühen die Magnolienbäume, die alljährlich
im Frühjahr große Besucherzahlen anziehen.

![Luftaufnahme der Wilhelma und Umgebung]

Schön grün

GÄRTEN DER KAISERZEIT
IN BADEN UND WÜRTTEMBERG

VON ELKE VON RADZIEWSKY

NICHTS NEUES IN SICHT — DIE GARTEN-KUNST IM JAHR DER KAISERKRÖNUNG

Während sich am 18. Januar 1871 Wilhelm I. im Spiegelsaal von Versailles zum Kaiser ausrufen läßt, liegt über weiten Teilen Deutschlands Schnee. In der Stuttgarter »Wilhelma« strecken die Magnolien vorsichtig ihre pelzigen Knospen in die Länge. Sie stehen geschützt in einem Innenhof, umgeben von orientalisch aussehenden Laubengängen. Vor 16 Jahren gepflanzt, haben sie sich aus mageren Reisern zu properen Bäumchen entwickelt – der Stolz einer Sammlung exotischer Gehölze, für die sich der württembergische König 1842 bis 1864 den märchenhaften Garten bauen ließ. Steinerne Fabeltiere wachen an künstlichen Wasserstellen. In breit hingelagerten, im hellen Januarlicht glänzenden Gewächshäusern überwintern Zitrusgewächse. Den Stuttgarter Bürgern bleibt die feudale Pracht noch jahrelang verschlossen. Der König verbirgt seinen aus der Staatskasse bezahlten Luxus. Erst ab 1880 dürfen »unbescholtene Bürger« gegen Eintritt die Gewächshäuser besichtigen.

Gut zwei Wochen nach der Kaiserproklamation, am 4. Februar 1871, stirbt im entfernten Branitz

Hermann Fürst von Pückler-Muskau, ein unverbesserlicher Gartennarr und, wie Heinrich Heine schreibt, der »fashionabelste aller Sonderlinge«. Noch im Jahr zuvor hatte er sich beim Ausbruch des deutsch-französischen Kriegs als Freiwilliger gemeldet. Der Generalstab lehnte die Bewerbung des 85jährigen Greises ab. Und so streckt den alten Herrn, statt, wie gewünscht, ein Hieb auf dem Schlachtfeld, die Grippe zu Hause nieder – Pläne für eine Gartenreise nach Florenz liegen auf seinem Tisch.

Sein gartenkünstlerischer Kontrahent, Peter Joseph Lenné (1789–1866), ist schon fünf Jahre tot, als im Jahr 1871 das Deutsche Reich gegründet wird. Doch sein Erbe, weitergegeben in dem »Lehrbuch der schönen Gartenkunst«, wirkt auf viele Generationen mächtig nach. Ein langjähriger Mitarbeiter, Gustav Meyer, hat es geschrieben. Die nach Meister und Schüler benannte »Lenné-Meyersche Schule« wird zum Synonym für einen Stil, der nach bewährtem Muster geschlängelte Wege, Wiesen, so genannte »clumps«, das sind malerische kombinierte Baumgruppen, und »belts«, mit Sträuchern gestaltete Gehölzränder, in endlosen Variationen wiederholt.

Stauden kommen in diesen Gartenrezepten nicht vor. Die Schüler von Lenné und Meyer schmücken Kurgärten, Rathaus- und Bahnhofsvorplätze mit Beeten, in denen nur einjährige Blumen wachsen. Sie sehen aus wie Tortenstücke, so sehr erinnert das ornamentale Pflanzmuster an die Verzierung eines Kuchens mit Pistazienkernen und glasierten Kirschen.

Auch in dem von Queen Victoria regierten England sehen die Gärten nicht anders aus. Denn noch hämmert Gertrude Jekyll (1843–1932), die zwanzig Jahre später die Gartenkunst mit farbigen Staudenbeeten revolutionieren wird, Silberlöffel, malt Fisch-Stilleben und schreinert Geschirrschränkchen. Mit Leib und Seele hat sich die Achtundzwanzigjährige der »Arts and Crafts«-Bewegung verschrieben. Blumensäen ist nur eine von vielen Leidenschaften der britischen Exzentrikerin. Freunden hilft sie hin und wieder beim Entwerfen ihres Gartens.

MAMMUTBÄUME FÜRS DEUTSCHE REICH: DER EXOTENWALD IN WEINHEIM

Für Christian Freiherr von Berckheim (1817–1889), seit 1863 bevollmächtigter badischer Minister, bedeutet die Gründung des Deutschen Kaiserreiches das Ende der politischen Karriere. Er zieht sich ins Privatleben zurück und widmet sich der Gartenkunst, vielleicht mit ähnlich romantischen Idealvorstellungen wie Fürst Pückler-Muskau, der

seine monumentale Parklandschaft als »sinniges Bild des Lebens unserer Familie oder der vaterländischen Aristokratie« pflanzte. Der Familiensitz der von Berckheims, 1838 gekauft, liegt in Weinheim an der Bergstraße. Schon seit den sechziger Jahren hat Christian von Berckheim die an sein Schloß angrenzenden Grundstücke aufkaufen lassen. Er will seinen Park mit einem neu anzulegenden, pittoresken Wald erweitern.

Mit Eifer stürzt sich der Freiherr in die Arbeit, gliedert 16 Hektar Land in 17 Abteilungen, von denen jede mit einer Baumart bepflanzt wird. Da er weder forstwirtschaftliche noch botanische Kenntnisse besitzt, helfen ihm Gartenbaudirektor Zeyher aus Karlsruhe und sein Kollege Schnittspahn aus dem benachbarten Auerbacher »Fürstenlager«, ein kaum bekannter, noch bestehender wunderbarer Park. Neu an von Berckheims Vorgehen ist, daß er die Teilflächen nicht mit einheimischen Gehölzen und nur an den Rändern mit Exoten bepflanzt, wie es üblich ist, sondern die ganze Abteilung mit letzteren aufforstet – ein teures Vergnügen. Er zieht Alleen durch das Gelände und markiert ihre Kreuzungen mit ausgesucht wertvollen fremdländischen Bäumen. Für Pferdekutschen werden Wege ausgebaut, die an den Waldeingängen Rondelle zum Wenden haben. Fünf malerische Weiher, alle künstlich angelegt, verstärken den romantischen Effekt. Im Wald verteilt er Sitzgruppen mit Tischen und Bänken aus massivem Buntsandstein und benennt sie, als seien es Zimmer im Schloß, mit Namen von Familienangehörigen.

Freiherr von Berckheim investiert Unsummen.
Er läßt die modischen Exoten aus spezialisierten
»Fremdländer-Baumschulen« in Gent und Orleans
und von »Veitch« in Exeter bei London herbeischaf-
fen, entweder als dreijährige Topfpflanze oder
wurzelnackt in Dreier-Bündeln. Um den botani-

Nach der Gründung des Kaiserreichs zieht sich
der badische Minister Christian Freiherr von
Berckheim ins Privatleben zurück und widmet
sich der Gartenkunst. In der Nähe seines Schlosses in Weinheim an der Bergstraße entsteht
ein wenig bekannter exotischer Park.

Freiherr von Berckheim gibt hohe Summen für modische Exoten aus, die er von spezialisierten »Fremdländer-Baumschulen« in Frankreich, Belgien und England bezieht. Der dreitausend Jahre alte Mammutbaum, damals »Wellingtonie« genannt, wird bis zu achtzig Meter hoch.

schen Ehrgeiz mitteilen zu können, lädt der Staatsmann a. D. ab 1874 führende Mitglieder des badischen Adels und Militärs zum Bäumepflanzen in seinen Park ein. Auf numerierten Listen verzeichnet er die Namen der Personen, die diese Ehre bekommen. Wir können die Herren vor uns sehen, wie sie mit dem Spaten auf einem frisch aufgeforsteten Gelände stehen, ein kaum meterhohes Bäumchen vor sich, dem sie, mit Gartenarbeit unvertraut, zögerlich Erde um die Wurzeln schaufeln. Am 19. Juni 1875 pflanzen Graf Wilhelm Wiser und Vicekanzler Dr. Roßhirt gemeinsam Baum No 7. Ein gutes Jahr später, am 31. Juli 1876, krümelt der Erbgroßherzog, Führer der badischen Truppen im deutsch-französischen Krieg, noch ein paar Erdbrocken um Baum No 10, bevor er ihn festtritt und angießt.

Für sein lebendes Gästebuch hatte sich Freiherr von Berckheim eine besondere Baumspezies ausgesucht: die damals so genannte »Wellingtonie«, den Mammutbaum, *Sequoiadendron giganteum*. Er war erst gut zwanzig Jahre zuvor, 1852, in Kalifornien entdeckt worden - ein gigantisches Gehölz, 80 Meter hoch, der größte Baum der Welt, 3000 Jahre alt. Weil Pflanzjäger ähnliche Instinkte besitzen wie Großwildjäger, brachten sie dieses monumentale Lebewesen sogleich um. Es gab keine Sägen, die groß genug waren, um ihn zu fällen. Man trieb Löcher durch seinen Leib, bis man ihn endlich zu Fall brachte und auf seinem gigantischen Stumpf feierte. Ein Engländer, William Lobb, der nichts mit dem Fund zu tun hatte, aber Samen und andere Pflanzenproben in die Hand bekam, brachte die sensationelle Neuigkeit in seine Heimat. John Lindley, Botanikprofessor an der Universität London, ließ keine Zeit verstreichen und veröffentlichte wenige Tage später, Ende 1853, den Fund zu Ehren des britischen Kriegshelden Duke of Wellington unter dem Namen *Wellingtonia gigantea*: »Denn so hoch wie Wellington seine Zeitgenossen überragt, überragt dieser kalifornische Baum die umge-

benden Wälder« – ein skandalöser Name, der in Amerika zwar kurze Zeit später in *Washingtonia californica* geändert wurde, sich im Deutschen Kaiserreich aber jahrzehntelang hielt. Das Rekordgehölz wurde zu einem Lieblingsbaum gründerzeitlicher Parkbesitzer – Wahrzeichen für Größe, Dauer und Stärke. Von Berckheims Pflanzaktionen hatten symbolisches Gewicht.

Anfang der achtziger Jahre erlahmt von Berckheims Enthusiasmus. Schon vorher muß er mit den Folgen der Fehler beim Aufforsten kämpfen. Seine Gärtner haben keine Erfahrungen mit den exotischen Gehölzen. Viele der teuren Bäume verdursten, weil man bis weit in den Sommer hinein pflanzt. In den geplanten Alleen vertreiben Frost, Trockenheit und die Konkurrenz wüchsiger einheimischer Baumarten die Fremdartigen. Immer wieder läßt von Berckheim sie ersetzen. Doch als

Berckheims Landschaftsgärtner besaßen keine Erfahrung mit fremdländischen Gehölzen. Viele der teuren Bäume »verdursteten«, so daß sich heute einheimische Gewächse unter die Exoten mischen.

dann in dem besonders kalter Winter von 1878 bis 1879 die Mehrzahl von ihnen sterben, gibt er auf und ersetzt die Ausfälle durch einheimische Fichten, Schwarzkiefern und Weißtannen.

Ab 1883 hält er sich nur noch selten in Weinheim auf.

Heute sind die Alleen bis auf schwer erkennbare Reste verschwunden. Von den ursprünglich 150 exotischen Gehölzen, die Freiherr von Berckheim gepflanzt hatte, hielten sich 50 Baumarten. 1956 kaufte das Land Baden-Württemberg den Besitz auf. Aus dem Park wurde ein ungewöhnlicher, seither kontinuierlich weiter gepflegter Wald, der bedeutendste Exotenwald Deutschlands mit dem größten und ältesten Mammutbaum-Bestand außerhalb seines natürlichen Vorkommens.

EIN ZENTRUM DER INTELLIGENTEN GÄRTNERWELT EUROPAS: DER »LEICHTLINSCHE GARTEN« IN BADEN-BADEN

Auch für den Papierhändler Max Leichtlin (1831–1910) bedeutet das Jahr der Reichsgründung einen Neuanfang. Endlich kann sich der begeisterte Gartenfreund von den Familiengeschäften befreien, die Leitung der Papierfabrik abgeben, die er dreizehn Jahre lang für seine Neffen geführt hatte, und

sich ganz auf seine botanischen Leidenschaften konzentrieren. Er zieht von Karlsruhe nach Baden-Baden, kauft ein Grundstück und gründet einen Garten, der zu einer wichtigen Adresse für die Pflanzenliebhaber der wilhelminischen Zeit wird – »ein Zentrum der intelligenten Gärtnerwelt Europas« nennt es der englische Botaniker Joseph Hooker.

Dieses »Zentrum« ist weder Park noch ein Mustergut. Auf etwa anderthalb Hektar Land hat Max Leichtlin mit Steinen befestigte Terrassen angelegt, Gewächshäuser gebaut und Kalte Kästen aufgestellt. Wo Platz ist, stehen Reihen von Saatschalen und Tontöpfen, angefüllt mit dem, was für Pflanzennarren wertvoller als Juwelen ist: neu gezüchtete Narzissen, rote *Clematis coccinea*, Crocosmien, eine Sammlung Lilien, eine Kollektion Fritillarien und seltene Kniphofien, das sind lang emporwachsende Fackellilien, die den Herbst hindurch in Gelb, Orange und Karmesin leuchten.

Die mondäne Gesellschaft, die in Baden-Boden logiert, nimmt weder von dieser gärtnerischen Sensation noch von dem Mann Kenntnis. Max Leichtlin, der als Stadtrat von Baden-Baden das kommunale Leben der Stadt mitgestaltet, ist unverheiratet, speist mittags im Hotel St. Petersburg und bleibt für sich – nur per Korrespondenz mit der botanischen Welt verbunden. Von 1883 bis 1907, 24 Jahre lang, schickt er »Notes of Baden-Baden« an die englischen Zeitschriften *The Garden* und *Garden and Forest*, knappe Berichte, in denen er erzählt, welche neuen Gewächse bei ihm zu sehen sind oder welche Erfahrungen er mit ihrer Kultur gesammelt hat.

Max Leichtlins Spezialität sind exotische Zwiebelpflanzen und einige Stauden. Bedingung: Sie müssen gartenwürdig sein, das heißt in Baden-Baden winterhart. Saat oder Zwiebeln erhält er von Pflanzensammlern aus Turkestan, Kurdistan, Armenien, Abessinien, Persien, sogar Japan. Er ge-

Der bedeutendste Exotenwald Deutschlands mit 50 von einst 150 Baumarten besitzt den größten und ältesten Mammutbaum-Bestand außerhalb seines natürlichen Vorkommens.

nießt den Ruf, selbst mit den schwierigsten unerprobten Gewächsen zurechtzukommen. »Schafft er es nicht, sie zu kultivieren, kann es keiner« – so die Legende. Einem ausgesuchten Kreis von Kunden schickt er Raritätenlisten, die er abends schreibt, wenn die Arbeit im Garten getan ist. Mit dem verdienten Geld kauft er Dünger, Werkzeug, bezahlt einen Helfer und unterstützt Pflanzenexpeditionen.

Am 3. September 1910 – Kaiser Wilhelm schließt in diesem Jahr ein Bündnis mit Zar Nikolaus II., wonach beide Mächte keine gegeneinander gerichteten feindlichen Bündnisse eingehen wollen – stirbt Max Leichtlin. Im Baden-Badener *Tagblatt* erscheint eine Todesanzeige, kurz, ohne Namen von Trauernden. Schnell ist er vergessen. Sogar in Baden-Badens Stadtarchiven und im Gartenamt konnte sich niemand an ihn erinnern, als vor einigen Jahren Audrey Le Lièvre begann, sein Leben zu erforschen. Nur einige Pflanzen, die er für den Garten testete, bewahren seinen Namen – die *Chamassia leichtlinii* gehört zu ihnen.

KULISSEN FÜR CHAMPAGNER-EMPFÄNGE: DIE VILLENGÄRTEN IN BADEN-BADEN

Als Max Leichtlin nach Baden-Baden zieht, ist der Glanz des mondänen Kurortes bereits getrübt. Seit den späten dreißiger Jahren des 19. Jahrhunderts traf sich hier der Pariser und St. Petersburger Adel in üppig ausgestatteten Spielsälen des Casinos zum Baccarat. Doch seit 1871 gilt nach Paragraph 360 Abs. 1 Nr. 14 des Strafgesetzbuchs – erstmals in Deutschland – ein absolutes Glücksspielverbot. Innerhalb weniger Jahrzehnte gestalten die Stadtväter das Spielbad in einen zeitgemäßen Heil- und Kurort um. Baden-Baden bleibt ein bevorzugter Ort für luxuriöse Renditeobjekte.

Bauherren sind Industrielle, Adelige, Müßiggänger. Sie lassen sich sogenannte Gartenvillen

errichten, bevorzugt in Hanglage auf weit bemesse-
nen Grundstücken. So phantasievoll die schloß-
und burgähnlichen Häuser sind, die mit Türmchen
und Zinnen, mit pompösen Portalen und vielglied-
rigen Fassaden in immer neuen Kombinationen
Weltläufigkeit und Geschichtsbewußtsein demon-
strierten, so einfallslos wirken die Gärten. Ein Ron-
dell vor der Tür für die gediegene Anfahrt, zwei
oder drei geschwungene Wege im Park, eine Auswahl imposanter Gehölze fürs Ambiente und in der
Sichtachse zum Haus ein Pavillon oder Teehäus-
chen: das sind die Standards, frei nach dem Stil der
Lenné-Meyerschen Schule.

Damit Schlößchen und Burgen noch prächtiger
wirken, werden sie, wie die Villa Carlotta, auf eine
Terrassenanlage gehoben. Ein breiter Kragen aus
gepflasterten Flächen umgibt den Pseudo-Palast
des Fabrikanten Josef von Tanfani. Von der Terrasse
führt eine breit geschwungene, doppelte Treppenanlage in den Park hinunter. Niemand nutzt die
Gelegenheit, denn außer einer nackten Wiese und
ein paar Bäumen gibt es nichts zu erleben. Die
Treppe ist viel zu wuchtig, genauso gigantoman wie
die theatralische Toranlage. Viele Villen in Baden-
Baden tragen solch beinahe potemkinschen Züge.
Es sind grandiose Fassaden für Champagner-Emp-
fänge mit Parks als erweiterten Entrées, Depen-
dancen für Mätressen und Sommerresidenzen für
Firmenchefs, die schnell die Besitzer wechselten.
In keinem Fall wurde hier das Zuhause für eine
Familie gebaut. Die Kontinuität, die ein Garten
zum Entstehen braucht, fehlt.

Heute sind die meisten dieser oberflächlich
gestalteten Parks zu Baugrundstücken zerschnitten.
Auch zwischen die Schenkel der Treppenanlage, die
von der Villa Carlotta in den Garten führt, wurde
ein Appartementhaus gezwängt. Trotzdem fühlt
man etwas von der Großartigkeit, mit der hier »die
Industrie-Welt spielte«, wie Horst Krüger in seinem
Baden-Baden-Porträt »Der grüne Salon« schrieb.
Denn während die Parks schrumpften, wuchsen die

Viele ausgefallene Baumarten, darunter Gingkos
und Tulpenbäume, zieren den Exotenwald von
Weinheim.

in der Gründerzeit auch in Baden-Baden besonders
gern gepflanzten Mammutbäume zu Riesen heran.
Sie sind so groß geworden, daß sie längst den Platz
überragen, der ihnen in den Gärten zugemessen
wurde. Sie sorgen für Weite, wo Immobilienparzel-
lierungen alles klein gemacht haben, und verbinden
sich mit hundertjährigen Rotbuchen und Magnolien zu einem Park in luftigen Höhen über der Stadt.

EIN SPAZIERGARTEN FÜR DIE ELEGANTE WELT: DIE LICHTENTALER ALLEE IN BADEN-BADEN

Ein Teil dieses imaginären Parks ist die »Lichtentaler Allee« – so genannt nach dem über zwei Kilometer langen Weg, der, immer am Flüßchen Oos entlang, aus dem Zentrum Baden-Badens zum Zisterzienserinnen-Kloster in Lichtental führt. Im Lauf des 19. Jahrhunderts wandelt sich dieser Weg, ohne Generalplan, ohne Mitwirken namhafter Landschaftsarchitekten, zu einem in der Welt einmaligen Spaziergarten, der an seiner schlanksten Stelle gerade mal 30 Meter breit ist.

Vom Zentrum Baden-Badens führt eine zwei Kilometer lange Allee zum Zisterzienser-Kloster in Lichtental. Nach dem Vorbild des Pariser Bois de Boulogne läßt Friedrich Weinbrenner einen Landschaftsgarten für die Gäste des Kurhauses anlegen und populäre Exoten pflanzen: großblättrige Tulpenbäume, mächtige Gingkos und Mammutbäume.

1909 baut Hermann Billing die Staatliche Kunsthalle, 2004 wurde nebenan die von Richard Meier entworfene »Sammlung Frieder Burda« eröffnet.

Seine Geschichte beginnt unauffällig in der Mitte des 17. Jahrhunderts. Moritz von Lassolaye, ein gartenbegeisterter Kammerdiener am Badener Hof, pflanzt westlich der Oos Eichenbäume an den Weg nach Lichtental. Gut hundert Jahre später wird – eine erste Maßnahme, den über lange Zeit verlotterten Badeort zu modernisieren – an diesem Weg ein hölzernes Promenadenhaus errichtet. Es soll Sommergästen Unterkunft und Unterhaltung bieten und wird zum Vorgängerbau des heutigen Kurhauses, der von Friedrich Weinbrenner 1821 bis 1823 gebauten »Maison de conversation«, mit Wandelsaal und Gartensaal, mit Gelbem Zimmer und Blauem Zimmer, mit Spiegelsaal und rundem Saal: »Die ganze feine Welt war hier zu Hause«, schreibt Horst Krüger.

Die Gäste brauchen einen Park. Weinbrenner beauftragt erst die badischen Hofgärtner, dann den Gartenbaudirektor aus dem benachbarten Schwetzingen, Johann Michael Zeyher (1770–1843), mit der Gestaltung eines Landschaftsgartens auf dem Platz des Lichtentaler Weges. 1839 und 1867 setzen die Spielbankpächter Jacques und Edouard Benazet das begonnene Werk fort. Ihr Vorbild ist der Pariser *Bois de Boulogne*, ein Park zum Promenieren, wo sich die galante Gesellschaft trifft. Die Spielbankpächter lassen Brücken über das Flüßchen führen, Wege durch sanft modellierte Wiesen legen und populäre Exoten pflanzen: großblättrige Trompetenbäume (Catalpa), Tulpenbäume (Liriodendron tulipifera), den mächtigen Gingko (Gingko biloba), der durch Goethe populär geworden ist, und natürlich den Wappenbaum der Gründerzeit, etliche Wellingtonien, lateinisch *Sequoiadendron giganteum*. Wenige Jahrzehnte später sind die

Der in der Welt einmalige Spaziergarten der Lichtentaler Allee lädt zu Kutschfahrten ein oder einfach zum Promenieren – ein Treffpunkt der eleganten Gesellschaft.

Exoten zu Visitenkarte des Kurortes herangewachsen, und Iwan Turgenjew schreibt an Gustave Flaubert »Kommen Sie nach Baden-Baden! Hier gibt es Bäume, wie ich noch keine gesehen habe.«

1881 wird direkt an der Lichtentaler Allee, die man jetzt schon »Allee der Könige« nennt, der älteste Tennisclub Deutschlands gegründet. »Rot-Weiss« legt fünf »Courts« an, die noch heute bestehen. 1909 baut Hermann Billing nicht weit vom Kurhaus entfernt die Staatliche Kunsthalle in den Park. Gleich nebenan wurde 2004 die von dem amerikanischen Meisterarchitekten Richard Meier entworfene »Sammlung Frieder Burda« eröffnet – im besten Sinn ein weiteres Parkgebäude, nicht zu groß und mit vielen Ausblicken ins Grüne. Ein weißes, lichtdurchflutetes Haus für Kunst, voller Stege und Brücken, wie der Park geschaffen zum Flanieren. Schräg gegenüber auf der anderen Seite der Lichtentaler Allee liegt Brenner's Parkhotel, einer von Baden-Badens luxuriösen Kurpalästen mit einem Winter- und Sommergarten. Eine doppelte Schokolade, mindestens, muß man sich hier gönnen.

SACHLICHKEIT IST DES PUDELS KERN: MAX LAEUGERS GÖNNERANLAGE IN BADEN-BADEN

Dreitausend Meter geschnittene Rotbuchenhecken, fünf Meter hoch, kastig, nüchtern, rigide: die Gönneranlage ist gepflanzte Architektur, ein Saal unter freiem Himmel mit Wänden aus Blättern und Zweigen, in den Beeten Sommerblumen, wie auf den Boden gepinselt, zu Farbfeldern sortiert. 1909 bis 1912 hat Max Laeuger (1864–1952) diesen Garten für Baden-Baden entworfen. »Der Geist der Sachlichkeit, das war des Pudels Kern?«, schreibt 1907 die Zeitschrift *Die Rheinlande* über die Gartenavantgarde, die in neuartigen Ausstellungen Furore macht.

Zuerst probiert 1904 die Stadt Düsseldorf den Publikumsmagneten Garten aus. Um eine Kunstausstellung attraktiver zu machen, organisieren die Veranstalter eine Sonderabteilung, in der ein Diorama die Entwicklung der Gartenkunst vom Paradies bis zu den neuen englischen Gärten zeigt. Außerdem engagieren sie den Maler und Grafiker Peter Behrens, bitten ihn, einen Garten zu gestalten.

Die Besucher sind begeistert. In den Medien entbrennt eine Diskussion über die so genannten »Professorengärten«, denn die Reformbewegung wird vornehmlich von gärtnerischen Theoretikern, von Architekten und Künstlern gefördert. Sie bescheren Deutschland luftige Kabinette aus weißen Zäunen und Pergolen, versehen mit Lauben und Brunnenanlagen, mit geometrisch gepflasterten Wegen und Treillagen. Von Pflanzen verstehen die »Professoren« meist wenig, die zwischen 1904 und 1907 in Dresden, Hamburg und Berlin Schaugärten anlegen.

Die Decke aus Himmel, die Wände aus Hecken oder Bäumen, der Boden aus Blumen oder Rasen:
Mit der Gönneranlage erhielt Baden-Baden 1909 den »ersten öffentlichen Garten modernen Gepräges«.

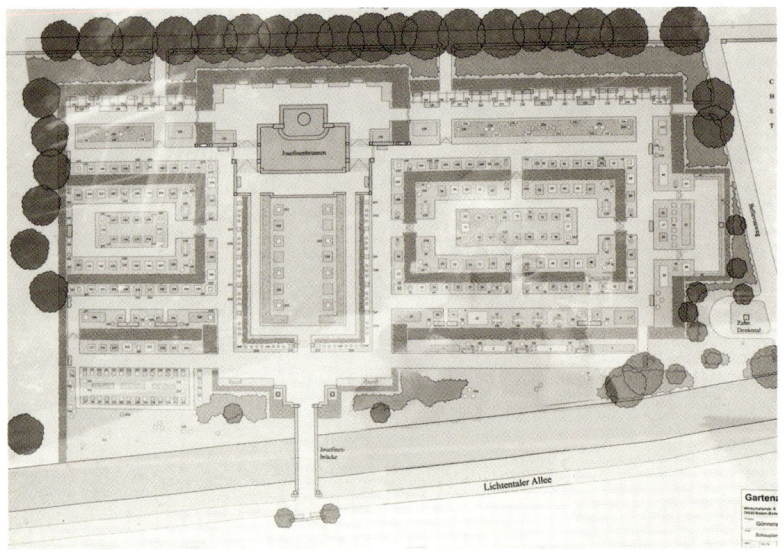

Ein Extragarten im neuen Stil auf den Wiesen östlich der Oos: Details aus der Baden-Badener Gönneranlage.

So auch in Mannheim. Die Stadt will 1907 ihren dreihundertsten Geburtstag feiern. Max Laeuger, im Jahr zuvor als Professor für Innenarchitektur und Gartenkunst an die Technische Universität Karlsruhe berufen, bekommt den Auftrag, eine Gartenbauausstellung unter künstlerischen Aspekten zu organisieren. Laeuger, von Haus aus Maler, Gebrauchsgrafiker und Keramiker, sichert sich die Mitarbeit von Peter Behrens und Paul Schultze-Naumburg – beide Parteigänger des neuen Gartenstils – und entwirft selbst 14 Einzelräume, in denen keine runde Beetkante zu finden ist. Die gekalkten Gartenarchitekturen sehen aus, als seien sie mit den Klötzen eines Kinderbaukastens zusammengesetzt, versehen mit geometrischen Mustern aus Keramikkacheln. Die Lorbeerbäume sind zu Kugeln, Buchs und Eibe zu Kegeln dressiert.

Die Presse feiert die frische Tat, den künstlerischen Mut, »die unerhört kühnen Materialexperimente« und findet interessante Anleihen beim Renaissance- und Barockgarten. Laeuger formuliert, und es könnte von Hermann Muthesius stam-

Die Gönneranlage ist gepflanzte Architektur: kastig geschnittene Rotbuchenhecken, Beete mit Sommerblumen wie auf den Boden gepinselt, zu Farbfeldern sortiert.

men: Der einzige Unterschied zwischen Architektur und Gartenkunst sei, »daß hier die Decke aus Himmel, die Wände aus Hecken oder Bäumen, der Boden aus Blumen oder Rasen besteht, während dort die Decke, die Wände und der Boden aus Stein oder Holz sind«.

Noch im Jahr des Ausstellungserfolgs beauftragen die Baden-Badener den Kunstprofessor. Er soll ihnen einen Extragarten im neuen Stil auf Wiesen östlich der Oos setzen. Zwar wird man sich nicht gleich einig; Laeuger plant eine Reihe Kastenbäume als äußeren Rahmen für den Garten, die den Stadtvätern nicht gefällt. Aber zwei Jahre später, 1909, beginnen die Arbeiten an der Gönneranlage, so genannt nach dem Geldgeber und Baden-Badener Bürgermeister Albert Gönner. Sie ist noch nicht ganz fertiggestellt, da beglückwünscht der Hamburger Sozialreformer und Gartenrevolutionär Leberecht Migge die Baden-Badener und quittierte ihnen, daß sie »den ersten öffentlichen Garten modernen Gepräges« besitzen.

Heute ist der Laeuger-Anlage das Gelände für eine Schwimmhalle abgzwackt, und statt der Sommerblumenbeete gibt es seit den fünfziger Jahren eine stattliche Sammlung von Strauch-, Beet-, Kletter- und Trauerrosen – Konrad Adenauer hat es so gefallen.

SOMMERSCHLOSS MIT DIENSTASPEKT: DIE VILLA FRANCK IN MURRHARDT

Vierzig Minuten fährt man mit der Bahn vom Stuttgarter Hauptbahnhof nach Murrhardt, einem Luftkurort, bei weitem nicht so schick wie Baden-Baden, aber ähnlich sanft in ein Tal zwischen Waldhängen gebettet. Aus Murrhardt stammt die Frau des Caro-Kaffee-Königs Robert Franck (1857–1939). Er führt die Firma in der dritten Generation und regiert weltweit siebzehn Fabrikstandorte, auch in Zagreb, Mailand und New York.

Als Robert Franck 1903 zum Generaldirektor des Kaffee-Imperiums mit Hauptsitz in Ludwigsburg aufsteigt, beginnt er Grundstücke am Murrhardter Hofberg zusammenzukaufen und einen Sommersitz mit weitläufigem Park zu planen – kein Lustschloß, eher einen luxuriös gestalteten Arbeitssitz für die warmen Monate. Denn auch hier wird der Generaldirektor acht bis zehn Stunden pro Tag arbeiten. »Dreimal pro Woche«, erinnert sich Enkel Rupprecht Zügel, durfte er den Großvater in der Villa für kurze Zeit besuchen. Jeden Sonntag ist Familientag. Übernachtungsbesuche von Verwandten werden im Nebenhaus beim Gesinde untergebracht.

Mit dem Bau des Hauses beauftragt Robert Franck die Stuttgarter Architekten Paul Schmohl & Georg Staehlin. Leicht auszumalen, wie sie Stunden um Stunden die Köpfe zusammenstecken, Bücher hin- und herreichen und ausgiebig diskutieren. Die Baumeister zeigen dem Generaldirektor Fotos von Schloß Solitude und Schloß Ludwigsburg, Residenzen des verschwenderischen Herzogs Carl Eugen von Württemberg (1728–1793). Einige der auf den Fotos zu sehenden architektonischen Details imponieren ihm besonders, und er wünscht sich für sein neues Haus zum Beispiel die Treppenanlage von Schloß Solitude. Doch bei aller Freude des Industriellen an feudaler Prachtentfaltung, trotz aller patriotischen Verweise auf das geschichtliche Erbe läßt er sich keine Gründerzeit-Burg bauen. Robert Francks Villa wird ein modernes Jugendstil-Gebäude mit barocken Zutaten.

Geschichtsmix ist auch Park-Programm. Weiter weg vom Haus, den Hang hinauf, entsteht ein Landschaftsgarten nach romantischem Vorbild mit kleinen Gebäuden, die allerdings praktischer als im späten 18. und frühen 19. Jahrhundert sind. Es gibt keine Einsiedeleien mehr mit gemieteten Eremiten oder Teilruinen en miniature wie auf der Pfaueninsel bei Berlin. Dafür sammelt der Fabrikdirektor eine kleine Auswahl von ländlichen Nutzgebäuden

Robert Franck, Generaldirektor des Ludwigsburger Kaffee-Imperiums, läßt sich am Geburtsort seiner Frau in Murrhardt einen luxuriösen Sommersitz bauen. Am Gang entsteht ein Landschaftsgarten mit Gartenhäuschen nach literarischem Vorbild. Der Ovidische Liebestempel und die achteckige Michaelsburg existieren heute noch.
Neben der Villa läßt sich Franck einen »Professorengarten« bauen mit einem Gartenraum, umgeben von lichten Wänden und einem Wandelgang. In Kegel- und Kugelform geschnittene Buchsbäume, Bordüren aus Efeu und hochstämmige Rosen bilden das Dekor. Die barocke Prachttreppe, unterbrochen von einer großen Brunnenterrasse (links und unten), führt die Besucher steil den Hang hinauf auf das Haus zu.

und von Gartenhäuschen, die einen literarischen Bezug haben. An Stellen mit spektakulärer Aussicht läßt er ein an Goethes »Wahlverwandtschaften« erinnerndes Borkenhäuschen stellen, eine Waldhütte im Blockhausstil, ein Schweizerhäuschen mit Herzchen in den Fensterläden, einen reetgedeckten Schirm, den so genannten »Pilz«, einen Ovidischen Liebestempel und die Michaelsburg, ein achteckiger Pavillon mit spitzem Dach. Tempel und Michaelsburg existieren heute noch, von den anderen Gebäuden gibt es historische Fotografien. Auch ein Eiskeller, eine künstliche Höhle in einem ehemaligen Schilfsteinbruch auf dem Gelände, ein Badesee mit Bootssteg und Badehäuschen, ein Tennisplatz und ein Lindenplatz mit Steintisch entstehen.

Zwei Wege geleiteten Besucher in dieses Wunderland. Der erste, eine barocke Prachttreppe mit Brunnenterrasse, führt steil und schnurstracks den Hang hinauf aufs Haus zu. Der Zweite bringt den Gast von der Seite zur Villa, durch einen Hohlweg, den eine Knüppelholzbrücke überquert. Die theatralischen Gesten von damals sind noch heute zu spüren: Die Wege durch den Park zum Haus stimmen den Besucher ein – Robert Franck ist mit Respekt zu begegnen, denn er hat sich seine Welt erschaffen.

Die meisten der Pavillons werden von Schmohl & Staehlin gebaut. Die gärtnerischen Arbeiten führt die Firma »Albert Lilienfein und Sohn« aus, ein 1871 in Stuttgart gegründetes, renommiertes Unternehmen mit einer langen Referenzliste von Gärten in ganz Baden und Württemberg. Lilienfein senior arbeitet nach den Methoden der Lenné-Meyerschen Schule. Für den Park entwirft er Wiesen, malerische Baumgruppen und Brezelwege. Sie schlängeln sich durch einen Forst den Hofberg hinauf. Es ist ein lichter, gastfreundlicher Wald, der dem Spaziergänger mit schmalen befestigten Wegen, aus Spalteiche gebauten Treppen und etlichen Holzbrücken den Aufstieg erleichtert.

Die Lilienfeins bestellen buchstäblich Waggonladungen von Gehölzen, alles, was teuer, schick, selten ist: 600 Akazien für den Steinbruch, 500 Rotbuchen, 150 amerikanische Roteichen, 60 Hängebirken stehen auf den Bestellisten, außerdem listenweise ausgesuchte Einzelbäume, darunter viele exotische Gehölze, die erst in den 90er Jahren in den Handel gekommen waren. Blumenzwiebeln werden zu Tausenden eingekauft, dazu Stauden, Farne und Anemonen. Sie sind unter anderem für die Gestaltung der Tuffsteinmauer an der Auffahrt bestimmt – ein bemerkenswertes Detail, das Robert Franck möglicherweise als Kenner neuer englischer Gartenkunst ausweist, vielleicht hat er sogar Gertrude Jekylls Buch »Wood and Garden« gelesen.

Sein Interesse an Mode und Zeitgeist ist offensichtlich groß. Denn neben die Villa läßt sich Robert Franck 1907 von Lilienfein junior einen der heftig diskutierten »Professorengärten« bauen: die etwas abgewandelte Fassung eines Entwurfs, mit dem der junge Lilienfein im gleichen Jahr einen Preis von fünfzig Mark in dem von der Berliner Illustrierten *Die Woche* ausgeschriebenen Gartenwettbewerb gewonnen hat. 299 Entwürfe waren bei der von Hermann Muthesius und Paul Schultze-Naumburg initiierten Veranstaltung eingereicht worden.

Lilienfein baut einen Gartenraum mit direktem Zugang aus dem Haus, umgeben von lichten Wänden aus weiß gestrichenen Treillagen und einem in Schloß Ludwigsburg abgeschauten Wandelgang – ein von Robert Franck gewünschtes barockes Zitat. Geometrisch abgezirkelte Rasenflächen ersetzen den Teppich in diesem Freiluftsalon. Ein paar in Kegel- und Kugelform geschnittene Buchsbäume, Bordüren aus Efeu und Hochstamm-Rosen, alles sehr ornamental abgezirkelt, bilden das Dekor. In der Mitte des Raumes steht eine hohe, aus Stein gearbeitete Blumenvase. Für sie wird am 4. September 1906 eine Sendung mit 1 *Cordyline indivisa* (Keulenlilie), 7 *Celosia tompsoni marginata* (Hahnenkamm), 7 *Lantana* (Wandelröschen), 19 *Pelar-*

gonium ›Meteor‹, 20 *Pelargonium peltatum*,
8 *Vinca major* (Immergrün) und 8 Steinefeu an-
geliefert – vermutlich dienten die zum größten Teil
nicht winterfesten Pflanzen als Schmuck für ein
spätes Sommerfest.

Nach dem Tod von Robert Franck im Jahr 1939
verkauft seine Tochter Marianne Zügel die Villa
der Stadt Stuttgart, die hier während des Zweiten
Weltkriegs zeitweise einen Teil der Regierung installiert. Später zieht ein Altersheim ein. Stück für
Stück werden Garteneinrichtungen abgerissen,
der Park verwildert. Im Jahre 2000 übernahm der
Agrarbiologe und Kapellmeister Patrick Siben mit
seiner Frau Brigitte Hofmann das Anwesen und
begann, es zu restaurieren. Im Sommer finden
hier Konzerte statt mit Stücken von Johann Strauß
und Béla Bartok – Musik, die in der Zeit Robert
Francks gespielt wurde. In der marmornen Eingangshalle erinnern Musterpackungen seines Caro-
Kaffees an die Quelle seines Reichtums.

WARTEN AUF DIE KÖNIGIN:
DIE VILLA REITZENSTEIN IN STUTTGART

Eine dunkel gekleidete Frau geht durch den Park,
hier und dort bückt sie sich, schaut nach einem der
frisch gepflanzten Mammutbäumchen, nach den
neuen Linden. Die Frau ist allein, wie immer. Der
Zaun aus Speeren, mit dem sie ihr Grundstück
umgeben hat, ist hoch. Sie setzt sich in das Tempelchen, Sonnenstrahlen bringen die vergoldete Git-
terkuppel zum Blinken, sie blickt zum Stuttgarter
Schloß, unten im Tal. Zu ihren Füßen, eingelegt in
feines Mosaik, stehen die Initialen ihres Namens:
Helene von Reitzenstein (1853–1952).

Sie ist die steinreiche Erbin des Verlegers Eduard
Hallberger (bei dessen Vater Louis Hallberger die
Bücher von Fürst Pückler-Muskau erschienen), ein
Medienmogul der Gründerzeit, der mit Erfolgs-
autoren wie Wilhelm Busch und Wilhelm Raabe

In der Stuttgarter Villa Reitzenstein ist kein »Professorengarten« zu sehen, sondern ein »Gärtner-
garten« mit Blumen und Ziergehölzen.

und mit populären Zeitschriften so große Gewinne macht, daß er in Kohlegruben, Eisenhütten, Banken und in eine chemische Fabrik investieren kann. 1881 läßt er den Verlag in eine Aktiengesellschaft umwandeln: die Deutsche Verlags-Anstalt. Für seine Verdienste adelt ihn König Karl von Württemberg. Und Königin Charlotte vermittelt eine Heirat zwischen der Tochter des Medienfürsten und ihrem Kammerherrn: einem Rittmeister aus dem verarmten, aber uralten fränkischen Geschlecht derer von Reitzenstein – ein Name, der in der Geschichte Badens viel bedeutet. Denn Sigismund von Reitzenstein hatte als Staatsminister zur Zeit Napoleons wesentlich dazu beigetragen, aus der Markgrafschaft Baden ein Großherzogtum zu machen. Als es zwei

Generationen später wieder gegen die Franzosen ging, gewann der württembergische Offizier Carl Bernhard von Reitzenstein 1870/71 die Schlacht von Champigny. Der Sohn dieses Kriegshelden heiratet 1876 die erheblich jüngere Millionenerbin.

Nach 21 Jahre Ehe, von denen er die meiste Zeit in Baden-Baden beim Glücksspiel verbringt, stirbt der Kammerherr. Helene von Reitzenstein bleibt, 44 Jahre alt und kinderlos, zurück. Damit fühlt sie sich Königin Charlotte verbunden, die wesentlich jünger als ihr Gemahl und ebenfalls kinderlos ist. Die beiden Frauen reiten zusammen aus, besuchen sich, und in Helene von Reitzenstein entsteht die Idee, einen gemeinsamen Witwensitz auf der höchsten Erhebung der Umgebung zu bauen.

Dort befindet sich die sogenannte Gänsheide, ein idyllisches Gelände mit Weinberg und Nußbäumen, zu dem man vom Schloßplatz aus hinaufsehen kann. Helene von Reitzenstein kauft das Land und läßt 1910 das erste Baugesuch für ihre Villa einreichen. 1913 bezieht sie die zweiflügelige Anlage mit einem Torhaus und einem Extra-Gebäude für Autos und die moderne zentrale Warmwasserheizung. Sie hat nicht gespart, die Architekten konnten ohne Kostenlimit bauen. Aber trotzdem gibt es für Helene von Reitzenstein noch nichts zu feiern. Still zieht sie in Räume des südlichen Flügel ein, gegenüber warten Zimmer auf Königin Charlotte. Doch die macht sich zunehmend rar.

Für die Anlage ihres Parkes engagiert Helene von Reitzenstein den gefeierten Carl Eitel. Er hat die 1913 in Stuttgart stattfindende Gartenbauausstellung gestaltet, wofür ihn die Fachpresse überschwenglich lobt. Eitel, so der Tenor der Gartenjournalisten, habe die von Peter Behrens, Hermann Muthesius und Paul Schultze-Naumburg mit einer neuen Raumgliederung begonnene Reform der Gartenkunst weiter vorangetrieben. In Stuttgart seien »keine Professorengärten zu

Helene von Reitzenstein, oben links, Tochter des Stuttgarter Verlegers Eduard Hallberger, wird nach 21jähriger Ehe kinderlos Witwe. Auf der höchsten Stelle der Stuttgarter Gänsheide, damals ein idyllisches Gelände mit Weinberg und Nußbäumen, läßt sie sich die Villa Reitzenstein (auf dem Luftbild in der Mitte) bauen. Oben ihre Initialen im Treppengeländer, unten Detail aus der Seitenfassade.

sehen wie in Darmstadt oder Mannheim, sondern … Gärtnergärten«, aufs Angenehmste gefüllt
mit Blumen, Stauden und Ziergehölzen. Im Park
der Villa Reitzenstein ist von solchen Neuerungen
nichts oder nichts mehr zu spüren.

100 000 Goldmark gibt Carl Eitel allein für die
Bepflanzung des Parks aus, eine gigantische Summe
und doch nicht viel mehr als vier Prozent von den
2,8 Millionen Goldmark, die das Haus verschlungen
hat. Er legt am Parkrand einen »Beltwalk« an, der
außen an den baumbestandenen Wiesen entlang-
führt, und erschließt das Gelände mit schlängelnden, von Fels gesäumte Nebenpfaden. Einer führt
den Hang hinauf, am Tempietto vorbei in eine
angedeutete Grotte. Der melancholische Platz ist
mit dunklen, in den Jahrzehnten hoch aufgeschos-
sene Kiefern bewachsen. Felsen, Kiefern, Efeu,
eine Grotte: das sind Stimmungsbildner des Land-
schaftsparks, sauber nach den Regeln der Lenné-
Meyerschen Schule eingesetzt.

In unmittelbare Nähe des Schlosses, vor den
Gartenfassaden und seitlich davon, hat sich Helene
von Reitzenstein historische Teilgärten bauen lassen: einen altrömischen mit überdachtem Laubengang und einem vertieften Rasenparterre, und
einen barocken Lindensaal mit vorgelagertem Stein-
becken. An diesen Zitaten aus der Gartenkunst-
geschichte üben heute Studenten ihre Stilsicherheit,
denn, wie Rosemarie Münzenmayer, die Sachwalte-
rin der landeseigenen Schloßgärten in Baden-Württemberg zeigen kann, hier wackeln alle Details:
zu hart der Übergang von den Konsolplatten zu
den Pfeilern im Laubengang des Peristyls, zu hoch
die Einfassung des Wasserbeckens, zu grob das
Schrittmaß auf den Treppen, und der Lindensaal

Für die Gestaltung des Parks engagiert Helene
von Reitzenstein Carl Eitel, der am Parkrand
einen »Beltwalk« anlegt und das Gelände mit
schlängelnden Nebenpfaden erschließt.

auf der unteren Terrassenstufe liegt zu dicht am Haus.

Die Unstimmigkeiten im Garten kehren an der Sandstein-Fassade des Hauses wieder. Rosemarie Münzenmayer zufolge wurden die Fassaden, die Säulen, Kapitelle und Konsolen als Stückgut aus Katalogen gekauft: »Wen wundert es, daß sie nicht wie aus einem Guß wirken.«

Ein Jahr nachdem Helene von Reitzenstein in ihr Schloß eingezogen ist, beginnt der Erste Weltkrieg. Sie stellt ihr Haus als Lazarett zu Verfügung und verläßt es. Als sich nach dem Tode König Wilhelms II. herausstellt, daß Königin Charlotte nicht daran denkt, Gast im Haus Helene von Reitzensteins zu werden, trennt sie sich endgültig von dem Besitz. Ein Makler verkauft »den monströsen Koloß« nach langen vergeblichen Bemühungen 1922 »für ein Butterbrot« an das Land Württemberg.

Irgendwo auf dem Gelände wachsen Orchideen, die noch von Helene von Reitzenstein gepflanzt wurden, behaupten Kenner des Gartens, Das Tempelchen, in dem sie saß, steht unverrückt an seiner Stelle. Im Frühjahr blühen rosa Bergenien in den Steinen an seinem Sockel. Der Lindensaal wurde schon lange nicht gestutzt. Die Mammutbäume sind längst so groß geworden, daß sie die Sicht von unten auf die Villa Reitzenstein verstellen. Sie ist heute Regierungssitz des Landes Baden-Württemberg. Hinter dem Zaun aus eisernen Lanzen ist Stacheldraht ausgerollt. Nur selten spaziert der Ministerpräsident mit Staatsgästen den Beltwalk entlang. So setzt der Park, seit Beginn kaum genutzt, seinen Dämmerschlaf fort: ein spätes Zeugnis wilhelminischer Gartenkunst.

Der Park der Villa Reitzenstein ist ein spätes Zeugnis wilhelminischer Gartenkunst. In den Steinen am Sockel des »Tempelchens« mit der vergoldeten Kuppel blühen rosa Bergenien.

In Tübingen, insbesondere auf seiner landschaftlich ausgezeichneten Südseite, bestimmen die studentischen Verbindungshäuser in parkartigen Gärten mit ihrer Vielfalt im einzelnen entscheidend das Bild der Stadt.

»O alte Burschenherrlichkeit!«

STUDENTENHÄUSER IN TÜBINGEN UND HEIDELBERG

VON HERMANN HIPP

Heidelberg und Tübingen, beide am Neckar gelegen, beide ausgezeichnet durch eine eindrucksvolle Mittelgebirgslandschaft, gehören nach wie vor zu den beliebtesten Städten in Deutschland. Es ist kein Wunder, daß gerade ihre alten Universitäten – ohne etwa Jena, Marburg, Würzburg oder Freiburg i. Br. zu nahe treten zu wollen – auch zur Studentenromantik immer am meisten beizusteuern hatten. »Alt-Heidelberg« als Inbegriff der »alten Burschenherrlichkeit« gehört samt seinem Großen Faß auf dem Schloß zu den deutschen Mythen schlechthin. Und natürlich sind die jungen Menschen, die diese nicht allzu großen Orte als Studierende beleben, der wichtigste, erfreulichste und produktivste Teil ihres Stadtbildes.

Hier soll nun ein Aspekt betrachtet werden, der freilich in der romantischen Schönheit der Städte ebenso verwurzelt ist wie in der Geschichte der deutschen Universität und ihrer Studenten. Es ist tatsächlich ein »Aspekt«. Denn man sieht ihn auf den ersten Blick: Es ist die Rolle der »Häuser« der studentischen Korporationen, der »Verbindungen«, es sind die »Verbindungshäuser«, denen wir in beiden Städten in erstaunlicher Zahl und baulicher Qualität begegnen.[1]

Gerade in Tübingen und insbesondere auf seiner landschaftlich besonders ausgezeichneten Südseite – sie wendet sich dem nicht allzu fernen Trauf der Schwäbischen Alb als Aussichts-Prospekt zu – gibt es, abgesehen vom Ensemble der Altstadt mit dem behäbigen Schloß, keine Gebäudegattung, die das Stadtbild mehr bestimmen würde: Die studentischen Verbindungshäuser beherrschen die Stadt regelrecht. Die prominentesten Baulagen einnehmend, besetzen sie die Südhangkante von Schloßberg und Österberg in fortlaufenden Reihen. In ihrer aufgelockerten Anordnung unter Einbeziehung üppiger Vegetation ihrer parkartigen Gärten und mit ihrer Vielfalt im einzelnen vermitteln sie zwischen offener Landschaft und der Geschlossenheit des Altstadtkörpers.

Da ist einerseits vor allem der Österberg. Dort stehen bis heute in ihren großen Gärten und die Hänge hinunterziehenden Parks die Häuser von Rhenania (1885), Franconia (1888), Hohenstaufia und Guestfalia (1902), Schottland und Normannia (1904), Palatia (1909), Stuttgardia, Lichtenstein und Ulmia (1907). Im Südwesten entsprechen ihnen jenseits des Schlosses an der Schloßbergstraße Igel (1900), Saxonia (1902), Derendingia (1904), Rothenburg (1908) und Virtenbergia (1911). Die »Königsgesellschaft Roigel« hatte 1903 anstelle der alten Schloßküferei direkt vor dem Schloßtor ihr Haus gebaut. Eines der schönsten Verbindungshäuser überhaupt stellt die Verbindung zum Neckar her, an dessen Ufer seit 1899 das Haus der Suevia in der Gartenstraße 12 steht. Das reizende Rokoko-Schlößchen (von Eisenlohr & Weigle) bildet gleichsam den Auftakt für das bürgerliche Wohnviertel am Österberg-Hang und zu den Verbindungshäusern, die ihn krönen.

In Heidelberg verhält sich die Sache etwas anders: Auch dort gibt es Korporationshäuser, wenngleich weniger zahlreich eigens für diesen Zweck

Detailansicht der »Rupertia« in Heidelberg.

Verbindungshäuser schufen eine Heimstätte, welche »die Möglichkeit gewährte, seiner gesellschaftlichen Stellung entsprechend sowohl nach außen hin sich zu repräsentieren, als auch seine innern Angelegenheiten frei zu beherrschen«. Die Postkarte zeigt die »Corporationshäuser der Universitätsstadt Tübingen« im Jahr 1927.

gebaut. Nur wenige, freilich besonders schöne Häuser nehmen Anteil an der Vorzugslage des Schloßberghanges. Das 1882 zunächst in schlichter Form errichtete, dann 1890/91 zur spätgotischen Burg ausgebaute Haus der Vandalia (heute Corps Vandalo-Guestphalia) an der Neuen Schloßstraße 2 ist freilich ein markanter Auftakt für diese Vorzugslage der Heidelberger Stadtlandschaft.[2] Das Haus der Rupertia, Schloßberg 23, ist nach Guestphalia, Leonensia und Franconia dann 1895/96 der fünfte Verbindungsneubau in Heidelberg.[3] Steil hebt es sich mit seinem Giebel aus dem Hang heraus. Seine Wappenzier weist auf den Nutzer hin. Und im »Handbuch der Architektur« erschien es alsbald als Muster seiner Gattung.[4] Aber selbst solche Häuser fallen am Schloßberg zwischen den promi-

nenten »echten« Villen kaum auf. Und die meisten verteilen sich im Stadtgebiet, soweit sie nicht ohnehin alte Stadthäuser nutzen. Wir bleiben daher im folgenden in Tübingen.

»VERBINDUNGEN«

Die Verbindungshäuser werden hier in ihrem architekturgeschichtlichen Kontext behandelt. Dennoch ist es erforderlich, sich mit dem historischen Hintergrund, dem wir diese Gebäudegattung verdanken, etwas vertraut zu machen. Die im Verlauf des 19. Jahrhunderts in vielfältigen Varianten und mit durchaus unterschiedlichen Zielsetzungen entstandenen »Verbindungen« führen sich in letzter Linie

Das Haus der Rupertia in Heidelberg, Schloßberg 23, galt mit seinem Giebel und der Wappenzier (rechts) bald als Muster seiner Gattung. Oben
eine historische Darstellung aus dem Jahr 1904,
darunter die Grundrisse und die Zeichnung eines
Kneipsaales im Innern.

auf landsmannschaftliche Gruppierungen und Vereinigungen von Studenten an den alten Universitäten zurück, wie sie schon Paris und Bologna kannten.[5] Deren »Bursa« als ihr – wie man heute sagen würde – Wohnheim hat ihre Angehörigen zu »Burschen« werden lassen. Ob die Zeit der Aufklärung davon noch mehr als ironisch tradiertes Rotwelsch übriggelassen hat, kann dahingestellt bleiben. Es waren die Befreiungskriege und ihre Folgen, die zumal 1817 auf dem »Wartburgfest« in romantischer Nationalbegeisterung neue »Burschenschaften« als Vereine der Studenten entstehen ließen. Ihre deutschnationalen Ideen haben sich erhalten – ihre bürgerlich-demokratischen traten nach der gescheiterten 1848er-Revolution in den Hintergrund.

Von Anfang an konkurrierten mit ihnen neu gegründete Studenten-»Landsmannschaften«, die aber bald mit ihren Herkunftsbezeichnungen wie »Guestfalia« oder »Normannia« nichts mehr verbanden. Besonders distinguiert waren die »Corps«. Sie huldigten noch mehr als die anderen den kämpferischen Traditionen der Freiheitskriege und wurden zu den exklusivsten studentischen Verbindungen. Turner- und Sängerschaften, Reformverbindungen, konfessionelle Studentenvereine kamen hinzu. Sie alle kultivieren seit den Burschenschaften mehr oder weniger ähnliche Verhaltensregeln und Rituale, kodifiziert im »Comment«. Dazu gehört eine Sondersprache – demnach sind neu aufgenommene Mitglieder »Füxe« oder »Füchse«, wozu sie durch geschickte Werbung »gekeilt« werden. Die meisten Verbindungen tragen »Farben«, also Brustbänder, Mützenbänder, »Bierzipfel«, Flaggen mit charakteristischen Bi- und Trikoloren in der Tradition der Freischaren der Zeit um 1800. Und die »richtigen« Verbindungen alter Art huldigen vor allem dem sie allein auszeichnenden Sport, dem Fechten mit »Schlägern«, also schweren Säbeln, in scharfer »Mensur«. Die als deren Folge schlecht verheilen-

den Wunden bleiben immer noch als »Schmisse« Zeichen wahren Mannestums.

Die Mitte des Verbindungslebens ist die regelmäßige, wenn nicht gar tägliche »Kneipe«, also der nach Comment verlaufende, intensive gemeinschaftliche Biergenuß. Soweit dazu bei besonderen Gelegenheiten Gäste zugelassen werden, wird daraus der »Commers«. Und wer dort besonders geehrt wird, erhält wohl gar einen »Salamander gerieben«. Ganz klar: Das war natürlich eine reine Männersache, weil Frauen generell bis gegen 1900 nichts auf den Universitäten zu bestellen hatten. Und die Verbindungen sind Männerbünde geblieben.

Über allem aber steht das von den Verbindungen hochgehaltene »Lebensbundprinzip«, die lebenslange Verbundenheit der »Activitas« mit den »Alten Herren« und deren Heimat in ihrer Verbindung. Der generationenübergreifende Zusammenhalt der »Bundesbrüder« schafft nicht nur soziale Kontakte, sondern auch sichere »Verbindungen« im übertragenen Sinne.[6] Am Ende ist es auch ein ungeheuer »deutsches« Thema: Studentische Verbindungen dieses Typs, ihre Formen und Traditionen gibt es nur im deutschen Sprachraum.

WARUM ES »HÄUSER« GIBT

Daß die Verbindungen eigene Häuser haben und damit die Stadtbilder von Heidelberg und Tübingen bereichern, ist dennoch nicht selbstverständlich. In den Großstadtuniversitäten ist es bis heute normal, daß sie für ihre Zwecke Privathäuser und -wohnungen anmieten oder auch kaufen und sie gegebenenfalls wechseln. Bürgerliche Villen oder Stadthäuser aus der Zeit vor dem Ersten Weltkrieg mit ihren Nutzflächen zwischen 300 und 400 m² und ihrem differenzierten »Altbau«-Angebot stellen offenbar genau die Repräsentations-, Wohn- und Serviceräume bereit, die Verbindungen

Anders als in Tübingen sind in Heidelberg nur wenige Verbindungshäuser eigens für diesen Zweck gebaut, darunter das zunächst in schlichtem Stil errichtete, 1890/91 zur spätgotischen »Burg« ausgebaute Haus der »Vandalia« an der neuen Schloßstraße 2.

brauchen: Kneip- und Commers-Salons, Verwaltungs- und Unterhaltungsgelasse, »Buden« für »Chargierte« und andere Mitglieder.[7]

Freilich hat sich diese Bindung an ein bestimmtes Lokal erst gegen 1900 entwickelt. Fast das ganze 19. Jahrhundert hindurch war es hingegen üblich, sich in Gastwirtschaften der Universitätsstädte, eben in »Kneipen«, zu treffen. Daß dabei nicht die Geselligkeit des Bürgertums im Vordergrund stand, drückt das Wort selbst aus: Kneipe ist wohl am ehesten zu verstehen als »enger, dunkler Winkel« und verbürgte, bezogen auf Schanklokale, einen eher

schlechten Ruf, das verborgene, intime, jenseits der bürgerlichen Konvention liegende Gelaß.

Das ging lange gut. Und so darf man wohl fragen, warum erst um 1880 überall in den Verbindungen das Klagen über die Kneipen und ihre Wirte einsetzt. Die »Activitas« der Studierenden, aber auch die »Alten Herren«, die inzwischen ja die Elite der Gründerzeit im neuen Kaiserreich stellten und ihrerseits Söhne in die Universitäten und Verbindungen schickten, gerieten offenbar mit ihren Repräsentationsansprüchen und ihrem Bedürfnis nach gesellschaftlichem Rang in Konflikt. Der

Wohlstand der Gründerzeit hatte ihre privaten Lebensverhältnisse inzwischen verändert. Was die Villa in immer größerer Zahl für den neuen Lebensstil des Bürgertums garantierte, erfaßte nun auch die Korporationen seiner Kinder in den Universitätsstädten.

Das »erste in Betrieb genommene Verbindungshaus Tübingens« war ein Wohnhaus an der Neckarhalde, erworben 1884 durch die Suevia.[8] Als das Tübinger Corps Rhenania 1885/86 das 1883 beschlossene eigene Haus bezog, war dies das erste eigens als solches errichtete Verbindungshaus in Tübingen. Vorausgegangen waren zehn Jahre Aufschwung der Korporation infolge der Einrichtung einer Garnison in der Stadt.[9] In der Stiftungsurkunde heißt es: »Es war ein dringendes Bedürfnis geworden, dem Korps nun auch eine Heimstätte zu schaffen, welche ihm die Möglichkeit gewährte, seiner gesellschaftlichen Stellung entsprechend sowohl nach außen hin sich zu repräsentieren, als auch seine innern Angelegenheiten frei zu beherrschen.«[10] Das mit dem »Haus« sichtbar werdende Prestige verwandelte die »Kneipe« in ihr Gegenteil: Repräsentativ, ja demonstrativ steht das neue Haus auf dem Österberg, distanziert von der Stadt und, auf seinem großen Grundstück, von der künftigen Nachbarschaft, gewissermaßen als vornehmer Rückzug auf den Präsentierteller.

Andere Universitätsstädte waren Tübingen nur wenig vorausgegangen. So soll Marburg das erste eigene Korporationshaus aufgewiesen haben, ein älteres, von einem Gönner für die Verbindung schon 1862 angekauftes Gebäude.[11] In Heidelberg hatte das Corps Saxo-Borussia 1874 das alte Lokal »Riesenstein« erworben. 1882 folgte das Haus der Vandalia als erstes eigenständiges Verbindungshaus, wohl überhaupt als erstes für diesen Zweck errichtete Gebäude.[12] Bis heute sind in Heidelberg aber besondere Neubauten in der Minderheit geblieben.

Auch in Tübingen gab es neben Neubauten die Anmietung oder den Ankauf von Privatbauten durchaus häufiger (u. a. Stochdorphia, Nicaria, Germania Straßburg, Arminia, Hohentübingen). Dabei spielte der Gedanke an die Wiederverkäuflichkeit als Wohnhaus eine wichtige Rolle. Das gilt selbst für viele Neubauten. So ordneten sich die älteren Häuser von Wingolf, Franconia und Ghibellinia in den normalen städtischen Wohnungsbau ihrer Zeit ein.

Anfänglich gab es durchaus auch Widerstände gegen den Bau eigener Häuser. Man sah die Kehrseite der Repräsentation und Distinktion ganz sachlich, nämlich als Gefahr der Abkapselung vom allgemeinen studentischen Leben und der finanziellen Abhängigkeit der Activitas von ihren wohlhabenden Gönnern. So wurden 1892/93 bei der Normannia Bedenken laut gegen die »dem alten Burschenschaftsgedanken straff zuwiderlaufende Neigung zur strengeren Absonderung und zu eigenbrödlerischem Partikularismus«.[13] Was dann allerdings später an der Stauffenbergstraße 21 für die Normannia gebaut wurde, ist eines der opulentesten Prachtgebäude überhaupt.

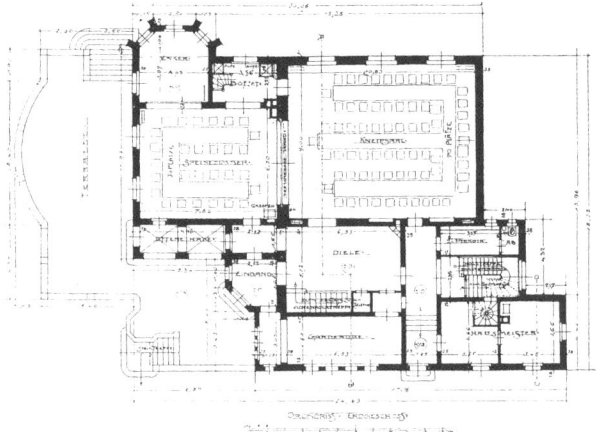

Erdgeschoß des Hauses der »Normannia«, erbaut 1904/05 von Richard Dollinger. An die Stelle des Salons tritt der Kneipsaal der Verbindung. Das bürgerliche Zentrum gehobener Wohnkultur, das die Zeit liebte, ist die »Diele«.

Ungeachtet der Gefahr der Abkapselung und der finanziellen Abhängigkeit von Gönnern baute die »Normannia« an der Tübinger Stauffenbergstraße 21 eines der opulentesten Prachtgebäude. Auf der linken Seite der Grundriß der 1904/05 von Richard Dollinger erbauten Villa.

Um 1900 galt der Besitz eigener Häuser schlicht als unvermeidlich, ebenso wie der Farben tragende »Couleur-Student« trotz der weit zahlreicheren »Finkenschaft« der Nicht-Korporierten als erstrebenswertes Idealbild der gesamten Studentenschaft galt.[14] Das eigene Haus wurde zur Existenzfrage für Verbindungen, die auf Ansehen Wert legten. Aber das wichtigste Argument war (und ist bis heute), daß eben das »Haus« eine entscheidende Rolle beim »Keilen« spielte, also dem Gewinnen von Nachwuchs – vor allem beim Gewinnen des »richtigen« Nachwuchses.[15] 1903 wurde in den Tübinger Blättern konstatiert, daß sich durch die Korporationen sogar das gesamte soziale Milieu der Universität verändere. Paradoxerweise hoffte der Autor darauf, daß die Verbindungshäuser hier stabilisierend wirken:

»Auf keiner Hochschule, München allein ausgenommen, sind die Korps so stark wie in Tübingen (…). Norddeutscher Einfluß hat den Prozentsatz der Studenten, die sich zur unbedingten Satisfaktion bekennen, erheblich hinaufgetrieben. Am förderndsten aber war wohl in diesem Sinne das Institut der Reserveleutnants (…). Umgekehrt wird es für die in norddeutschen Großstädten Geborenen immer mehr üblich, für die frühesten Semester, die man dem Korporationsleben zu weihen gedenkt, eine kleine und besonders gern eine süddeutsche Hochschule aufzusuchen, deren altertümliche Romantik für den Norddeutschen einen besonderen Reiz hat (…). Wofern sie nicht eben Landeskinder sind, und dann meist durch Stipendien gestützt, werden die ärmeren Elemente der Studentenschaft Tübingen mehr und mehr meiden.

Die Hochschule ist, wenn auch nicht ganz in demselben Maße wie Heidelberg, auf die Luxusfüxe angewiesen. Wer sich still und bescheiden durchdrücken oder gar seinen Lebensunterhalt ganz oder teilweise erwerben muß, wird die Großstadtuniversität aufsuchen (…).

Die Verbindungshäuser als die modernen »Bursen« helfen die Bursaren hier halten.«[16]

DAS »EIGENE HEIM«

Vorrangiges und plakativ stets beschworenes Ziel der Baubestrebungen ist das »eigene Heim«. Keine Einweihungsrede, kein erinnerungsseliger Rechtfertigungsdiskurs kommt ohne diesbezügliche Rhetorik aus. Schon zum ersten Suevia-Haus hieß es 1890:

»My house is my castle, sagt der Engländer und spricht damit einen echt deutschen, ihm von seinen sächsischen Voreltern überkommenen Grundsatz aus. Und noch heute ist ein guter deutscher Zug die Sehnsucht nach eigenem Heim, ein Zug, der leider in breiteren Schichten der Bevölkerung, namentlich aber bei der fluktuierenden Einwohnerschaft der Städte bedeutend abgeschwächt ist – nicht zum Vorteil deut-

Das »eigene Heim« der Verbindungen gewinnt eine entscheidende Rolle beim »Keilen«, dem Gewinnen des »richtigen« Nachwuchses. Detail des Eingangsbereichs der »Borussia«.

Der Altbau der »Franconia« entstand 1888 als eine historistische Villa in Formen der deutschen Renaissance.

Unter dem Einfluß der »Stuttgarter Schule« des Architekten Theodor Fischer erstellte Richard Dollinger 1907/08 einen attraktiven Neubau für die Reform-Verbindung »Stuttgardia«. Er entstand an der Stelle eines Wirtshauses und eines 1895 daneben errichteten Fachwerkbaus mit Aussichtsdach. Auf der nächsten Seite oben der Turm der »Franconia«, unten der Eingang der »Stuttgardia«.

scher Eigenart. Wer hätte aber vor Jahren glauben können, daß das bewegliche Völkchen der Studenten diesem deutschen Zuge bald in so ausgedehntem Maße Rechnung tragen werde, wie es heutzutage geschieht?«[17]

Der Mummenschanz des studentischen Verbindungswesens würde verkannt, wenn wir nicht seine andere Seite ernst nähmen: die der Sozial-disziplinierung und Konditionierung der bürger-lichen Führungselite, der Einübung des akademi-schen Nachwuchses in politische, soziale, ethische und stilistische Normen. Und dazu gehört eben auch diese Norm vom »eigenen Heim«, auf dem Niveau der Elite architektonisch als »Villa« formu-liert. Das zeigt schon das Aussehen der Häuser, das zeigt auch ihre Entwicklung seit den 1880er Jahren.[18]

So wird die im Rückblick verhältnismäßig kleine Kneip-Burg der Rhenanen 1910/11 durch einen Erweiterungsbau zur behäbigen, schön gegliederten Groß-Villa. Das Corps Borussia ersetzt seinen ersten, 1887/88 entstandenen Hausbau – für Tübin-ger Verhältnisse war es immerhin auch schon eine schöne zweigeschossige Villa – durch eines der qualitätvollsten Häuser überhaupt, in schönster Lage, geschickt von der Straße her in den steil ab-fallenden Garten hineinkomponiert (Lossow & Kühne 1906/07). Die benachbarte Stuttgardia er-hielt 1907/08 ihren Neubau von Richard Dollinger als ein ebenfalls ganz besonders schönes Haus im Sinne der neuen, unter Theodor Fischers Einfluß sich entfaltenden Stuttgarter Architektur. Diese (Reform-)Verbindung hatte Anfang der 1880er Jahre ein an dieser Stelle stehendes Wirtshaus ange-kauft – einen zweigeschossigen Bau ganz ähnlich der ersten Borussia. Charakteristischerweise hatte diese einem Weingärtner gehörende Gastwirtschaft den Namen »Villa« geführt. 1895 war daneben ein einfacher Fachwerkbau mit Aussichtsdach errichtet worden, um mehr Kneip-Raum zu haben.

ROMANTIK

Wenn in Tübingen Verbindungshäuser Spitznamen auf sich gezogen haben wie »Bierkirchle« (so hieß das 1895 erbaute Germania-Haus), dann zeigt sich darin auch, wie kritisch die Exzesse historistischer Zitate – in diesem Falle ein romanisierender »Kirch«-Turm – bewertet wurden.[19] Gerade solche Züge zeichnen jedoch auch die landläufige Villen-kultur aus: Wohl jeder Villenbesitzer dieser Epoche erwartete ja von seinem Haus ein Assoziations-angebot, sozusagen ein kulturelles Maßgewand zur Erhöhung des Lebensgefühls, das ihn in die Tradi-tion von Rittern, Granden oder Renaissancemagna-

ten stellen, in Wunschzeiten und in ferne Sehn-suchtsgegenden versetzen sollte. Türme und Bur-gen, Renaissance-Loggien, mittelalterliche und mediterrane Assoziationen machen geradezu ihr Wesen aus. Gerade diese Anstrengungen allzu sehr an Maskerade gemahnender, scheinbar bedeutungs-voller Form gerieten gegen 1900 freilich in scharfen Konflikt mit dem kulturellen Wandel der um 1900 die bürgerliche Öffentlichkeit erfassenden Reform-bewegung, die zur Moderne führte. Sie machte sich die seit Jahrzehnten immer schärfer artikulierte Kritik an historischen Rückgriffen zu eigen.

Wenn im Zuge dieses Wandels die »Burgen« der Studenten bald besonders kritisch gesehen wurden,

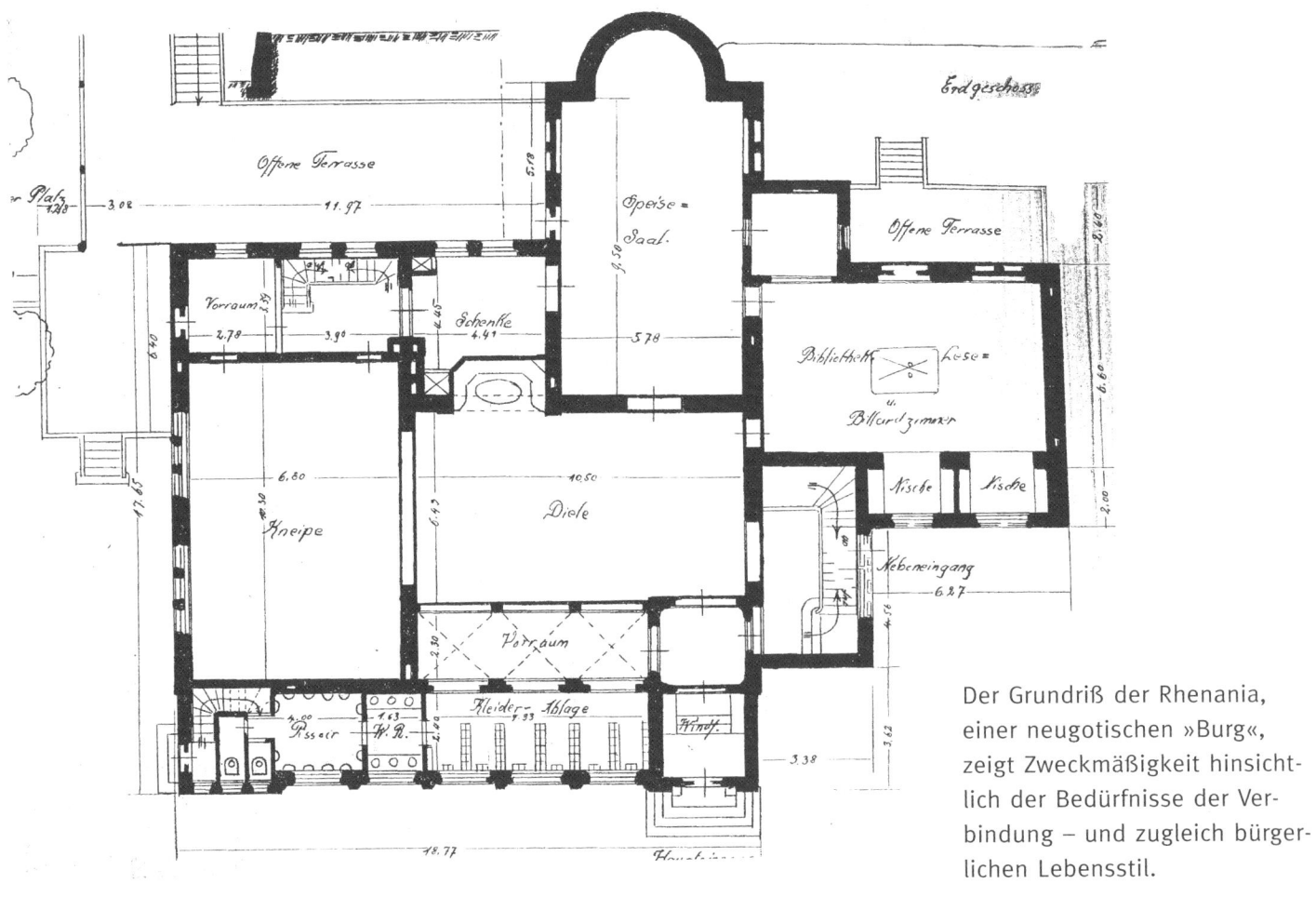

Der Grundriß der Rhenania, einer neugotischen »Burg«, zeigt Zweckmäßigkeit hinsicht-lich der Bedürfnisse der Ver-bindung – und zugleich bürger-lichen Lebensstil.

war das aber wohl nicht ganz gerecht. Eines der »historistischsten« Verbindungshäuser überhaupt, dazu das erste besonders aufwendige, nämlich das der Rhenania, ist in dieser Hinsicht besonders aufschlußreich: Für die Wahl des gotischen Stils waren dort anscheinend keineswegs romantische oder sonstwie assoziativ-inhaltliche Gründe maßgebend, vielmehr soll es die Architekturtheorie von Eugène Emmanuel Viollet-le-Duc (1814–1879) gewesen sein, von einem der Wegbereiter des modernen Funktionalismus also, der freilich das Heil in der Gotik gesucht hatte. »Er lehrte die Kunst, wieder gut zu bauen, nicht Fassaden wie Karnevalskostüme den Bauten überzuwerfen, sondern die Form aus dem Zwecke sinngemäß und stilistisch echt zu entwickeln und mit höchster technischer Vollendung wiederzugeben«, heißt es in der Rhenanenchronik. Allerdings ist nicht ganz auszuschließen, daß diese erst nachträglich berichtete Haltung des Architekten sozusagen eine Rechtfertigung ex post, aus der Perspektive des Neuen Bauens ist.[20]

Das Haus der Turnerschaft Hohenstaufen (Adolf Schiedt 1902) ist als Versuch, den Zweck durch weitestgehende Anlehnung an staufisch-romanische Vorbilder zu verwirklichen, eine völlig alleinstehende Ausnahme, deren Interpretation sich aus dem Namen der Verbindung ohne weiteres ergibt und wohl den persönlichen Interessen der treibenden Kräfte zuzuschreiben ist. Mit dem zitierten Mittelalter werden hier vaterländische Gedanken verbunden, die auch bei allen anderen Verbindungen ausgeprägt vorhanden und teilweise an deren fortschrittlicheren Bauten artikulierbar waren. Aus ähnlichen Gründen wie bei der Hohenstaufia findet sich ein historisches Element beim – ansonsten völlig modernen – Haus der Ulmia, wo aus naheliegenden Gründen das Giebelmotiv des Ulmer Rathauses zitiert wird.[21] Die besonders späte romantische »Burg« des »Igel«-Hauses (1900/02 erbaut) wurde allerdings schon von Anfang an als bizarr und unpassend empfunden.

»VILLA«

Die Häuser wurden also mit anspruchsvollen Formen gebaut – und sie wurden immer stattlicher. Aber sie erscheinen dadurch immer mehr als das, als was sie von Anfang an auftraten; die Geschichte der Stuttgardia bringt es – wenngleich fast zufällig – mit ihrem ersten Haus auf den Begriff: Es ist die bürgerliche, die herrschaftliche Villa. Die Neubauten der Verbindungen reihen sich ein unter die schönsten Beispiele der Villen ihrer Zeit – vollends dann in deren um 1910 sich wandelnder Auffassung als »Landhaus«: In großen Gärten frei sich entwickelnde, individuelle Baukörper machen in ihrem Erscheinungsbild deutlich, daß sie auf einem vielfältigen, auf die Mitte hin versammeltem Innenleben beruhen. Trotz der großen Fenster von Kneip- und Commers-Sälen unterscheiden sie sich in nichts von den großen Villen der Nachbarschaft. Und mit ihnen teilen sie das Anliegen der sozialen Distinktion, der Entfaltung eines komplexen und anspruchsvollen Lebensstils und der Repräsentation.

Tübingen erhielt 1908/09 eine Villa, die in jeder Hinsicht repräsentativ für die Anliegen der Reformbewegung ist: Theodor Fischer hatte sie für den Verleger Paul Siebeck gebaut. Auf dem Österberg gelegen, hatte sie sich in ein ganzes Viertel von Studentenhäusern und Villen eingenistet. Mit ihrem hochkomplexen Ensemble zum breitgelagerten Kern hin komponierter Funktionsbereiche, ihrem Verzicht auf stilistisch der Vergangenheit zuzuordnendes Ornament, ihrer gleichwohl aus traditionellen Baustoffen entwickelten, bodenständigen Bauweise – Putzbau mit pfannengedecktem Walmdach – steht sie schon jenseits des programmatischen »Heimatstils« und leitet jene gemäßigte Moderne ein, die seitdem die deutsche Architektur bestimmte. Ihr Bauherr mit seinem besonderen kulturellen Anspruch hat sich darin ohne Zweifel besonders gut aufgehoben gefühlt. Wie der Zufall

so spielt, wurde das Haus 1933 an die Verbindung Eberhardina verkauft. Heute genutzt als Haus des Leibniz-Kollegs, ist es inzwischen so etwas wie ein alternatives Studentenhaus geworden: Villen dieser Größenordnung sind vielfältig einsetzbar. [22]

Die benachbarte, ebenfalls von Theodor Fischer 1908/09 erbaute Professorenvilla Stauffenbergstraße 32 ist kleiner. Für die Österberg-Bebauung definiert aber auch sie zusammen mit zahlreichen anderen bürgerlichen Villen der Zeit um 1910 – etwa der von Ernst Brill gebauten Villa Stauffenbergstraße 18 – das Anspruchsniveau und Milieu, in das sich die Verbindungshäuser einlagern und mit dem sie in Einklang leben. Denn die bedeutendsten Vertreter wie die Mehrzahl der Verbindungshäuser überhaupt entstanden ja auf diesem Höhepunkt des Villenbaus am Anfang des 20. Jahrhunderts.

Die am Anfang des 20. Jahrhunderts allgemeine Bemühung, den Historismus in der Architektur zu überwinden, die in Württemberg vor allem in Theodor Fischers Lehrtätigkeit in Stuttgart 1901 bis 1907 einen starken Motor gefunden hatte und die bald in der »Stuttgarter Schule« seiner Adepten eine jahrzehntelange Blüte erreichen sollte, fand in Tübingen geradezu einen Hauptträger in den Bestrebungen der studentischen Verbindungen, mit ihrem jeweiligen Hausbau etwas »Neues« zu bieten im Sinne geschmacklichen und funktionellen Fortschrittes. Gerade hier findet sich regelmäßig die Polemik gegen die kurz zuvor gebauten »Burgen« als romantische Irrtümer. »So haben Dollinger und einige andere Architekten beim Bau ihrer neuesten Studentenhäuser mit Einsicht und gutem Geschmack auf die Anlage eines Turmes samt seinem

Der Bergfried des »Igel« wurde schon unmittelbar nach der Errichtung des Haues 1900/02 als Störung des Tübinger Stadtbildes empfunden. Nach über hundert Jahren trägt er um so mehr zu dessen Reiz bei.

Beiwerk verzichtet und keine Burgen, sondern Häuser geschaffen.« [23]

Selbst da, wo es die Veranlassung gegeben hätte, wandte man sich vom Historismus ab. Als der Verbindung »Lichtenstein« für ihren Neubau Schwabstraße 6 (Mack & Klass 1907/08) ein entsprechender Entwurf vorgelegt wurde, fand der »keinen Beifall, da er sich allzu sehr an das Schloß Lichtenstein anlehnte, wir aber der Meinung waren, daß in Tübingen schon allzu viele Häuser im Burgenstil herumstanden. Wir wollten etwas Neues.« [24]

Nicht immer ist dieses Gefühl heute noch nachvollziehbar; aber objektiv – gemessen am Stand der Entwicklung um 1900 – war es richtig, wenn etwa das vor dem Umbau eher bizarr wirkende Haus der Guestfalia von seinen Erbauern als »ein hochgelungenes Bauwerk modernen Stiles« empfunden wurde. [25] Charakteristisch ist die Einschätzung des Derendingia-Hauses (Hummel & Förstner 1904/05), als »ein erfreuliches Zeichen von der Verfeinerung des architektonischen Geschmacks: Es will nicht mehr vortäuschen, als es in Wirklichkeit ist: Das Heim einer auf dem heutigen Kulturboden gewachsenen Korporation.« [26]

Vollends wird die Einschätzung des Stuttgardia-Hauses durch seine Auftraggeber dem Rang gerade dieses Gebäudes gerecht:

»Frei von aller falschen Romantik bringt das Haus in Grundriß und Aufbau den leitenden Baugedanken klar zum Ausdruck. Es soll zugleich ein Wohnhaus und ein Gesellschaftshaus sein für moderne Studenten, also für junge, allen Eindrücken des Auges gegenüber frisch empfänglichen Menschen (…). Ohne überladenen Prunk beschäftigt es den Schönheitssinn durch die gefällige Anmut seiner äußeren Formen, beruhigt das Einsamkeitsbedürfnis in der Stille beschaulicher Wohnstuben und läßt den Strom der Geselligkeit hinfluten durch breit behagliche Unterhaltungsräume. Die Feierlichkeit der vom akademischen Verbindungsleben untrennbaren Repräsentation kommt zum Ausdruck in der vornehmen Diele (…)« [27]

Bedeutende Architekten wurden dabei herangezogen. So Eisenlohr & Weigle aus Stuttgart
(Suevia), Lossow & Kühne aus Dresden (Borussia),
beide mit den aktuellsten, an spätbarocken Vorbildern orientierten Bauformen. Spezialisten des
bürgerlichen Wohnhausbaus kamen zum Einsatz
wie Richard Dollinger. Mit seinen Bauten für
die Normannia, Stuttgardia und Virtenbergia hat
gerade er markante Beiträge geleistet, mit denen
er sich als einer der jungen Vertreter der Reformbewegung in Württemberg positionierte; sein
»wissenschaftliches Eindringen in das Wesen der
Architektur«, seine Kenntnis der Architekturgeschichte, sein Gefühl für die natürlichen Eigen-
schaften der konstruktiven Mittel und »die in
seinen Werken zum Ausdruck kommende, starke
Betonung einer echt schwäbischen Eigenart« (durch
den Einsatz von Fachwerk und steilen Dächern)
werden an ihm gerühmt.[28]

Man könnte von einem Selbsterziehungsprozeß
sprechen, den die Verbindungen in fünfzehn Jahren
durchgemacht haben: Eingebunden in die Reformbewegung der kulturellen Elite, distanzieren sie sich
vom Historismus und streben nach »Kultur«.

TÜBINGER STADTENTWICKLUNG

Die Entstehungszeit der Verbindungshäuser
bindet sie in die allgemeine Ausdehnung der Stadt
durch bürgerliche Wohnbauten und, um 1900, in
die Steigerung der Ansprüche an deren städtebauliche Qualität ein. Auch dieser Zusammenhang
trägt zu ihrem schließlich gewonnenen städtebaulichen Gewicht bei: Als aufwendigste Privatbauten
ihrer Zeit in Tübingen konnten sie die wichtigsten
Bauplätze in den neuen Wohngebieten in Anspruch
nehmen. Bald entsprach dem auch der stadtplane-
rische Anspruch an die Verbindungen. Die stets
beim Bau der Häuser gerühmte Rolle als »Zierde«
und Bereicherung der Stadt wurde von dieser ein-

Zu Anfang des 20. Jahrhunderts suchte man den Historismus in der Architektur zu überwinden und polemisierte gegen die zuvor errichteten »Burgen« als romantische Irrtümer. Das »Derendingia«-Haus an der Tübinger Schloßbergstraße 5 galt als ein »erfreuliches Zeichen von der Verfeinerung des architektonischen Geschmacks«.

gefordert. Das für die Erweiterung des Rhenanen-Hauses 1907 eingesetzte Preisgericht für den Planungswettbewerb hatte den ausdrücklichen Auftrag, »darauf zu achten, daß der Neubau dem Charakter Alt-Tübingens und dem Landschaftsbilde entspräche«.[29]

Dabei wirkte 1908 Theodor Fischer mit – neben den angesehenen Stuttgarter Architekten Eisenlohr und Schmohl. Theodor Fischer war auch der entscheidende Gutachter bei der vom Tübinger Gemeinderat und dem Stuttgarter Finanzministerium als Eigentümer des Schlosses durchgesetzten, städtebaulich sauberen Lage und Komposition des Hauses der Derendingia 1903/04, die insbesondere die als störend empfundene Turmburg des »Igel« relativieren sollte.[30]

Das Ergebnis ist, daß Tübingen als Ganzes, gerade weil die Häuser immer bewußter in ihr Bild eingefügt wurden, ihnen auch regelrecht unterworfen wurde: Vom Schloßberg und vom Österberg her umschließt die über Schloß und Stiftskirche gelegte Stadtkrone die Gemeinde. Man kann es auch so sehen: In anderen Städten dominieren die Villenviertel die Sozialtopographie und zeigen an den schönsten und prominentesten Orten, wer die Herren der Stadt sind, wem diese in Wahrheit unterworfen ist; in Tübingen übernehmen die Verbindungshäuser zusammen mit den Villen der bürgerlichen Oberschicht diese Rolle. In die örtliche Elite fügt sich die überregionale Oberschicht aus ganz Deutschland als tonangebend ein – sozial zwar fließend, dafür aber architektonisch um so prägnanter.

Darin spiegelt sich die unverhältnismäßig große Bedeutung der Universität und ihrer Angehörigen innerhalb der kleinen Universitätsstadt wider. Zudem legen die aufwendigen Bauten Zeugnis ab von der besonderen Art der Attraktivität von Stadt und Universität um 1900, galt doch das Verbindungsleben in Tübingen noch vor Heidelberg und Jena als besonders rege: »Es gibt im ganzen deutschen Reiche, selbst in Jena und Heidelberg nicht ausge-

nommen, keine Universität, auf der das Korporationswesen in solcher Blüte stünde wie in Tübingen, keine, für welche die betreffenden Altherrenschaften solche Kapitalien aufgebracht haben, um ihren Korporationen stattliche Heimstätten zu schaffen.«[31]

DAS RAUMPROGRAMM

»Reform« des bürgerlichen Profanbaues bedeutete um 1900 bis 1910 vor allem eines: Gegenüber akademisch formalistischen Entwurfsmethoden (Symmetrie und Palastschema im Sinne der Neorenaissance, freie Gruppierung im Sinne der Neugotik) sollte das Raumprogramm, die Fügung der Räume zur Hauptsache werden, zur Grundlage der äußeren Gestaltung. Von innen nach außen sollte entworfen werden. So wird denn in den zeitgenössischen Veröffentlichungen über Studentenhäuser immer das Besondere des Raumprogramms herausgestellt. Daß diese Bauten hier den Villen zugeschlagen werden, beruht nicht auf dem Urteil der zeitgenössischen Fachleute. Die waren vielmehr stolz darauf, das Ungewöhnliche dieser Bauaufgabe vom Grundsatz her durch Verarbeitung ihres Programms verstanden zu haben.[32]

Aber im Rückblick vereinfacht sich die Sache doch sehr: Das Raumprogramm der Verbindungs-

In der romantischen Schönheit der Städte ebenso verwurzelt wie in der Geschichte der deutschen Universität: die studentischen Verbindungshäuser. Das »Schwabenhaus« (ehemals Suevia) stellt die Verbindung zum Neckar her und bildet den Auftakt für das bürgerliche Wohnviertel am Österberg und zu den Verbindungshäusern, die ihn krönen. An den schönsten und prominentesten Stellen der Stadt gelegen, prägen sie die Sozialtopographie und spiegeln die Bedeutung der Universität und ihrer Angehörigen.

häuser, wie es etwa das »Handbuch der Architektur« 1904 zusammenfaßt, läßt sich ohne weiteres auch als das einer auf gesellschaftliche Aktivitäten hin konzipierten bürgerlichen Villa lesen: Kneipzimmer, Schank- und Anrichteraum, Konventszimmer lassen sich gleichsetzen mit Speisesaal nebst Zubehör und Herrenzimmer; Festsaal und Lesezimmer, Wohnzimmer und Schlafräume für die Aktiven entsprechen gleichfalls dem üblichen Programm. Der Wohnung des Korpsdieners entspricht selbstverständlich der übliche Bedarf für das bürgerliche Dienstpersonal.[33] Allein der für die »schlagenden« Korporationen hochspezifische Fechtsaal könnte als Besonderheit angeführt werden. Aber der wird überall mehr oder weniger unsichtbar ins Untergeschoß oder auf den Dachboden verlagert.

Gerade das für die Bautypenlehre des 19. Jahrhunderts kanonische »Handbuch der Architektur« zeigt wegen seiner sachlichen Zuordnung zu den »Gesellschaftshäusern« sogar besonders deutlich, daß die Studentenhäuser eben doch etwas anderes sind als das, was dort sonst zu verhandeln war. Nichts haben die Studentenhäuser mit dem klassischen Clubhaus englischer Prägung, nichts mit Adels-Redouten oder anderen Vereinshäusern, nichts mit Freimaurerlogen gemeinsam.[34]

Eines hat die Gattung »Verbindungshaus« übrigens den »richtigen« Villen voraus: Ihnen blieben

Die Verbindungshäuser sollen ihre Bewohner und Benutzer »erziehen«: Sie spiegeln nicht nur den Lebensstil ihrer Alten Herren; manchen »Fux« haben sie erst in das Verhalten nach bürgerlichen Normen in einer anspruchsvollen Diele, im Salon und im Saal einer Villa eingeübt. Das 1899 von Eisenlohr & Weigle erbaute Rokoko-Schlößchen an der Tübinger Gartenstraße 12 am Fuße des Österbergs ist als Ganzes und mit seinen architektonischen Details eines der schönsten Verbindungshäuser überhaupt.

die eingreifenden Umbauten und nachhaltigen Veränderungen erspart, wie sie so häufig seit dem Ersten Weltkrieg als Folge von Wohnungsteilungen und -einbauten sowie inzwischen durch Umnutzungen etwa für Bürozwecke eingetreten sind. Selbst nach der Auflösung der Verbindungen im »Dritten Reich« und nach den »Zweckentfremdungen« (wie es in den späteren Rückblicken und Chroniken öfters heißt) in der Nachkriegszeit bewahrten die Häuser ihre ursprüngliche Nutzung oder gewannen sie zurück. Zwar erhielten einzelne in den »guten« Verbindungszeiten um 1930 oder in den fünfziger Jahren Erweiterungen und Anbauten, aber die allermeisten bewahrten ihr ursprüngliches Erscheinungsbild bis heute. Aus demselben Grunde wurden Verbindungen sogar regelrecht zu Rettern von Villen, etwa in Heidelberg die Palatia (Villa Fuchs, Ziegelhäuser Landstraße 43; Restaurierung 1979/82) oder die Afrania (Palais Lobstein, Schloßberg 55, erworben 1960).[35] Denn Verbindungen können nach wie vor das Ganze ebenso brauchen, um standesgemäß zu repräsentieren, wie sie die Raumdifferenzierung im einzelnen auf ihre Bedürfnisse anwenden können.

DER »GEIST« DER HÄUSER

Man möchte den Häusern gern einen bestimmten »Geist« zuweisen, hat freilich auf Grund der Selbstzeugnisse und Chroniken der Verbindungen dazu nicht viele Chancen: Gesundes Gemeinschaftsleben, Vaterlandsliebe, Heimatverbundenheit, einen offenen Sinn – es sind bürgerliche Gemeinplätze der konservativen deutschen Führungsschicht, denen man als leitenden Ideen des Verbindungslebens begegnet. Als Karikaturen sind sie nur allzu bekannt – so war ja auch etwa Heinrich Manns »Untertan« (1916) ein Korporationsstudent. Das überwiegend nationale, häufig völkische Gedankengut schloß, jedenfalls bis zum Zweiten Weltkrieg,

entschiedene, teils heftige antisemitische Haltung ein – was übrigens zur Folge hatte, daß sich in Deutschland auch offensiv jüdische Verbindungen konstituierten, allerdings nicht in Heidelberg und Tübingen.[36]

Konkreter ist schon die Rolle der Häuser selbst in diesem Zusammenhang: Sie sollen – manchmal wird das ausdrücklich gesagt – ihre Bewohner und Benutzer »erziehen«. Sie haben demnach nicht nur den Lebensstil ihrer Alten Herren gespiegelt, das Leben einer in Villen aufgewachsenen, nachrückenden Generation standesgemäß, mit den gewohnten Mitteln architektonischer Distinktion gerahmt, sondern wohl auch manchen Fux überhaupt erst eingeübt in die bürgerlichen Normen »Comment«-gemäßen Verhaltens in einer anspruchsvollen Diele, im Salon und im Saal – in der Villa.

Gerade die Reformen nach der Jahrhundertwende, die historistische Verkleidungen hinter sich lassen und »modern« sein wollen, sind in diesem Sinne erzieherisch zu verstehen. So heißt es – wieder anläßlich von Dollingers Studentenhäusern – 1909 über dessen Studentenzimmer in der Stuttgardia: »Unter Vermeidung jeglichen Aufwandes ist es schlicht und gut bürgerlich ausgestattet, seine Bewohner nicht zu stolzer, herrischer Art herausfordernd, sie vielmehr zu bescheidenem Sinne und freundlich heiterem Gemüt erziehend.«[37]

Die Normannen danken schon 1905 demselben Architekten dafür, daß er »den Charakter unserer Verbindung erfassend, ein Haus geschaffen von edler Einfachheit, in sich geschlossener Eigenart und frei von hohlem leerem Zierat, aber künstlerisch fein und so den Sinn weckend und erziehend für das Schöne und Edle.«[38]

Beides klingt phrasenhaft und banal, aber im Horizont der deutschen Kultur des Kaiserreiches glaubt man doch, mehr dahinter ahnen zu dürfen: »Die Welt als Villa und Vorstellung« – dieses auf einen ganz anderen Zusammenhang gemünzte

Bonmot[39] könnte möglicherweise von hier aus vertieft werden: Es ist nicht nur die ironische Brechung des Schopenhauerschen Systems um eines Wortwitzes willen. Arthur Schopenhauer und dann Friedrich Nietzsche haben das deutsche Bürgertum des Kaiserreiches tief geprägt – wohl meist gebrochen, trivialisiert und banalisiert, aber eben parallel zur Kultur der Villa – in der Villa, sozusagen.

Die kulturellen *hot spots* der zweiten Hälfte des 19. Jahrhunderts waren nicht mehr – wie früher –

Detail des »Schwabenhauses« des Corps Suevia am Neckar.

Goethes Haus am Frauenplan in Weimar oder in Tübingen das Haus Ludwig Uhlands – bürgerliche Stadthäuser, sondern Villen: von der Villa Wesendonck und der Villa Wahnfried bis zur Villa Shatterhand, von Richard Wagner bis Karl May. Irgendwie ist das archaisch Lebendige, das brutal Irrationale der studentischen Verbindungen durchaus ein Stoff gewesen, der in seiner Widersprüchlichkeit zur intellektuellen, wissenschaftlichen, »modernen« Umwelt der Universität stand und steht, aus dem Stoff also ist, der auch durch Richard Wagner als Kulturgut verinnerlicht worden sein mag.

Die Kultur der Villa als Lebensform – in der Sehnsucht nach einer »dunklen«, irrationalen, kraftvollen Vergangenheit des Renaissancismus, in der Projektion auf die fernen Zeiten eines Tiberius auf Capri, auf die Villen brillant amoralischer Renaissancefürsten, in der Vergegenwärtigung von Ritterminne und -abenteuer – ist mehr als nur die Nutzung eines neuzeitlichen Bequemlichkeitsaggregats, ist auch mehr als die demonstrative Verschwendung zur Manifestation sozialer Distanz. Arnold Boecklins Varianten seiner »Villa am Meer« (1864) ebenso wie seine noch erfolgreichere »Toteninsel« (1880) können als Ikonen dieser Kultur gelesen werden.[40]

EINE NACHBLÜTE: SCHMITTHENNER

Seit dem Ersten Weltkrieg spielen neu erbaute Verbindungshäuser praktisch keine Rolle mehr. Nur ein Neubau entsteht noch in Tübingen zwischen den Kriegen; er ersetzte das späthistoristische Haus der »Germania« in der Gartenstraße 3. Dieses bereits erwähnte »Bierkirchle« mit seinem markanten Turm war 1895/96 errichtet worden (Baurat Beger) und stand damals durchaus »baulich wohlgelungen (…) in mittelalterlichem Stil trutzig in die Höhe strebend (…)«[41] in unmittelbarer Nähe des schönen Biedermeier-Stadthauses von Ludwig Uhland und damit allerdings im krassen Gegensatz zu dessen klassizistischer Ruhe. Das neue Haus entwarf Paul Schmitthenner, der Exponent der ostentativ traditionalistischen »Stuttgarter Schule«.[42]

Man könnte das neue Germanenhaus, das 1930/31 entstand, als sein Tübinger Manifest bezeichnen. Was er dann 1932 in seinem Lehrwerk über »das deutsche Wohnhaus« ausführte, gilt hier: »Die Merkmale deutscher Baukunst sind entscheidend im deutschen Volkstum begründet, dessen Wesen wiederum bedingt ist durch das Stück Erde, mit dem es schicksalhaft verbunden, das die Wiege seiner Geschichte und seiner Art ist. In der deutschen Baukunst offenbart sich dieses Wesen am sinnfälligsten in der Tradition«.[43]

Nun ja, seine moderne Formenleere und sein zugleich verschmockter Traditionalismus zeigen vor allem eins: Stuttgarter Schule! Ohne Ideologiekritik kommt man aus und sagt wohl doch etwas nicht ganz Falsches, wenn man feststellt, daß auch dieses Haus in Schmitthenners Werk sich vor allem in die Reihe der Villen einpaßt, die er errichtet hat – alles Varianten des »deutschen Wohnhauses«, mit einfachem Putzbauquader, Walmdach, subtil proportionierten, aber etwas parataktischen Fenstern. Kurzum: Auch dieses prominente Verbindungshaus ist eine Villa. Und es fügt sich durchaus zu einem Erlebniszusammenhang mit Schwabenhaus und Österberg. Leider ist sein anspruchsvoller Nachbar dem Zweiten Weltkrieg zum Opfer gefallen, eben das Uhlandhaus.

RESTAURATION UND SÜDLICHES FLAIR

Die studentischen Verbindungen wurden im »Dritten Reich« trotz ihrer überwiegend »rechten« Haltung gleichgeschaltet, ihre Häuser teils nationalsozialistischen »Kameradschaften«, teils anderen NS-Einrichtungen übertragen, teils eben noch rechtzeitig privatisiert. Und nach dem Zweiten Weltkrieg waren die Verbindungen beim Wiederaufbau der deutschen Universitäten zunächst unerwünscht, ja zeitweise verboten. Hinter ihnen standen freilich genügend einflußreiche Akteure, um eine Restauration zu ermöglichen. So wird etwa auch Konrad Adenauer zu den Korporierten gezählt.[44] Bis zur Mitte der fünfziger Jahre waren die meisten Häuser wieder im Besitz ihrer angestammten Verbindungen, wenn auch nur noch eine Minderheit der immer zahlreicheren Studenten ihnen angehörte.[45]

So ist es nicht erstaunlich, daß es nochmals zu einer kleinen Gruppe von Neubauten kam. Die Suevia gab ihr Schlößchen am Neckarufer endgültig auf und baute 1950/51 auf dem Österberg »im Sinne eines großen, einfachen Wohngebäudes« (Architekt Alfred Gunzenhauser). Zurückhaltend elegant ist der niedrige, asymmetrisch entwickelte Bau im leichten, transparenten, hellen Stil der fünfziger Jahre.[46] Wenn er überhaupt eine Ausstrahlung hat, dann ist es ein sommerliches, ja südliches Flair – Freizeit, entlastet, fern aller »deutschen« Tradition. Das kennzeichnet die fünfziger Jahre weithin.

War es Verdrängung oder ein neues Lebensgefühl? Jedenfalls sind auch die drei anderen Tübinger Nachkriegs-Verbindungshäuser der Cheruskia (Karl Wägenbaur 1955/56), des Luginsland (Artur Achstetter 1955/56) und der Nicaria (Karl Weidle 1955/56) ganz ähnlich gehalten und insgesamt also ganz und gar anders als ihre fünfzig und siebzig Jahre älteren Vorgänger. Dennoch stimmen sie immer noch mit jenen überein: Studentenhäuser sind zwar etwas Besonderes, vor allem etwas ganz besonders Tübingisches – aber doch immer nur Varianten bürgerlichen Wohnens im eigenen Heim.

Villen, die dem Publikum zugänglich sind, finden in der Öffentlichkeit größere Aufmerksamkeit als bewohnte oder zu Bürozwecken umgenutzte Villen. Die Villa Franck in Murrhardt – hier ein Foto aus dem Frühjahr 2005 – wird in den letzten Jahren für gastronomische und kulturelle Veranstaltungen genutzt. Das »architektonische und gartenbauliche Juwel« wird bewußt der Öffentlichkeit zugänglich gemacht. Dafür gibt es Unterstützung verschiedener Denkmalschutzorganisationen.

Villa und Denkmalpflege

EINE SPANNENDE BEZIEHUNG

VON CHRISTOPH SCHWARZKOPF

Tatsächlich: Die amtliche Denkmalpflege in Baden-Württemberg ist älter als die Villen der Gründerzeit, die sie heute zu bewahren helfen soll. Die Architekten dieser Villen waren sogar nicht selten erklärte Kontrahenten der denkmalpflegerischen Auffassungen, auf die wir uns heute berufen. Vielleicht auch deshalb tat sich die Denkmalpflege, die amtliche wie die interessierter Laien, der Architekten und Eigentümer lange Zeit schwer, sich diesem Gebiet zuzuwenden. Dabei haben manche Konservatoren die von ihren Nachfolgern geschmähte Architektur selbst geschaffen und wohlhabende Denkmalpfleger dergleichen Villen bewohnt, wie die beiden folgenden Episoden belegen.

Zu denen, die als Konservatoren selbst des Bauens kundig waren, gehörte der spätere Landeskonservator des damals preußischen Hohenzollern, Wilhelm Friedrich Laur. Ganz Kind seiner Zeit, hatte er in Hechingen 1885 das alte Fachwerk-Rathaus der Stadt um einen zweigeschossigen Renaissanceanbau erweitert, daran zwei türmchenbekrönte Eckerker und ein Zwerchhaus mit Dachreiter in der Mittelachse. Ausgerechnet dieser Bau wurde 1934 durch Paul Schmitthenner »entschandelt«, soll heißen: zu einem typischen, schlichten Bau mit Walmdach und Dachhäuschen umgebaut, ganz im Sinne der Blut-und-Boden-Architektur jener Zeit.[1]

Als renaissancebegeistert erwies sich auch der seinerzeit deutschlandweit bekannte »ehrenamtliche« Denkmalpfleger Adolf von Oechelhaeuser. Nachdem er 1893 auf den Lehrstuhl für Kunstgeschichte an der TH Karlsruhe berufen worden war, erwarb er die »Villa Reiss« in Karlsruhe. Der Fabrikant Adolf Reiss hatte sie 1885 vom Donaueschinger Hofbaumeister A. Kerler in der Gartenstraße errichten lassen. Damals am Stadtrand gelegen, war dies ein beachtliches Werk der italienisch geprägten Neorenaissance – für den aus großbürgerlichen Verhältnissen stammenden Oechelhaeuser ein standesgemäßes Domizil. Ein zeitgenössischer Kritiker äußerte 1910 unter der Hand, Oechelhaeuser habe durch »sein vieles Geld« in Karlsruhe Einfluß gewonnen. Politisch konservativ orientiert, hatte Oechelhaeuser im Jahr 1913 sein größtes Publikum, als er vor über zehntausend Menschen zum Kaisergeburtstag im Karlsruher Stadtgarten sprach.

Als Denkmalpfleger war der Kunstgeschichtsprofessor einer der Hauptakteure im Kampf gegen den Wiederaufbau des Heidelberger Schlosses und der maßgebliche Organisator des »Tages für Denkmalpflege«. Wenngleich nicht eigentlich eine Organisation, gewann diese jährliche Tagung auf die Denkmalpflegebestrebungen in Deutschland erheblichen Einfluß.

Angesichts des umfassend in Plänen überlieferten, historistischen Lebensumfeldes Oechelhaeusers wird deutlich, welch geistigen Spagat es für ihn hat

Das Festhalten am Alten sei geboten, »da wir einen Stempel für unsere Zeit nicht haben«, meinte Adolf von Oechelhaeuser beim Tag für Denkmalpflege im Jahr 1900. Dem entsprach auch das Innere seines Wohnhauses – hier in der Schnittzeichnung des Architekten Kerler, der es 1885 für den Fabrikanten Reiss in Karlsruhe errichtet hatte.

bedeuten müssen, als Denkmalpfleger historistische Wiederherstellungen von Bauten abzulehnen. Er war darin freilich auch nicht konsequent: So hielt er es beim ersten »Tag für Denkmalpflege« 1900 in Dresden für erfreulich, wenn er die neuen Bauteile an einem restaurierten Bau von den alten nicht unterscheiden könne. Das Festhalten am Alten sei geboten, »da wir einen Stempel für unsere Zeit nicht haben. Das Moderne wirke meist befremdend«. Mit dieser Auffassung paßte der Herr Geheimrat durchaus in die Villa Reiss – auch wenn er in ihrem Keller so etwas Modernes wie eine Dunkelkammer eingerichtet hatte, in der er seinem Hobby, dem Entwickeln von Fotografien, nachgehen konnte.

Später diente die Villa ganz unterschiedlichen Zwecken. 1930 vom Zentralverband der Angestellten erworben, genügten für dessen Zwecke kleinere Umbauten. Ihr düsterstes Kapitel erlebte die Villa in der Zeit des »Dritten Reiches«, als sie der Gestapo in Karlsruhe als Domizil diente. Stark kriegsbeschädigt und 1946 vereinfacht wieder aufgebaut, war sie zunächst Gewerkschaftshaus. Heute nutzt ein Senat des Bundesverfassungsgerichtes das Haus, das inzwischen unter Denkmalschutz steht. Grund dafür ist aber weniger die verblichene Neorenaissance als vielmehr die Nutzungsgeschichte, vor allem die Erinnerung an eine Schattenseite deutscher Geschichte.[2]

WANDEL DER DENKMALPFLEGE

Lange Zeit galt die Architektur der zweiten Hälfte des 19. Jahrhunderts nicht als lohnenswertes Feld der Denkmalpflege – ein Erbe der Architektur der Moderne, die jene Architektur vehement ablehnte, aber auch Folge neuen denkmalpflegerischen Selbstverständnisses: Wer den Nachbau im alten Stil ablehnte, konnte kein Verfechter gründerzeitlicher Stilimitate sein.

Das Nachrichtenblatt des Landesdenkmalamtes berührte das Thema erstmals 1974. Der heutige Hamburger Landeskonservator Eckart Hannmann beklagte »Verluste«: darunter auch eine »Villa in Sigmaringen«. Er schrieb: »Wie sorglos man mit Bauten des 19. Jahrhunderts umspringt, zeigt der Fall (…). Anstelle der noch in gutem Zustand befindlichen Villa wird sich ein profitgerechter, sechsgeschossiger, langgestreckter Flachdachneubau mit 52 Wohnungen erheben (…).« Bereits 1976 beschäftigte der Fall eines Gebäudes der Gründerzeit den Verwaltungsgerichtshof in Mannheim. Zwar keine Villa, sondern ein »Verbindungshaus«, bestätigte dieser Fall die gewandelte denkmalpflegerische Auffassung auch juristisch.

Inzwischen ist das Interesse an den Bauten jener Zeit gewachsen – geblieben sind aber die Kernprobleme:

Die Villen entstanden meist auf großen Gartengrundstücken, die seinerzeit am Stadtrand lagen. Der frühere Stadtrand ist heute oft so zentrumsnah, daß die Baulandpreise ganz andere Begehrlichkeiten wecken.

Für die Villen als Einfamilienhäuser großbürgerlichen Zuschnittes fehlten in Deutschland bereits seit der Zeit nach dem Ersten Weltkrieg vielfach die entsprechenden Interessenten. Lag das zunächst an dem wirtschaftlichen Niedergang, wurden in Deutschland in der Zeit des »Dritten Reiches«, nach 1945 in Ostdeutschland Villen aus rassistischen und ideologischen Gründen enteignet, verbrämt jeweils mit volkstümlichen Parolen. Aber auch Eigentümer wandten sich von ihren Villen ab, da sie nicht mehr zeitgemäß waren.

Sind diese den Villen eigentümlichen Probleme bislang oftmals gelöst worden, verbinden sich mit ihnen die immer wieder auftretenden denkmalpflegerischen: Das ist der »Kampf gegen die Zeit« – den Verfall, aber auch die Geringschätzung des Alten und die oftmals mutwillige (Teil-)Zerstörung. Dabei ist die »reine Lehre« der Denkmalpflege auch bei gutem Willen von Eigentümern und Denkmalpflegern nicht immer zu realisieren.

Fehlt der gute Wille des Eigentümers, hilft auch Denkmalrecht kaum. Zudem ist es im Regelfall nach der heutigen Rechtsprechung ein Leichtes, die Unzumutbarkeit der Erhaltung einer Villa nachzuweisen und so bei Bedarf eine Abbruchgenehmigung zu erwirken. Ist doch die Nutzung einer Villa als Einfamilienhaus nie unter Renditegesichtspunkten gedacht gewesen – allenfalls, wenn man seelischen oder auch den Selbstwert des Besitzers steigernden Nutzen veranschlagt. Bislang entziehen sich diese Werte jedoch einer nüchternen juristischen Betrachtung.

So ist für eine Villa, deren Unterhaltung mehr Aufwand erfordert als an (fiktiven) Einnahmen zu erzielen ist, ein Abbruch mit Gesetzeszwang nicht zu verhindern. In den »fetten Jahren« ließ sich manch unwilliger Besitzer durch die Aussicht auf einen Zuschuß umstimmen; aber je aussichtsloser das heute wird, desto geringer ist die Chance auf Erhalt. Dabei wird das vielen Villeneigentümern immer noch mit steuerlichen Abschreibungsmöglichkeiten erleichtert: je höher der Steuersatz, desto höher der Steuerbetrag, auf den das Gemeinwesen zugunsten der Erhaltung des Baudenkmales verzichtet. Reicht auch dieser Anreiz nicht aus, führt die Grundstücksverwertung zuweilen zum Abbruch.

Nun sind davon meist nicht die prominenten Fälle betroffen. Zum heutigen Selbstverständnis der denkmalpflegenden Zunft gehört aber, auch die minder prominenten Denkmale zu bewahren.

Sind die völligen Verluste dennoch eher selten, so führen die sogenannten Kompromisse häufig zu Lösungen, die das eigentliche Ziel kaum mehr erkennen lassen. Man kann zwei Wege der »marktkonformen Denkmalzerstörung« ohne Abbruch unterscheiden: Zum einen die – möglichst maximale – Grundstücksausnutzung, zum andern die Metamorphose der Villa zum Mehrfamilienhaus

mit Sozialwohnungsstandard (Variationen sind möglich). Dabei begleiten Denkmalpfleger diese Wege ganz wacker, in der manchmal trügerischen Hoffnung, das Schlimmste zu verhüten.

MARKTKONFORME DENKMALZERSTÖRUNG

Derlei Vorgänge sind keineswegs auf Baden-Württemberg beschränkt. Jedoch: Es ist müßig, in die Ferne zu schweifen, wo das Unglück liegt so nah. Zwei Fälle aus Karlsruhe belegen die Tendenz.

Zwischen 1896 und 1900 ließ sich der Maler C. W. Allers vom Karlsruher Bauunternehmer Gerhard ein Ateliergebäude an der damals noch locker bebauten Südendstraße errichten. Eigentümer des Grundstücks war der Zahnarzt Heinrich Allers.

Das Atelierhäuschen und seine Erweiterung von 1921 fanden behutsame neue Eigentümer, trotz eines maximalrentierlichen baulichen Mißgebildes im früher zugehörigen Garten.

Den Plänen entsprechend, entstand ein eingeschossiges Fachwerkhäuschen auf einem hohen Souterrain. Eher ein Gartenhäuschen als eine Villa, atmete der Bau den Geist deutscher Renaissance – vielleicht als Gegenpol zu dem, was der Maler bei seinen Italienaufenthalten schätzen gelernt hatte. Das Atelier erinnert an das Dürersche Gehäus' des Hieronymus. Passend dazu finden sich innen auch einige echte Renaissancetafeln. Vielleicht entstand das Häuschen auch deretwegen in dieser Form – nutzte Allers doch auf dem Grundstück bereits vorher das 1872 erbaute Landhäuschen eines Kaufmanns als Atelier.

C. W. Allers hatte in Karlsruhe studiert, lebte aber in den 1890er Jahren vor allem in Italien. Auf Capri ließ er sich in der Nähe der Villa Krupp nieder. Vermutlich deshalb kam es in Karlsruhe zunächst nicht zu dem bereits 1891 beantragten Atelierbau. Der Künstler floh 1902 aus Italien, nachdem er wegen Homosexualität zu vier Jahren Gefängnis verurteilt worden war. Ob er sein Karlsruher Domizil dann noch besuchte, ist unbekannt. Er starb 1915.

Im Jahr 1921 beauftragte der Zahnarzt W. Allers, wohl ein Neffe des Malers, den Architekten Alker, das altdeutsche Atelier zu einem villenartigen Wohnhaus zu ergänzen. Es entstand ein herrschaftlich wirkender, barock angehauchter Bau von drei Achsen mit Mittelrisalit und Mansarddach. Zu diesem steht das vorhandene alte Atelier von 1900 wie ein angebauter Seitenflügel. Die repräsentative Fassade läßt die geringe Tiefe des Neubaues von durchschnittlich nur sechs Metern nicht erahnen. Ganz zeitgemäß wurde es sogar mit einem Aufzug ausgestattet.

Über Jahre blieb das Grundstück – für heutige innerstädtische Verhältnisse – nur mäßig ausgenutzt. 1912 bereits war in der Nachbarschaft eine weitere Villa entstanden, im Stil der Zeit vom bekannten Karlsruher Architekten Zippelius errichtet. 1997 wurde das Allers-Haus von der Unteren Denkmalschutzbehörde als Kulturdenkmal bezeichnet.[3]

Dennoch witterte 1999 ein Bauträger seine Chance und beantragte – ohne den Eigentümer vorher informiert zu haben – einen Bauvorbescheid für ein flach bedachtes Mehrfamilienhaus im Gartengelände des Hauses. Umgehend wandten sich die Nachbarn, aber auch der Bürgerverein des Viertels gegen diese Bebauung, die natürlich dem Villencharakter der Nachbarbauten zuwiderläuft. Jedoch: Der Garten des Hauses war in der Denkmalbeschreibung nicht vermerkt. Somit nicht zum Bestandteil des Denkmals geadelt, ereilte den Garten das in diesen Kreisen übliche Verhängnis: Die Voranfrage war zu genehmigen, ungehindert durch baden-württembergisches Denkmalrecht, das, anders als die Mehrzahl der deutschen Denkmalschutzgesetze, keinen Umgebungsschutz kennt. Nur in einer höheren Denkmalkategorie würde ein solcher wirksam.

Gebaut wurde dann – durch einen noch radikaleren Bauträger – nicht drei-, sondern faktisch viergeschossig: Die geschoßhohen Außenwände des so genannten »Dachgeschosses« sind gegenüber den Wänden der Vollgeschosse lediglich zurückgesetzt. Die eigentlich zu starke Überbauung des Grundstücks wurde mit einem geschickten Schachzug aufgehoben: Dem verbliebenen Restgrundstück des denkmalgeschützten Hauses von Allers wurde eine Baulast eingetragen, womit die Überbauung beider Grundstücke gemeinsam zu rechnen ist. Kurz danach veräußerte der Bauträger das abgetrennte Restgrundstück mit dem Wohnhaus von 1921 und dem Ateliergebäude von 1900.

Zuvor wollte er der Denkmalpflege noch Zugeständnisse abringen: So sei die Bleiverglasung des früheren Ateliers, die auch die Aussicht behindere, nicht erhaltbar, das Mansarddach müsse mit zusätzlichen Fenstern versehen werden. Das Gespräch endete in einem heftigen Wortwechsel, in dem der Denkmalpflege selbst die Verantwortung für den Verlust der Denkmale zugeschrieben wurde. Dabei zeigte der Ortstermin die wahren Werte des Hauses, die der Denkmalliste noch entgangen waren: So war der ehemalige Atelierraum nicht nur im Sinne der Neorenaissance ausgestattet, nein, sogar echte Renaissancetafeln zierten die Wände. Der Kamin war geschmückt mit blau-weißen Fliesen, die Patina des ganzen Raumes ließ seine gealterte Renaissance noch echter wirken.

Nicht sicher war, ob der Weg des Ablehnens starker Eingriffe der richtige sein würde. Doch hatte ein gnädiges Schicksal der Villa selbst verständnisvolle Eigentümer zugedacht. Beruhigend, als sich diese im November 2003 meldeten und eine denkmalschutzrechtliche Genehmigung für die Renovierung des Hauses beantragten. Die Erwerber wollten genau dieses Haus und gingen sorgsam mit ihm um.

Bereits der Antrag zeigte: Alle Bauteile wie Fenster, Türen, Paneele, Fußböden, Treppen und Decken sollten erhalten bleiben. Die Fenster wollte man zu Kastenfenstern umbauen oder, wenn möglich, mit Sonderisolierglas wärmetechnisch verbessern. Glückliche Umstände hatten die Eigentümer zudem mit einem Architekten zusammengeführt, der ebenso einfühlsam mit dem Objekt umgehen konnte. In der ersten Zeit des Umbaues wurden regelmäßig Ortstermine durchgeführt. Als jedoch deutlich wurde, daß der Architekt seiner Aufgabe ganz und gar entsprach, überließ man ihm die Überwachung der Arbeiten allein. Hinweise auf Störungen durch Ortgangziegel und dergleichen – wie heute stets erforderlich – waren völlig überflüssig.

Unangenehm überrascht waren die neuen Eigentümer jedoch von dem Gewächs des Echten Hausschwamms im ehemaligen Atelier. Die angebotene Unterstützung durch Fördermittel wurde jedoch – vermutlich wegen des zu erwartenden bürokratischen Aufwandes – nicht wahrgenommen. Dabei wäre eine Förderung hier am richtigen Platz gewesen. An eben diesem fühlen sich die Hausherren nach der gelungenen Instandsetzung – ungeachtet des maximalrentierlichen Mißgebildes im früher zugehörigen Garten.

VERLUST EINES DENKMALS DURCH UMNUTZUNG IN DER NAZIZEIT?

Professor Hugo Starck wird wohl nicht geahnt haben, welches Ungemach seinem Anwesen hundert Jahre nach Bau von Villa und Anlegen des Gartens zugedacht sein würde. Im Verhältnis zu den Nachbarbauten war hier 1907 an der Beiertheimer Allee in Karlsruhe eine sehr reiche Villa entstanden. Die Grundstücksfläche entsprach etwa dem doppelten des in der Gegend zu dieser Zeit Üblichen: Platz genug also, der repräsentativen Villa auch noch einen wohlgestalten Garten zuzuordnen. Schöpfer von Villen- und Gartenplan war der zu dieser Zeit erfolgreiche Karlsruher Architekt Vittali. (Bahnreisenden ist – meist unwissentlich – sein Hauptwerk bekannt: Die Planung des Karlsruher Bahnhofsplatzes schuf er auf der Basis eines Wettbewerbserfolges.)

Die Freude an der Villa währte für den Eigentümer nur bis in die 1930er Jahre, Starck zog dann in die Nachbarschaft des im vorangegangenen Abschnitt beschriebenen Allersschen Ateliers. Unklar ist, unter welchen Umständen das Reichsinnenministerium Eigentümer der Villa wurde. Dieses stellte 1940 einen Bauantrag zur Umnutzung zum Wohnsitz des Reichsstatthalters für Baden. Warum die Wahl auf dieses Grundstück gefallen war, kann man nur vermuten: Vielleicht hatte die räumliche Nähe zu dem geplanten Gauforum eine Rolle gespielt. An den Umbau erinnert heute vor allem die geschlossene Einfriedungsmauer. Bis 1940 hatte es hier einen Zaun gegeben. Die Gartenanlage war – so der Lageplan zum Mauerbauantrag – noch in ihrer Grundrißdisposition verblieben.

Nach 1945 bundeseigen, gab es für einen Garten keinen erkennbaren Bedarf, dagegen spürbare Raumnot: Deshalb nutzte man die Freifläche, um eine praktische Bürobaracke zu errichten. War diese auch nur befristet genehmigt worden, nahmen die

Begehrlichkeiten zur besseren Ausnutzung des Grundstücks ihren Lauf. Das Grundstück wurde im Jahre 2003 geteilt, die Gartenfläche an einen Bauwilligen veräußert.

In Vorgesprächen mit dem bereits vom Bauwerber eingeschalteten Rechtsanwalt bezweifelte dieser gar die Denkmaleigenschaft des Gebäudes. Er meinte, die zeitweilige Nutzung der Villa als Wohnhaus des badischen Reichsstatthalters gebiete geradezu, das Denkmal zu verändern, den Garten also beispielsweise zu bebauen. »Wenn es nicht Sitz des Reichsstatthalters gewesen wäre«, würde er den Umfang des Schutzes noch verstehen. Zudem könne aus seiner Sicht das Denkmalrecht nicht das Gebot des Baugesetzbuches zum verdichteten Bauen hindern. Wenn die Denkmalschutzbehörden bei ihrer Ablehnung blieben, würde es zum Widerspruchs- oder sogar zum Gerichtsverfahren kommen. Dessen Ergebnis vorherzusagen sei »wie Münzen werfen«.

Gegen die Auffassung der Denkmalfachbehörde ermunterte die Stadt als Genehmigungsbehörde den Erwerber, seine Planung voranzutreiben. Dennoch bat die Stadt als Denkmalschutzbehörde das Landesdenkmalamt, die Planung weiter zu begleiten. So wurde empfohlen, allenfalls ein »kleines Einfamilienhaus« zu errichten, das eher im Sinne eines Gartenhauses wirke – worüber freilich der Bauinteressent herzhaft lachen mußte. Zudem wurde dem Architekten nahegelegt, bei der Neuplanung auf die im Garten später auch angelegte und bis heute durch einen Pavillon erkennbar fixierte Achse Bezug zu nehmen. Der Neubau sollte sich deutlich von der Architektur der umgebenden Bebauung absetzen.

Was dann als Entwurf entstand, war Kompromiß – und nur durch Beharrlichkeit ihres Schöpfers auch Architektur, dabei allerdings deutlich mehr als ein »Einfamilienhaus«, auch größer als die benachbarten Stadtvillen.

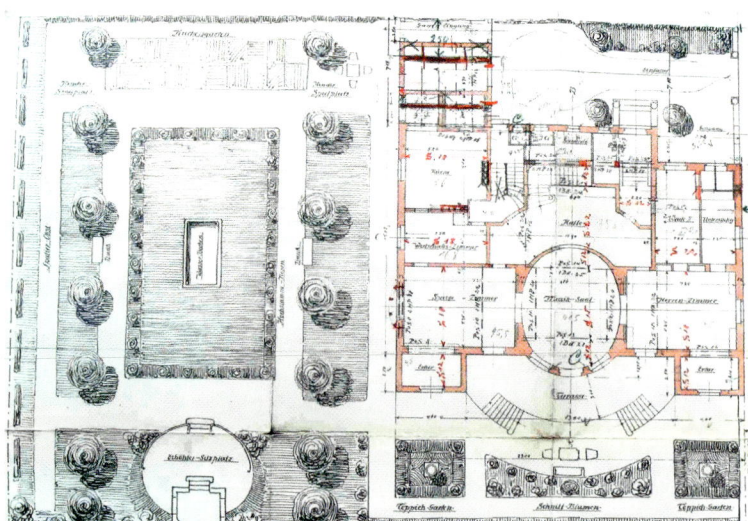

Der Plan des Karlsruher Architekten Vittali für Prof. Starck in Karlsruhe von 1907 – das große Grundstück gestattete, dem repräsentativen Gebäude auch einen wohlgestalten Garten zuzuordnen.

Vom wohlgestalten Garten der Villa Starck (im Vordergrund) ist heute nicht mehr viel übrig – so weckt die Freifläche Begehrlichkeiten.

DIE VILLA ALS TEIL DER DENKMALGESCHÜTZTEN GESAMTANLAGE

Ein Umbau ist zuweilen die unumgängliche Form der Erhaltung der Gebäude. Bereits in der Zeit der Wohnungszwangswirtschaft nach dem Ersten Weltkrieg sind zahlreiche Villen verändert worden. Freilich führte die Materialknappheit dazu, daß nicht viel mehr geschah als der Einbau einer Trennwand oder das Einfügen eines Klosetts. Die Substanz der Villa blieb unverändert. Jedoch war so nicht selten der Beginn weiterer Veränderungen gemacht, die im Laufe der Zeit auch heftiger in den Bestand eingriffen.

Ein Beispiel für eine einfühlsam veränderte Fabrikantenvilla ist das Wohnhaus des Lackfabrikanten Bauer in Neureut bei Karlsruhe. Hier bot bereits der Grundriß eine Vorlage für die Aufteilung: Das Treppenhaus befand sich nicht – wie bei Villen häufig – zentral und repräsentativ im Haus, sondern angebaut an einer Schmalseite. Dennoch fiel hier die Entscheidung der Denkmalbehörden, daß es sich nicht um ein Kulturdenkmal handelt, da das Haus zu wenig vom Villentyp biete. Vor allem sei der hier ehemals prägende Zusammenhang zwischen Haus und benachbarter Fabrikation nicht mehr gegeben. Die Lackfabrik war bereits vor Jahren liquidiert worden.

Mit der Entdeckung der Gründerzeitarchitektur als Gegenstand der Denkmalpflege ging auch die steigende Wertschätzung für deren produzierende Hinterlassenschaften einher. Freilich war zu dieser Zeit in Baden-Württemberg nur noch relativ wenig davon übrig, verschwindend gering sogar der Anteil dessen, was aus der Gründerzeit wirklich unverändert überkommen war. Quantitativ gesehen war und ist die Erhaltung dieser Anlagen vertretbar – ob auch »zumutbar«, ist, je länger desto mehr, zweifelhaft.

So ein Fall in Neurod bei Ettlingen: Dort im Albtal hat sich im Zusammenhang mit den ausgedehnten Anlagen der ehemaligen Badischen Baumwollspinnerei Neurod die Direktorenvilla erhalten. Auch wenn nicht besser erhalten als die Bauer-Villa in Karlsruhe-Neureut, so ist ihr prägender Zusammenhang mit den Fabrikationsbauten noch erkennbar. Die seit 1898 entstandenen, weitläufigen Betriebsanlagen mit zugehörigen Arbeiterwohnhäusern, eigener Stromerzeugung und Wasserversorgung und ausgedehnten Freiflächen im Albtal dienen seit 1963 nicht mehr der Textilherstellung. In den Hallen haben verschiedene Nutzungen Unterkunft gefunden: Die Palette reicht von der Reithalle bis zum Fernsehstudio, bis vor kurzem gab es eine Tauchschule. Teile der Freiflächen beherbergen einen Campingplatz. Die Villa dient heute der Verwaltung und als Aufenthaltsort für den Luxemburger Besitzer. Dieser hat das Anwesen 1994 übernommen und vor dem Verfall gerettet.

UMGENUTZTE DENKMALGESCHÜTZTE VILLEN

Die Villa als kultureller Ort
Es sind weniger die bewohnten oder zu Büros umgenutzten Villen, die im öffentlichen Bewußtsein bleiben, als vielmehr jene, die der Öffentlichkeit zur Verfügung stehen. Wohl die bekannteste ist die Villa Franck. Der Ludwigsburger Kaffeeersatz-Fabrikant Robert Franck hatte sie 1904 bis 1907 von den Stuttgarter Architekten Schmohl und Staehlin errichten lassen. Der Park von immerhin 7 ha Größe war ein Werk des Gartengestalters Lilienfein. Die Parkarchitekturen sind, ebenso wie das Haus, weitestgehend unverändert erhalten. 1939 übernahm die Stadt Stuttgart das Anwesen, seit 1963 etablierte sich hier ein Seniorenheim.

Nachdem dieses auf dem weitläufigen Gelände zweckdienlichere Neubauten errichtet hatte, wird die Villa seit dem Jahr 2000 von einem Ehepaar kulturell umgenutzt. Das Konzept ist eine erfolgversprechende Mischung aus anspruchsvoller Gastronomie und Kultur, aber auch Aufgeschlossenheit für breite Öffentlichkeit. Ganz klar bekennt man sich – auf der eigenen *homepage* – zur Aufgabe, »das architektonische und gartenbauliche Juwel ›Villa Hohenstein‹ originalgetreu zu restaurieren und der Öffentlichkeit zugänglich zu machen«. Da wundert es nicht, daß Fördermittel verfügbar waren und sind: Beteiligt sind daran die Deutsche Stiftung Denkmalschutz, die Denkmalstiftung Baden-Württemberg und das (ehemalige) Landesdenkmalamt. So wurden in den letzten Jahren in Treppenhaus und Eingangshalle Wand- und Deckenmalereien restauriert, die Freitreppe wiederhergestellt.

Von der Villa zum Verbindungshaus
Die Villa Schönleber in Karlsruhe ist eine der »echten« Villen. Die Stadt Karlsruhe hatte in den 1870er Jahren durch Satzung die »Hardtwaldsiedlung«, das westlich der Stadt gelegene unbebaute Hardtwaldareal, zu einer Villengegend bestimmt. Der Landschafts- und Architekturmaler Gustav Schönleber, seit 1880 Professor an der Karlsruher Großherzoglichen Akademie der bildenden Künste, ließ sich hier von 1889 bis 1891 vom Stuttgarter Architekten Tafel ein Haus errichten, in dem er bis zu seinem Tod 1917 wohnte. Noch 1913 hatte er eine Autogarage errichten lassen, die aber nicht als solche, »sondern als Aufbewahrungsort von Bilderstiften, Rahmen, Studien älterer Jahrgänge etc. dienen« sollte.

Natürlich blieb die Villa in Zeiten der Wohnungsnot und Wohnungszwangswirtschaft nicht von einer Teilung verschont: Der Mieter des Hauses, Möbelhändler Feldmann, betrieb Ende 1924 den Umbau zu einem Mehrfamilienhaus mit einer Gewerbeeinheit als »Werkstätte feiner Damenhüte«. Obwohl in der Gegend nach örtlichen Bauvorschriften nur Ein- und Zweifamilienhäuser zugelassen waren, gestattete man, in den Festsaal eine Zwischendecke einzuziehen, um das Haus als Dreifamilienhaus herzurichten.

1927 folgte ein weiterer Umbauantrag: Die neue Eigentümerin, die Altherren der Burschenschaft Teutonia, wollte im Gebäude ein Korporationshaus einrichten. Hatte ein Nachbar zunächst mit einem Hinweis auf die Entwertung seines Villengrundstückes Erfolg bei seinem Versuch, den Umbau zu verhindern, konnten die Altherren sich mit Hinweisen durchsetzen, die auch heute in ähnlichen Fällen erfolgversprechend sind: Man wolle ein Studentenheim schaffen, das als »soziale Wohlfahrtseinrichtung für unsere akademische Jugend betrachtet werden kann«. Der »Kneipraum« diene, »im Gegensatz zu früher, nicht mehr ausschließlich der Pflege studentischer Trinksitten«. Hier sollten Feste veranstaltet werden, »wie sie in diesem Stadtteil wohl in jedem Hause abgehalten werden und wie sie besonders, was allgemein bekannt ist, im ehemals Schönleberschen Hause an der Tagesordnung waren«.[5]

Im Obergeschoß wurden dann Wände herausgebrochen, eine Figurennische im Treppenhaus beseitigt, um für den neu geschaffenen Kneipraum, der nun die gesamte Nordseite des Hauses einnahm, einen Zugang zu schaffen. Anstelle der bislang vorhandenen Luftheizung wurde eine Warmwasserzentralheizung eingerichtet.

Denkmalpflegerische Bemühungen für das Haus setzten schon 1965 ein. Im Januar des Jahres beantragte der Altherrenverband einen Zuschuß für sein Baudenkmal. Vorgesehen war u. a., den Außenputz auszubessern, die *»Putzflächen* einlassen mit Kunstharztiefengrund und zweimaliges Streichen mit Dispersionsfarbe[!]« sowie *»Fresco-Gemälde* an der Ostseite des Hauses, reinigen und auffrischen«.[6] Der Bewilligungsbescheid über 3000 DM zu Gesamtkosten von 18000 DM vermerkte unter der Rubrik der durchzuführenden Maßnahmen: »Die Instandsetzung muß im Sinne der Denkmalpflege erfolgen.« Eine Rückfrage im Jahr 1967 ergab, daß die Maßnahme »wegen Mangel an Restauratoren« nicht ausgeführt worden sei.

1986 kam es tatsächlich zu einer Fassadensanierung. Inzwischen hatten sich denkmalpflegerische Auffassungen ein wenig geändert, was sich bereits im Angebot des Restaurators niederschlug: Die Malerei galt nun nicht mehr als Fresko, sie sollte auch nicht mehr »aufgefrischt« werden, jedoch wollte Restaurator Fuchs die Malerei reinigen, sie anschließend mit Kieselsäureester festigen und »gesamte Fehlstellen der Malerei im Ton und in der Art in die historische Malerei einretuschieren und abschließend hydrophobieren«. Der Maler hatte für alle anderen Putzflächen einen Silikatanstrich angeboten. Natursteinflächen sollten dampfgestrahlt und nach Trocknung mit Silikonharz getränkt werden. Aus der Abrechnung des Restaurators geht hervor, daß die Malerei mit Salmiakwasser gereinigt wurde. »Lose pudernde Malerei« sei mit Kieselsäureester gefestigt worden. Von den Gesamtkosten in Höhe von 178 000 DM – es waren auch Zimmer und Dachdeckerarbeiten ausgeführt worden – trug das Landesdenkmalamt damals 26 000 DM.

Vor einer erneuten Renovierung der Fassade im Jahr 2004 wurde festgelegt, den Außenputz restauratorisch zu untersuchen, »um die ursprüngliche Farbgebung oder ggf. Reste einer Fassadenmalerei zu ermitteln«. Unverstand des Architekten ließ ihn den Putz abschlagen und zur Untersuchung dem Landesdenkmalamt ein Stück des Putzes zurücklegen – ein bemerkenswertes Beispiel von Unwissenheit. An einem aus seinem Zusammenhang gerissenen Putzrest läßt sich doch kaum noch etwas klären, was für die Baugeschichte relevant ist.

Auf gleicher Ebene liegt die Anfrage einer Rechtsanwaltskanzlei aus dem Jahr 1989, ob man das Innengeländer im Blick auf die gültigen Vorschriften durch ein normgerechtes ersetzen könne. Durch einzelne Maßnahmen – Einfügen von Stäben bzw. Anbringen von Plexiglasscheiben – konnte das Geländer weitestgehend unverändert erhalten werden.

Mit Fördermitteln wurden in der Villa Franck in den letzten Jahren Wand- und Deckenmalereien restauriert.

Die Villa wird seit 1980 von der Musikhochschule genutzt. Zwölf Räume dienen als Unterrichts- und Übungsräume für Instrumente von der Flöte über die Orgel bis zur Pauke. Der ehemalige Kneipenraum der Burschenschaft ist heute ein Hörsaal. 1990 wurden die Räume schalltechnisch verbessert. Die ausgeführten Maßnahmen sind weitestgehend reversibel, so daß es für die Denkmalbehörden relativ leicht war zuzustimmen. Schließlich bleibt die reelle Chance, die Einbauten nach einem Ende der Nutzung durch die Musikhochschule wieder zu beseitigen. Allerdings wandte sich der Denkmalpfleger gegen die Beseitigung noch vorhandener bauzeitlicher Fenster sowie gegen abgehängte Unterdecken zumindest da, wo sie mit diesen Fenstern kollidieren. Insgesamt ist die Nutzung durch die Musikhochschule dem Hause sicher adäquat. Infolge der Konzentration der Musikhochschule an einem anderen Karlsruher Standort (Schloß Gottesaue) ist allerdings zu fürchten, daß diese Nutzung in absehbarer Zeit ein Ende findet.

Das Ringen um Erhaltung
Der Brauereibesitzer Karl Schrempp ließ sich 1908/09 außerhalb der bebauten Ortslage und auch außerhalb der geplanten Bebauungsgebiete der Stadt Ettlingen vom Architekten O. Henrich ein Landhaus und ein Ökonomiegebäude errichten. Das Haus zeigt sich ganz im Sinne des Heimatschutzes – die weit ausladenden Dächer sind sicher eine Reminiszenz an die Schwarzwaldhäuser.

Der Zustand war denkbar schlecht, als die Stadt Ettlingen das Gebäude in den 1980er Jahren übernahm. Die Stadt hatte im Zuge der Stadtsanierung in der Innenstadt gute Erfahrungen im Umgang mit historischer Bausubstanz gesammelt. Der Stadthaushalt, gefüllt auch von den Steuern eines zu dieser Zeit hoch angesehenen Unternehmers, ließ damals manchen Blütentraum reifen.

Denkmalbehörden wurden erstmals 1985 mit dem Objekt konfrontiert und stellten zunächst fest,

es sei die »Qualität nicht überdurchschnittlich«. Eine nächste Einschätzung von 1988 besagte dann, »der in Detail und Ausführung hervorragend durchgestaltete Jugendstilbau gehört zu den bedeutendsten Objekten dieser Art im Stadtgebiet«. Entsprechend wurden auch vorgesehene Bauarbeiten restriktiv behandelt und empfohlen, das Haus nicht, wie vorgesehen, in drei Wohneinheiten aufzuteilen. Neu einzufügende Wände sollten als solche erkennbar, aber reversibel sein, sich jedoch auch einfügen. Die in der Küche, dem Salon und in den Dachzimmern vorhandenen bauzeitlichen Einbauschränke sowie ein offener Kamin mit Sitzbank waren zu erhalten, ebenso die Fenster. Bei erforderlicher Erneuerung von Bauteilen müßten diese dem zu beseitigenden Original gleichen. Die Farbigkeit des Hauses war zu dokumentieren; auf dieser Basis sollte die neue Farbgebung erfolgen.

Tatsächlich gab die Stadt das Vorhaben auf, die Villa in Wohnungen aufzuteilen, und suchte einen Gesamtnutzer für das Haus. Als dieser gefunden war, wurde saniert. Die neue Farbgebung, die dann im Juli 1990 festgelegt wurde, scheint sich allerdings weniger an den Befunden zu orientieren. So strahlte der Dachkasten in einem modischen Weiß, die Fensterläden zeigten Blau. Insgesamt war es aber gelungen, das vom Verfall bedrohte Haus – auch mit seiner überdurchschnittlichen Ausstattung – zu retten. Freilich gelingt so etwas nie auf Dauer. So gab es auch in Ettlingen schon 2001 wieder Überlegungen für eine Umnutzung: Diesmal sollte ein Kindergarten in das abgelegene Grundstück einziehen – sicher angesichts der traumhaften Lage kein ganz abwegiger Gedanke Das Landesdenkmalamt riet jedoch davon ab, da zu befürchten war, daß die Ausstattung Schaden nehmen würde.

So kam es zu einer Vermietung an eine Unternehmensberatung, die hier ein standesgemäßes Domizil zu finden hoffte. Damit verbunden waren freilich neue Umbauabsichten: Die der Bauzeit entsprechend dunklen Holzvertäfelungen in der Halle

Ein Beispiel für Probleme der Umnutzung einer Villa bietet das Haus, das der Karlsruher Maler Gustav Schönleber in der »Hardtwaldsiedlung« errichten ließ. Nach seinem Tod 1917 baute ein Möbelhändler die Villa zu einem Wohnhaus mit einer »Werkstätte feiner Damenhüte« um. 1927 beantragte die Burschenschaft »Teutonia« einen weiteren Umbau. Im Lauf der Jahre wurden Wände herausgerissen, Nischen entfernt, Fassaden »saniert«. Seit 1980 wird das Gebäude von der Musikhochschule genutzt.

und in den Wohnräumen im Erdgeschoß sollten hell gestrichen werden. Die Einbauschränke hier und im Dachgeschoß gedachte man zu entfernen, um Raum, Licht und Luft zu gewinnen. Daß den neuen Nutzern entgangen war, daß gerade diese Details den besonderen Wert des Hauses ausmachten, ist verständlich. Erstaunlich aber war, daß auch die mit der Sanierung beauftragte Innenarchitektin keinerlei Verständnis für dieses denkmalpflegerischen Anliegen hatte. Erst eine entschiedene Klarstellung seitens des zuständigen Denkmalpflegers, daß die Wandvertäfelungen eben nicht farbig zu lackieren und das daran angebrachte hellgraue Farbmuster Sachbeschädigung sei, konnte an dieser Stelle die Erhaltung durchsetzen.

Dagegen wurde für die Einbauschränke des Obergeschosses eine andere Lösung gefunden: Da eine Neuvermietung nur bei deren Entfernung möglich schien, wurde ein Kompromiß geschlossen: In einem Raum blieben die Schränke erhalten. Der Ausbau der anderen wurde mit der Maßgabe gestattet, daß sie sorgsam ausgebaut und nach Ende der Vermietung wieder eingebaut würden. Die Durchsetzung dieser Bedingung sichert eine Bankbürgschaft. Angesichts häufig »zahnloser« Auflagen ähnlicher Art war dies ein neuer Versuch, solcherart Abreden eine stärkere Verbindlichkeit zu geben.

Ein Schwarzwaldhaus in Ettlingen
»Armut ist der beste Konservator« – so oder ähnlich erklärte man zuweilen, weshalb in der DDR bauliches Erbe so umfassend erhalten blieb. Die wirtschaftliche Unsicherheit unserer Zeit, gepaart mit der stets präsenten Überlegung, eigenes Tun im Lichte seiner ökonomischen Verwertbarkeit zu betrachten, ist dagegen nicht immer zu konservatorischem Handeln angetan. Stringente Anwendung der Förderrichtlinien des Landes führt ebenso nicht immer zu sinnvollen Ergebnissen.

1903 erbaute der Lehrer und nachmalige Schuldirektor Richard Dorer sein Wohnhaus in der Ettlinger Bismarckstraße, in einer Villengegend an einem Südhang östlich der Stadt. Dorer war heimatverbunden und plante sein Haus im Sinne des Heimatschutzes als schindelverkleidetes Schwarzwaldhaus – oder, wie es hierzulande heißt – »mit Schindelschirm«. Da er beim Ausheben der Fundamente auf Alemannengräber stieß, fand er gleich auch den Namen seines Domizils: »Allemannenruh«.

Dorer verließ Ettlingen in den 1920er Jahren. Später verkaufte er das Haus, das jedoch nahezu unverändert erhalten blieb. Zu einer bedeutenden Konkursmasse gehörig, mußte das Gebäude 2002 veräußert werden. Von der Denkmalpflege erwartete man erhebliche Zugeständnisse: Neue Fenster sollten gestattet werden, ein Ersatz der Schindeln durch eine billigere Fassadenbekleidung wurde als unumgänglich dargestellt, zwingend ebenso der Ausbau des Spitzbodens. Die Frage stand, ob nachzugeben wäre oder auf einen passenden Käufer zu warten rätlich sei.

Auch hier fanden sich Bauherren, die genau diesen Bau erwerben wollten. Ohne zu wissen, daß auch eine Renovierung eines solchen Hauses genehmigungspflichtig ist, gingen die neuen Eigentümer frisch ans Werk und – erhielten das Haus in seinem Bestand! Dennoch wurden sie bestraft, da das Steuerrecht eine *vorherige* Abstimmung der Erhaltungsmaßnahmen zur Erlangung der Steuervergünstigung unabdingbar festlegt. So hat die Gesellschaft, die per Denkmalbehörden ihr Bewahrungsinteresse an dem Haus proklamierte, Kostbares zum Nulltarif im Doppelsinn erhalten: Fenster, Türen, Parkettböden, Wandvertäfelungen, Heizkörper, Treppen und Putze von 1903 – das Dach als Kaltdach ohne die oft fragwürdigen Kompromisse, die durch den Dachausbau einzugehen sind![7]

Leider stellte sich im Zuge der Arbeiten heraus, daß die Schindeln 1993 mit Karbolineum getränkt worden waren, das nachweislich krebserregend ist. Deshalb wurde ein Zuschuß für die Erneuerung

Das Geländer im Treppenhaus der Villa Schönleber konnte durch Einbau von Plexiglasscheiben weitgehend erhalten werden. Das Deckengemälde täuscht einen freien Blick zum Himmel vor.

des Schindelschirms beantragt. Gefangen in seinen Regeln, mußte das Landesdenkmalamt den Antrag ablehnen. Das Punktebewertungssystem, das letztlich über die Zuschußfähigkeit entscheidet, ließ eine Förderung nicht zu, da es sich um eine »ausschließlich erneuernde« Maßnahme handelte. Ausnahmen sind nicht zu machen, vorangegangene Arbeiten, die ja ausschließlich erhaltend waren, mußten außer Betracht bleiben. Verständlich, wenn nun die Fassade eben nicht wieder verschindelt wird – es ist schlicht nicht zumutbar. Schließlich müssen Eigentümer, die auch für ein solches Objekt eine hohe Belastung tragen, hin und wieder daran denken, daß sie ihr Eigentum im Fall des Falles nicht allzu verlustreich veräußern dürfen. Hier wäre es richtig, darüber nachzudenken, ob nicht die Sozialbindung des Eigentums, auf die wir Denkmalpfleger von Amts wegen hinweisen, durch eine Staatshaftung zu ergänzen wäre.

Zahntechnikerin rettet Stuckdecke
Das folgende Beispiel betrifft zwar keine Villa, aber man kann daran sehr schön ablesen, welche Probleme, aber auch Chancen in gründerzeitlichen Bauten stecken. Es ist der Fall eines Hauses in Karlsruhe, das der Architekt Ziegler 1883 für den Gipsermeister Bäuerle geplant hatte. Zwar klingen in der Fassade Elemente italienischer Renaissance an – auch ein flach geneigtes Dach und offene Loggien sind daher entlehnt –, ansonsten handelt es sich jedoch um ein typisches Stadthaus und nicht um eine Villa.

Bereits in den Jahren 1999 bis 2001 war die Sandsteinfassade restauriert worden. Vor allem waren Vierungen eingesetzt, aber auch Verfugungen ergänzt und Gefälle durch Nacharbeiten verstärkt worden.

Als ein junges Paar im ersten Obergeschoß des Hauses im Jahr 2002 eine Eigentumswohnung erwarb, ahnte es nicht, daß diese Wohnung über einige Zeit Arbeitsstelle der Partnerin werden, sie

hier die Grundbegriffe restauratorischen Arbeitens erlernen würde. Beim Öffnen der wohl in den 1970er Jahren »reversibel« untergehängten Decke gab es eine angenehme und unangenehme Überraschung zugleich: zum einen die teilweise stuckierte Decke, die, zudem bemalt und teilvergoldet, ein harmonisches Ensemble mit den erhaltenen gründerzeitlichen Fenstern, dem Parkett, aber auch der fein gestalteten Fassade bildet. Allerdings war der Zustand dieses Schatzes jammervoll; beim Einbau der vermeintlich reversiblen Unterdecke hatte man brutalstmöglich gehaust: Der Stuck beschädigt, die Malerei über und über mit Gipsspritzern verdorben. Das hinzugezogene Landesdenkmalamt schaltete zunächst eine freie Restauratorin ein, um Reinigungstechniken zu prüfen. Diese stellte fest, daß es sich bei der Malschicht um Leimfarbe handelte, die ihre Bindung verloren hatte und teilweise bereits pudrig, also lose, war.

Nach Arbeitsproben stellte sie fest: »Durch vorsichtiges Abplatzenlassen mit dem Skalpell läßt sich der Kalk leicht entfernen, hinterläßt aber vergraute Flächen bzw. kleine und kleinste Inseln.« Danach sei folgendes zu tun: »Nacharbeiten mit einem weich eingestellten Glasfaserstift und Entfernen des losen Kalkstaubs mit einem Ziegenhaarpinsel ermöglicht eine Verminderung des Grauschleiers bzw. eine Angleichung der Ränder an die unberührte Malschicht, bei stärkerem Druck allerdings Reduktion der Malschicht (…) Versuche mit Essig (…) zeigen kein befriedigendes Ergebnis«[8].

Der Kostenvoranschlag sah einen geschätzten Zeitbedarf von 2000 Stunden vor. Dies war nun – auch wenn die Arbeiten durch einen Zuschuß des Landesdenkmalamtes zu 50 Prozent gefördert würden, nicht zu leisten. Der Zufall wollte es aber, daß die Dame des Hauses als gelernte Zahntechnikerin und diplomierte Grafikerin die besten Voraussetzungen mitbrachte, die Arbeiten unter Anleitung selbst auszuführen. Nach einer strengen Prüfung durch die Amtsrestauratorin und unter

Eine Zahntechnikerin legte mit Skalpell und Ziegenhaarpinsel die Deckenfresken frei.

den Argusaugen der bereits involvierten freiberuf-
lichen Restauratorin legte sie so über ein Jahr hinweg die gesamte Deckenmalerei frei. Leider gingen
die Stukkateure, die den beschädigten Stuck ergänz-
ten, nicht mit der gleichen Sorgfalt zu Werke, so
daß an einigen Stellen tagelange Arbeit der Eigentümer zunichte gemacht wurde. Schließlich benötigte man für die Freilegung einer Fläche von einem
Quadratmeter etwa eine Woche Arbeit. Da schätzt
sich der Denkmalpfleger glücklich, wenn er nach
vollendeter Freilegung von den Eigentümern
Zufriedenheit hört.

»Reparatur vor Erneuerung«
Die Grusen-Villa in Villingen-Schwenningen gehört
zu den Objekten, die direkt im Zusammenhang
stehen mit einer Industriearchitektur. Die Villa war
in den 1970er Jahren fast aufgegeben. Der Paradig-
menwechsel der Denkmalpflege führte Anfang
der 1980er Jahre zu Gesprächen zwischen dem Landesdenkmalamt und den Eigentümern. Erst der
Verweis seitens der Unteren Denkmalschutzbehörde
auf die gesetzliche Erhaltungspflicht konnte allerdings das Signal zum Beginn der Instandsetzung
geben.

Dabei gingen anfangs die Vorstellungen der
amtlichen Denkmalpflege und der Bauherren weit
auseinander. Wollte dieser möglichst viel erneuern,
legte jene Wert darauf, die umfassend überlieferte
bauzeitliche Ausstattung an Fenstern, Türen, Wandvertäfelungen und -bespannungen, Öfen und Böden
ungestört zu erhalten. Durch beharrliches Argu-
mentieren, aber auch unkonventionelle Ideen ließen sich die Bauherren immer wieder von den
Denkmalpflegern überzeugen. So demonstrierte
der Holzrestaurator die Tragfähigkeit der Fenster-
beschläge, in dem er sich kurzerhand an einen
geöffneten Flügel hängte: Das Aufdoppeln einer
zweiten Scheibe auf das Einfachfenster zur Verbesserung der Wärmedämmung war kein Problem
mehr, der Fensterneubau unterblieb.

Anders als bei dem aus Karlsruhe geschilderten
Fall unterblieb hier die Freilegung der geschädigten
Malereien, sie wurden konserviert und abgedeckt –
denkmalpflegerisch sogar die bessere Lösung, droht
doch so der Malerei viel weniger Gefahr. Letztlich
waren die Eigentümer sogar bereit, für eine dem
Haus entsprechende Schieferdeckung viel tiefer
in die Tasche zu greifen, als für die Betondeckung
eigentlich geplant gewesen war.

Die seit 1993 wieder nutzbare Villa wurde im
gleichen Jahr mit einem Preis des Schwäbischen
Heimatbundes gewürdigt.[9]

»Wie das Leben bunt« – so kann man im Ergebnis feststellen, sind die Ausgangslagen und die
Ergebnisse im Verhältnis von Denkmalpflege und
Villa. Aus der Nachbarschaft der Weimarer Villa
Ithaka klingt herüber, fast tauglich als Generallinie
und dabei deutbar wie vieles, was als denkmalpflegerisches Vermächtnis daherkommt: »Was Du
ererbt von Deinen Vätern, erwirb' es, um es zu
besitzen.«

Über ein Jahr hinweg haben die Eigentümer
unter den Argusaugen einer Restauratorin die
Bemalung freigelegt. Ein zweiter Raum bietet
noch einmal soviel Arbeit, der sichtbare Erfolg
ist dabei Ansporn.

Die Industrialisierung, das Bevölkerungswachstum und die damit verbundene Landflucht löste im 19. Jahrhundert ein Städtewachstum aus, als dessen Folge sich die Wohnungsnot gravierend verschärfte. Der immense Raumbedarf konnte von den Kommunen nur unzureichend gedeckt werden. Die Verbesserung der Wohnverhältnisse der Arbeiterschaft blieb einer kleinen Gruppe von sozialpolitisch engagierten Unternehmern, Architekten, Politikern und Bürgern vorbehalten. Eine Schrittmacherrolle besaß dabei die Arbeiterkolonie Gmindersdorf in Reutlingen.

Die andere Seite

KLEINHAUS, WERKSSIEDLUNG UND GENOSSENSCHAFT

VON THOMAS HAFNER

WOHNVERHÄLTNISSE
IM INDUSTRIELLEN ZEITALTER

Die Wohnverhältnisse der Bevölkerung im industriellen Zeitalter wiesen sehr große Unterschiede auf. Eine dünne Ober- und Mittelschicht bewohnte als Eigentümer die *belétage* ihrer städtischen Bürgerhäuser oder residierte in Villen. Mit dem Ausbau des öffentlichen Nahverkehrs entzog sich das Großbürgertum immer mehr der lärmenden Stadt und siedelte sich in durchgrünten Landhausvierteln an, die von privaten Terraingesellschaften gebaut und verkauft wurden.

Ganz anders stellten sich die Wohnverhältnisse der Arbeiterschichten dar, die um die Jahrhundertwende fast sechzig Prozent der Gesamtbevölkerung umfaßten. Die Industrialisierung, das Bevölkerungswachstum und der damit einsetzende Zuzug in die Städte lösten ein in der Geschichte einmaliges Städtewachstum aus. Aus den beschaulichen südwestdeutschen Residenz- und Handelsstädten wurden Industriestädte. So wuchs Stuttgart von 50 000 (1852) auf 286 200 Einwohner (1910), Mannheim von 53 465 (1880) auf 193 900 (1910), und in Karlsruhe verdreifachte sich die Einwohnerzahl innerhalb von drei Jahrzehnten auf 111 250 (1905). Aber auch kleinere Städte wie Friedrichshafen oder Reutlingen verdoppelten in dieser Zeit ihre Bevölkerung.

Der durch diese Bevölkerungsexplosion benötigte Wohnungsbedarf konnte von den Städten nur unzureichend gedeckt werden. Eine staatliche und kommunale Wohnungsfürsorge existierte nicht, der Mietwohnungsbau wurde privaten Unternehmern, Terraingesellschaften und Grundbesitzern überlassen. Sie betrachteten die Wohnung als Ware, mit der eine möglichst hohe Rendite erzielt werden konnte, und bebauten die Grundstücke mit einer maximalen Anzahl von Wohnungen. Hinzu kam ein völlig ungesichertes Mietverhältnis.

Die Folgen waren, wie es der Mannheimer Oberbürgermeister Otto Beck in seiner 1906 veröffentlichten Denkschrift zur Wohnungsfrage treffend formulierte: »abnorme hohe Wohnungsdichtigkeit und Mietpreissteigerungen«[1]. So belastete die Miete für eine Drei-Zimmer-Wohnung das Haushaltseinkommen einer Durchschnittsfamilie mit bis zu 30 Prozent – ein Anteil, der von vielen Arbeiterfamilien trotz Nebenerwerbstätigkeit von Ehefrau und Kindern nicht aufgebracht werden konnte.

Große Teile der Bevölkerung lebten also auf engstem Raum. Bewohnt wurden überwiegend Ein- oder Zwei-Zimmer-Wohnungen, teilweise hausten vier bis fünf Menschen in einem Raum. Angeboten wurde ein System von »offenen Kleinwohnungen«: Die Eigentümer teilten größere Wohneinheiten je nach Bedarf in kleinere Einheiten und vermieteten diese an mehrere Haushalte. Küche und WC mußten oft gemeinsam genutzt werden. Etwa ein Fünftel der Haushalte waren zudem zur Aufnahme von Untermietern gezwungen, die – wenn sie zu den »Schlafgängern« gehörten – nur eine Bettstelle mieteten und mit Familienangehörigen unterschiedlichen Geschlechts zusammen in einem Raum schliefen.

Die miserablen Wohnverhältnisse wurden in der Öffentlichkeit immer wieder zur Sprache gebracht und kritisiert. In Stuttgart wies eine Wohnungsenquête von 1886 nach, daß nur 25 % der untersuchten Wohnungen über eine eigene Küche und nur 16 % über eine eigene Toilette verfügten. Nach einer Karlsruher Untersuchung von 1897 bestanden 14 % der Arbeiterwohnungen aus einem Zimmer mit Küche, 63 % aus zwei Zimmern mit Küche; in 9 % dieser Wohnungen wohnte noch ein Untermieter. Und die Erhebung der Pforzheimer Ortskrankenkasse unter Mitgliedern ergab, daß 16 % der Erkrankten ihre Bettstelle mit anderen Personen teilten.[2]

Die unzureichenden Wohnverhältnisse wirkten sich negativ auf den Gesundheitszustand der Bevölkerung aus. Ortskrankenkassen und Mediziner bewiesen in unzähligen Studien den direkten Zusammenhang zwischen schlechten Wohnverhältnissen und Tuberkulose- und Rachitiserkrankungen sowie einer hohen Säuglingssterblichkeit.

Eine durchgreifende Reform zur Verbesserung dieser Verhältnisse gab es vor dem Ersten Weltkrieg nicht. Die herrschenden Klassen sahen in der Wohnungsnot ein individuelles Problem der Betroffenen, das nur individuell gelöst werden konnte. Ferner verbot die liberale Wirtschaftsordnung, die auch den Wohnungsmarkt dem freien Spiel der Kräfte aussetzte, jede Art von dirigistischen Eingriffen. Negative Begleiterscheinungen wurden, soweit sie Sitte, Moral und Ordnung gefährdeten, über Polizeiverordnungen reglementiert. Die Sozialdemokratie gewann nur langsam an politischem Einfluß und konnte vor dem Ersten Weltkrieg ihre wohnungspolitischen Ziele nicht verwirklichen.

DER »VEREIN FÜR DAS WOHL DER ARBEITENDEN KLASSEN« IN STUTTGART

Damit war die Verbesserung der Wohnverhältnisse der Arbeiterschaft einer kleinen Gruppe von sozialpolitisch engagierten Politikern, Unternehmern, Architekten und Bürgern vorbehalten. Diese initiierten die ersten Baugenossenschaften und gründeten die ersten Gartenvorstädte, erbauten Werkssiedlungen und machten durch Petitionen in den Kommunalparlamenten und Landtagen sowie durch zahlreiche Publikationen auf die unwürdigen Wohnverhältnisse der Arbeiterschaft aufmerksam.

Eine dieser Persönlichkeiten war der jüdische Volkswirt und Landtagsabgeordnete Eduard Pfeiffer (1835–1921). 1866 gründete er in Stuttgart den »Verein für das Wohl der arbeitenden Klassen«. Ziel dieses Vereins, unter dessen Mitgliedern sich der württembergische König, der Stuttgarter Oberbürgermeister Sick sowie zahlreiche Fabrikanten und Bankiers befanden, war die »Förderung der Interessen

Der Volkswirt und Landtagsabgeordnete Eduard Pfeiffer gründete 1866 in Stuttgart den »Verein für das Wohl der arbeitenden Klassen«. Deren »sittliche und wirtschaftliche Zustände« sollten verbessert werden.

und Hebung der sittlichen und wirtschaftlichen Zustände der arbeitenden Klassen«.[3]

1891 errichtete der Verein südöstlich des Stuttgarter Stadtzentrums die größte Arbeitersiedlung im Südwesten vor dem Ersten Weltkrieg: die Kolonie Ostheim. Nach den Plänen des Stuttgarter Architekturbüros Heim & Hengerer entstanden 1267 Wohnungen, vorwiegend in zwei- und dreigeschossigen Einzel- und Doppelhäusern mit individuell gestalteten Fassaden. Das städtebauliche Konzept orientierte sich an dem aufgelockerten englischen »Cottage-System« und grenzte sich damit bewußt von der Stuttgarter Blockrandbebauung ab. Verstärkt wurde der eher ländliche Charakter durch die kleinen Vorgärten und das Erschließungssystem mit

Südöstlich des Stuttgarter Stadtzentrums entstand 1891 mit der »Kolonie Ostheim« die größte
Arbeitersiedlung im deutschen Südwesten vor
dem Ersten Weltkrieg: vorwiegend zwei- und dreigeschossige Einzel- und Doppelhäuser mit individuell gestalteten Fassaden und nur einer Wohnung pro Etage. Durch kleine Vorgärten wurde
der eher ländliche Charakter verstärkt.

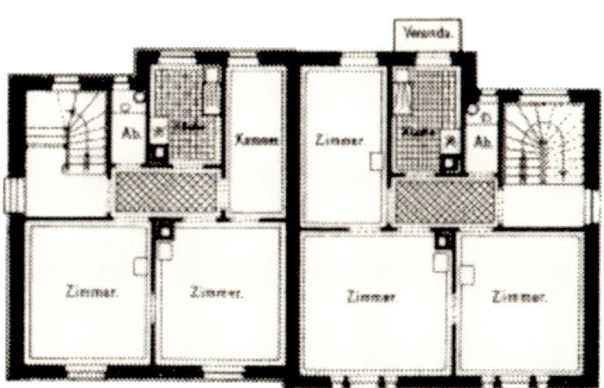

Zu Anfang des 20. Jahrhunderts setzte der »Verein für das Wohl der arbeitenden Klassen« seine Wohnungsfürsorge mit der Kolonie Südheim in Stuttgart-Heslach und der Kolonie Westheim in Stuttgart-Botnang fort. Beide Kolonien waren im »vaterländischen Stil« mit Holzfachwerk, Walmdachlandschaften und Erkern erbaut.

nur einer Wohnung pro Etage. Auf diese Weise sicherte man den Familien ein möglichst hohes Maß an Privatheit und vermittelte ihnen das Gefühl, ein »eigenes Haus« zu bewohnen. Entstanden sind überwiegend Drei-Zimmer-Wohnungen mit Küche, Klosett sowie Kellerraum und Bodenkammer. Die Brennmaterialien für die Heizung mußten nun nicht mehr in der Wohnung gelagert werden.

In Ostheim lebten überwiegend Handwerker und Angestellte mit niederem Einkommen, Arbeiterfamilien dagegen waren selten. Die Belegungsdichte lag bei 4,5 Personen pro Wohnung. Heute wohnen in der Kolonie überwiegend Ein- und Zweipersonenhaushalte, darunter viele ältere Menschen. Die Mietpreise sind immer noch günstig und liegen 30 % unter dem Stuttgarter Durchschnitt.[4]

Der Verein setzte in den folgenden Jahren seine Wohnungsfürsorge fort. 1901 entstand in Stuttgart-Heslach die Kolonie Südheim (Architekt: Karl Hengerer). Es folgte ab 1902 in Stuttgart-Botnang die Kolonie Westheim durch die Architekten Böklen & Feil.

Interessant ist die Fassadengestaltung beider Kolonien im »vaterländischen Baustil«. Mit ihrem Holzfachwerk, den Walmdachlandschaften und den Erkern lassen sie Assoziationen an mittelalterliche Bauten aufkommen. Während der Verein in Westheim das Cottage-Prinzip mit Einzel- und Doppelhäusern weiterverfolgte, entstanden in Südheim dreigeschossige Gebäude mit jeweils zwei Wohnungen pro Geschoß. Beide Siedlungen konnten allerdings nicht an den Erfolg von Ostheim anknüpfen. In Westheim wurden nur 93 statt der geplanten 650 Wohnungen fertiggestellt; in Südheim entstand nach Querelen mit der Gemeinde Heslach lediglich ein Fünftel der ursprünglich projektierten Wohneinheiten.

Das letzte Bauvorhaben des Vereins vor dem Ersten Weltkrieg war die auf den einkommensstärkeren Mittelstand zielende Kolonie Ostenau am Luisenplatz (1911) in Stuttgart-Ost. Ebenfalls von

dem Architekten Karl Hengerer auf der Grundlage eines Bebauungsplans von Paul Bonatz entworfen, bestach die Siedlung durch ihre dreieckige Form. Es entstand eine geschlossene Blockrandbebauung mit großen begrünten Innenhöfen. Die 261 Zwei- bis Vier-Zimmer-Wohnungen mit bis zu 105 m[2] Wohnfläche boten bürgerlichen Wohnkomfort. Den Fassaden fehlte der bisher übliche Schmuck, ein ersten Zeichen für die auch in Stuttgart langsame Abwendung vom historischen Baustil mit seiner eklektizistischen Ornamentik.[5]

Die Wohnungsfürsorge des Vereins hatte zwei Seiten. Einerseits entstand Wohnraum für die einkommensschwächeren Bevölkerungsschichten und damit ein Gegenmodell zum spekulativen Wohnungsbau. Andererseits hatten die wohnungs- fürsorglichen Bestrebungen eindeutig einen pater- nalistischen Ansatz: Weder unterstützte man die Selbsthilfe der Arbeiterschaft, noch stellte man die bestehende Ordnung in Frage, ganz im Gegenteil: Das großbürgerliche Engagement sollte die Arbei- terschaft von revolutionären Aktivitäten abhalten und zur Stabilisierung der bestehenden Verhält- nisse beitragen.

GEMEINNÜTZIGER WOHNUNGSBAU UND BAUGENOSSENSCHAFTEN

Sehr viel demokratischer waren die Reformbestre- bungen der gemeinnützigen Wohnungswirtschaft respektive der Baugenossenschaften.[6] 1848 gründete der Wohnreformer Victor A. Huber in Berlin die erste deutsche Baugenossenschaft. Seine Blüte erreichte diese Organisationsform mit der Verab- schiedung des 2. Genossenschaftsgesetzes (1889). Nach Einführung der beschränkten Haftung mußten die Initiatoren nicht mehr mit ihrem Privat- vermögen haften. Ferner erhielten die – im Rahmen der Bismarckschen Sozialgesetzgebung gegründeten – Landesversicherungsanstalten die Möglichkeit,

einen Teil ihres Vermögens in den Wohnungsbau zu investieren. Die Folge war ein Gründungsboom; in allen Städten des Reiches entstanden gemeinnüt- zige Wohnungsbauunternehmen, meist auf Initia- tive des sozialreformerisch orientierten Bürgertums.

Der große Zulauf, dessen sich das Genossen- schaftswesen erfreute, wurde durch das Finanzie- rungsprinzip ausgelöst. Durch den Kauf eines Geschäftsanteils in Höhe von 200 bis 300 Mark wurde dem Anteilseigner nach einer entsprechen- den Wartezeit eine Genossenschaftswohnung zugeteilt. Der Gesamtbetrag konnte in niedrigen monatlichen Raten gezahlt werden und ermög- lichte damit auch einkommensschwächeren Bevöl- kerungsschichten die Teilnahme an dem Reform- modell. Weitere Vorteile waren die günstigen Mietpreise – die Genossenschaften verzichteten auf einen Gewinn aus ihrer Immobilie –, ein gesi- chertes Mietverhältnis und ein Mitspracherecht bei der Verwaltung.

1856 wurde in Heilbronn die erste württember- gische gemeinnützige Baugesellschaft gegründet. 1873 konstituierte sich das erste badische Unter- nehmen in Pforzheim. Bis zum Ersten Weltkrieg folgten diesem Beispiel viele südwestdeutsche Städte.[7] So wuchs ihre Anzahl in Baden auf 35 Unternehmen. Die Genossenschaften bauten überwiegend einzelne Blocks im Rahmen der grün- derzeitlichen Stadterweiterungen wie die Wohn- anlage »Vatikan« (1905) in Stuttgart-Bad Cannstatt oder die Baublöcke des Spar- und Bauvereins Frei- burg (1904–1913). Seltener entstanden größere Arbeitersiedlungen wie in Heidenheim und in Heilbronn. Die Vorstände und Aufsichtsräte der Unternehmen stammten aus der Mittel- und Ober- schicht, die Bewohner gehörten überwiegend der unteren Mittelschicht an. Ungelernte Arbeiter und Tagelöhner waren deutlich unterrepräsentiert. Reine Selbsthilfeorganisationen der Arbeiterschaft oder sozialdemokratische Gründungen von Bau- genossenschaften gab es selten.

STAATLICHE WOHNUNGSFÜRSORGE

Der Staat betrieb eine begrenzte Wohnungsfürsorge nur für seine Arbeiter und Angestellten. Im Vordergrund stand die Bindung von qualifizierten Arbeitskräften an staatliche Unternehmen wie Eisenbahn, Post oder die Salz- und Eisenindustrie. Man verhinderte auf diese Weise deren Abwanderung in die private Industrie. Hinzu kam eine gewisse soziale Fürsorge, die allerdings oft nur dem Engagement einzelner Persönlichkeiten zu verdanken war. So entstand das Stuttgarter »Postdörfle« (1869) für Bahn- und Postbeschäftigte auf Initiative des württembergischen Ministers Freiherr von Varnbüler.

Der württembergische Staat baute bis 1913 für seine Bediensteten etwa 2600 Wohnungen, die sich über das gesamte Königreich verteilten. Zu den größeren Siedlungen gehörten die Winterhalden-siedlung und das »Eisenbahnerdörfle« in Stuttgart. Weitere Wohnungen – meist in kleineren Gebäuden – errichtete der Staat u. a. in Aalen, Bietigheim, Crailsheim, Freudenstadt, Friedrichshafen, Plochingen, Tübingen und Rottweil.

Ein interessantes Beispiel für den staatlichen Wohnungsbau ist das Stuttgarter »Eisenbahndörfle«. Auf einem zehn Hektar großen Areal südlich der Nordbahnhofstraße erbaute die württembergische Verkehrsverwaltung zwischen 1894 und 1912 ein komplettes Quartier mit 890 Wohnungen in drei-

Begrenzte Wohnungsfürsorge betrieb der Staat für seine Arbeiter und Angestellten, um qualifizierte Arbeitskräfte an eigene Unternehmen zu binden. So entstand 1869 das Stuttgarter »Postdörfle«, wenige Minuten vom heutigen Hauptbahnhof entfernt.

Mit dem Stuttgarter »Eisenbahnerdörfle« (oben
Abbildung aus der Vogelperspektive) erbaute
die württembergische Verkehrsverwaltung zwischen 1894 und 1912 ein komplettes Quartier mit
890 Wohnungen in drei- und viergeschossigen
Gebäuden samt Badeanstalt und Kinderkrippe.
Zur Ausstattung gehörten Küche, Speisekammer,
Klosett und Nebenräume. In der Siedlung mit
geschlossener Blockstruktur wurde auf abwechs-
lungsreiche Fassadengestaltung geachtet.

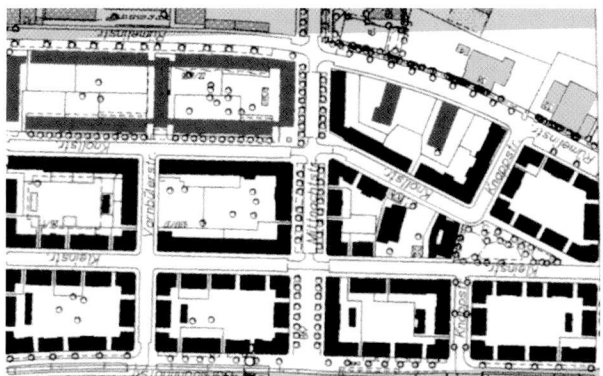

und viergeschossigen Gebäuden nebst Badeanstalt
und Kinderkrippe. Planung und Bauausführung
übernahm die Königliche Hochbausektion. Auf
einem orthogonalen Straßenraster entstand eine
geschlossene Blockstruktur. Wie in den Siedlungen
des »Vereins für das Wohl der arbeitenden Klassen«
baute man Kleinwohnungen mit zwei bis drei Zimmern. Zur Ausstattung gehörten Küche, Speisekammer, Klosett sowie Nebenräume. Obwohl die
Siedlung von einem einzigen Planungsträger entworfen wurde, achtete man auf eine abwechslungs-

reiche Fassadengestaltung. Somit unterschied sich
das Quartier wenig von den gründerzeitlichen Miets-
hausbebauungen; allerdings waren die Gebäude
mit ihrer Dreigeschossigkeit ein Stockwerk niedriger als sonst üblich.

Bewohner waren ausschließlich Bedienstete
der staatlichen Eisenbahn und der Post. An dieser
Belegung hat sich bis heute wenig geändert. Die
aktuelle Mieterschaft besteht überwiegend aus
Bahnbediensteten, die Zahl der betriebsfremden
Mieter liegt gerade bei zehn Prozent.[8]

KOMMUNALER WOHNUNGSBAU AM BEISPIEL FREIBURG

Eine zentrale Rolle im kommunalen Wohnungsbau vor dem Ersten Weltkrieg nahm im Südwesten die Stadt Freiburg ein. Als eine der wenigen deutschen Städte reagierte der Stadtrat bereits 1862 auf den chronischen Mangel an preiswerten Kleinwohnungen und errichtete 14 kommunale Wohnungen in der Schwarzwaldstraße, die unter Gewinnverzicht an sogenannte »kleine Leute, Unterbeamte, Handwerker und Arbeiter« verkauft wurden. Diese Eigentumsförderung erwies sich als ein Fehler. Da die Stadt auf ein Vorkaufsrecht verzichtete, wurden die Häuser bald zu beliebten Spekulationsobjekten. Die Eigentümer veräußerten ihre Wohnungen mit Gewinn an Interessenten aus der Mittelschicht.

Aus Schaden klug geworden, änderten die Stadtväter ihre Wohnungsfürsorge. Am 11. März 1886 beschloß der Gemeinderat, nur noch Mietwohnungen zu bauen. Bis 1914 entstanden im Stadtgebiet 344 kommunale Wohnungen für die Bevölkerung, hinzu kamen 94 weitere Wohnungen für städtische Arbeiter und Beamte.

Der Wohnungsbau konzentrierte sich auf ein Gebiet nordwestlich des Stadtzentrums in der Beurbarungs-, Ferrand- und Zunftstraße. Erstellt

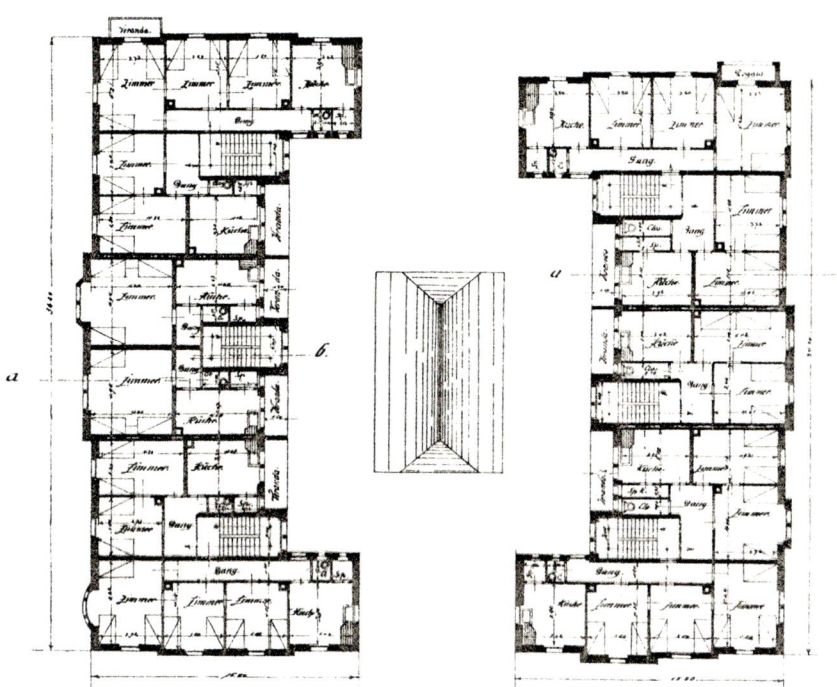

I. u. II. Obergeschoss-Grundriss.

wurde eine Mischung aus dreigeschossigen Blöcken und zweigeschossigen Zeilen. Die Fassaden waren schlicht, Ornamentik beschränkte sich auf Fenster- und Türleibungen, Bruchsteinmauerwerk zur Betonung der Hausecken sowie große Giebel. Die Wohnungen umfaßten zwei bis drei Zimmer, eine große Wohnküche mit Spüle, ein Klosett und eine separate Speisekammer. Die 1886/88 bezogenen Gebäude hatten einen niedrigen Komfort. Es fehlten sowohl ein Wasseranschluß in der Wohnung als auch Badegelegenheiten. Die ab 1890 erstellten Gebäude waren wesentlich besser ausgestattet und entsprachen dem damaligen kleinbürgerlichen Wohnkomfort. Viele Wohneinheiten hatten zudem einen Garten. Waschküchen und Wannenbäder in separaten eingeschossigen Gebäuden und Eckläden komplettierten die Wohnanlage.

Die Mieten lagen fast ein Viertel unter denen vergleichbarer Wohnungen auf dem Freiburger Wohnungsmarkt. Dies war gewollt, zielte das Engagement der Stadt doch primär auf die Schaffung von Wohnraum für kinderreiche Familien der »minderbemittelten Allgemeinheit«.[9] Nach zeitgenössischen Darstellungen waren Arbeiter, Kleinhandwerker und niedere Beamte etwa zu gleichen Teilen vertreten. Eine Recherche anhand der historischen Freiburger Adreßbücher ergibt jedoch ein anderes Bild. Wie schon in vielen anderen Siedlungen überwogen Handwerker und Unterbeamte, hinzu kamen sogar Meister und Kaufleute. Der

Als eine der wenigen deutschen Städte baute Freiburg kommunale Kleinwohnungen, die unter Gewinnverzicht an »kleine Leute, Unterbeamte, Handwerker und Arbeiter« verkauft wurden. Die Wohnungen wurden jedoch bald zu Spekulationsobjekten, so daß sich die Stadt gezwungen sah, nur noch Mietwohnungen zu bauen. Erstellt in einer Mischung aus dreigeschossigen Blöcken und zweigeschossigen Zeilen mit schlichter Fassade und großen Giebeln, umfaßten die Wohnungen zwei bis drei Zimmer, eine große Wohnküche, ein Klosett und eine Speisekammer (oben Grundriß eines Gebäudes in der Beurbarungsstraße, 1910).

Arbeiteranteil lag bei etwa 15 Prozent, kaum vertreten waren ungelernte Arbeiter.[10]

1908 genehmigte der Stadtrat den Bau einer weiteren Wohnanlage in der Beurbarungsstraße. Gegen diesen Beschluß regte sich heftiger Widerstand seitens des Baugewerbes und der Hausbesitzer, die sich in einer eigens zu diesem Zweck gegründeten Bürgerinitiative zusammenschlossen. Sie befürchteten, daß der Bau weiterer kommunaler Wohnungen zu einer Verschiebung der Marktverhältnisse führen könnte, und versuchten, sich vor unliebsamer Konkurrenz auf dem Wohnungsmarkt zu schützen. Allerdings hatten ihre Proteste keinen Erfolg. Zwischen 1909 und 1913 entstanden weitere 108 kommunale Wohnungen. Mit ihrem Engagement im Wohnungsbau nahm die Stadt Freiburg eine Spitzenstellung im ganzen Deutschen Reich ein und gehörte zusammen mit Ulm zu den ganz wenigen Kommunen, die vor dem Ersten Weltkrieg überhaupt kommunalen Wohnungsbau betrieben.

WERKSWOHNUNGSBAU: GMINDERSDORF UND ZEPPELINDORF

Sehr umstritten war die Wohnungsfürsorge der Industriebetriebe. Spätestens in der Hochindustrialisierungsphase vor dem Ersten Weltkrieg stellte sich für die Unternehmer die Frage nach der Unterbringung ihrer Arbeiter in eigenen Siedlungen immer drängender. Vorbilder waren der umfangreiche Werkswohnungsbau der Firma Krupp in Essen und im Südwesten die *Cités Ouvrières* in Mühlhausen.

Unter den südwestdeutschen Werkssiedlungen besaß die Arbeiterkolonie Gmindersdorf in Reutlingen eine »Schrittmacherwirkung«[11] für den weiteren Werkswohnungsbau in Deutschland. Initiator war der Textilunternehmer Ulrich Gminder. Er reagierte auf den chronischen Arbeitermangel in seiner Branche und auf die in Reutlingen damals

herrschende Wohnungsnot. Mit seinem Siedlungsbau sollten für qualifizierte Stammarbeiter gesunde und gute Wohnbedingungen geschaffen werden.

Aus diesem Grund lag die Siedlung ganz bewußt nicht, wie sonst im Werkswohnungsbau üblich, direkt neben der Fabrik, sondern an einem 1,5 km entfernten südorientierten Hang der Schwäbischen Alb. Statt kasernenartiger Unterkünfte ließ er »Häuser im Grünen« mit einem Nutzgarten errichten. Mit der Planung der Siedlung wurde der Architekt Theodor Fischer beauftragt, der für den »Verein für das Wohl der arbeitenden Klassen« bereits

Der Textilunternehmer Ulrich Gminder reagierte auf den chronischen Arbeitermangel in seiner Branche mit dem Bau einer Arbeiterkolonie, die für qualifizierte Stammarbeiter gesunde Wohnbedingungen schaffen sollte. Zu Gmindersdorf in Reutlingen (Luftbild von 1918), in leicht geschwungenem Straßenraster staffelförmig am Hang gebaut, gehörte ein kleiner Marktplatz und ein halbkreisförmiger Altenhof.
Architekt Theodor Fischer entwickelte 18 verschiedene Reihenhaustypen und erreichte so eine architektonische Vielfalt wie in einem traditionellen Dorf. Zu jeder Wohneinheit gehörte ein Garten.

die Stuttgarter Arbeiterhäuser in der Weber-/Leon-
hardstraße entworfen hatte.

Zwischen 1903 und 1909 entstand eine geschlossene Siedlung mit 155 Wohnungen. 1908 lebten
834 Menschen im »Dörfle«, wie Gmindersdorf
auch heute noch von seinen Bewohnern liebevoll
genannt wird. Als städtebauliches Grundkonzept
wählte Fischer ein orthogonales, leicht geschwunge-
nes Straßenraster. Zu der Anlage gehörten auch
ein kleiner Marktplatz und ein halbkreisförmiger
Altenhof. Eine Vorgabe des Bauherrn bestand darin,
nicht mehr als vier Wohnungen in einem Gebäude
zusammenzufassen. Um trotzdem ein geschlossenes
Siedlungsbild zu erreichen, versetzte Fischer die
Häuser staffelförmig entlang des leicht geneigten
Hanges. Ferner entwickelte er 18 verschiedene Reihenhaustypen und strebte damit eine architektonische Vielfalt wie in einem traditionellen Dorf an.
Es überwogen Doppelhäuser, wobei die Wohnungs-
größen zwischen 50 und 92 m² lagen. Eine Besonderheit stellte die Wohnküche mit ihrem getrennten
Koch- und Eßbereich dar. Zu jeder Wohneinheit
gehörte ein Garten.

Die Architektur von Gmindersdorf orientierte
sich an der regionalen Bautradition. Fachwerk
wurde verwandt, jedoch sparsam eingesetzt. Ganz
bewußt setzte sich Fischer von bürgerlichen Wohnformen ab, als Maxime galt für ihn, »daß nichts
mehr zu vermeiden ist, als die Schaffung von ver-
kleinerten bürgerlichen Landhäusern. Das Arbeiterhaus darf mit dem Typus der Villa so gut wie nichts
gemein haben. Viel eher liefert der uralte mittel-
und süddeutsche Bauernhausgrundriß brauchbare
Vorbilder«.[12]

Ein weiteres Beispiel für den Werkswohnungsbau im Südwesten stellte das Zeppelindorf in
Friedrichshafen dar. 1908 gründete Ferdinand Graf
von Zeppelin in der bisher von Kurgästen und
Handel geprägten Residenzstadt am Bodensee seine
Luftschiffbau Zeppelin GmbH. Das rasch expandie-
rende Unternehmen profitierte insbesondere vom

Ferdinand Graf von Zeppelin gründete 1908 in
der Residenzstadt Friedrichshafen ein Unternehmen zum Bau von Luftschiffen. Um Arbeitskräfte
an den Bodensee zu locken, bot Zeppelin eine
betriebliche Lebensversicherung, baute eine
Werkskantine, ein Ledigenheim und vor allem
eine Werkssiedlung mit hundert Wohneinheiten
(Luftbild von 1917). Am Siedlungseingang stand
der »Dorfkrug« und die »Consum-Anstalt«.

Beginn des Krieges und erhielt zahlreiche Militär-
aufträge für den Bau von Luftschiffen. Der zur Produktion benötigte Arbeitskräftebedarf konnte vom
lokalen Arbeitsmarkt nicht mehr gedeckt werden,
und es kam zu einem starken Zuzug auswärtiger
Arbeitskräfte. Die Folge waren Engpässe auf dem
städtischen Wohnungsmarkt; insbesondere an
preiswerten Kleinwohnungen herrschte bei Kriegsbeginn ein akuter Mangel. Außerdem gehörte
Friedrichshafen damals zu den Städten mit den
höchsten Lebenshaltungskosten in Württemberg.

Auf diese Situation reagierte Graf Zeppelin am
23. September 1913 mit der Gründung seiner Zeppelin-Wohlfahrt GmbH. Ziel dieses breit gefächerten

ARBEITERHAUS TYP A,
(DOPPELHAUS)

Die Kleinhäuser im Zeppelindorf, »in Rücksicht auf Gefällverhältnisse und den Bestand alter Obstbäume« errichtet, gruppierten sich um den zentralen König-Wilhelm-Platz und reihten sich entlang schmaler Wohnstraßen mit platzartigen Aufweitungen. Mit ihren voluminösen Dächern, den kleinen Sprossenfenstern und ihren Holzklappläden erinnerten sie ganz bewußt an süddeutsche Bauernhäuser.

Sozialwerks, das sich ganz im Besitz des Unternehmens befand, war die »Ergreifung von Maßnahmen zur Senkung der Lebenshaltungskosten für Beamte und Arbeiter«. So umfaßte die unternehmerische Fürsorge eine betriebliche Lebensversicherung, eine Werkskantine (1910), ein Ledigenheim (1916) sowie einen Saalbau (1917), der auch als Stadthalle und Kulturzentrum von der Friedrichshafener Bevölkerung genutzt wurde.

Herzstück des sozialen Engagements war das Zeppelindorf. Nördlich der Innenstadt entstand zwischen 1914 und 1917 eine Werkssiedlung mit ca. 100 Wohneinheiten. Mit der Planung wurden die Stuttgarter Architekten Paul Bonatz und Friedrich E. Scholer beauftragt. Bonatz, 1908 zum Professor an die TH Stuttgart berufen, kam wohl auf Empfehlung seines Lehrers Theodor Fischer mit Graf Zeppelin in Kontakt[13] und plante für die Zeppelinwerke das Wohnhaus des Direktors Colsmann, das Ledigenheim und den Saalbau. Der Name Bonatz stand zudem für süddeutsche Baukultur im Sinne des Heimatschutzstils der Stuttgarter Schule und verhalf der Werkssiedlung sowohl zu einer gewünschten überregionalen Aufmerksamkeit als auch zu einer hohen Akzeptanz seitens der Stadtverwaltung. Die Bauleitung vor Ort übernahm die Bauverwaltung der Zeppelin-Wohlfahrt unter Leitung von Paul Zeller.

Das städtebauliche Konzept wurde in der Baubeschreibung wie folgt dargestellt: »Das Gelände, in gesunder, sonniger Lage, fällt sanft ab nach Südosten und bietet Aussicht auf das Gebirge. Die Anlage der Wohnstraßen erfolgte in Rücksicht auf Gefällverhältnisse und den Bestand alter Obstbäume; bei der Aufteilung in Wohnquartiere wurde eine weiträumige, offene Bauweise gewählt. (…) Alle Wohnhäuser sind einstöckig bzw. eineinhalbstöckig«.[14] Die Gebäude gruppierten sich um den zentralen König-Wilhelm-Platz und reihten sich entlang schmaler Wohnstraßen mit platzartigen Aufweitungen. Der Siedlungseingang wurde durch zwei Gemeinschafts-

bauten, den »Dorfkrug« und die »Consum-Anstalt« an der Meistershofener Straße definiert.

Die fünf Haustypen mit unterschiedlichen Wohnflächen und Wohnkomfort bildeten die Hierarchie des Unternehmens ab. Die großen »Meisterhäuser« umfaßten etwa 130 m² Wohnfläche und wurden zumeist von Angestellten bewohnt. Die Einzelhäuser hatten im Erdgeschoß ein separates Wohn- und Eßzimmer, ein Schlafzimmer sowie je eine Spül- und Kochküche. Im Dachgeschoß befanden sich, über Gauben belichtet, weitere Schlafkammern, ein Klosett und ein Badezimmer. In den kleinsten Doppelhäusern mit 65 m² Wohnfläche gab es lediglich eine Wohnküche sowie eine kombinierte Spül- und Waschküche mit Badewanne. Im Dachstock lagen zwei Schlafkammern. Die restlichen Typen lehnten sich an die Meisterhäuser an, hatten jedoch im Dachstock nur ein bis zwei ausgebaute Kammern.

Unterschiede gab es auch beim Wohnkomfort. Während die Meisterhäuser bereits mit elektrischem Licht ausgestattet waren, gab es in den anderen Typen lediglich Gasbeleuchtung im Erdgeschoß. Alle Wohnungen verfügten über einen in das Gebäude integrierten Stall und ein Gartengrundstück mit durchschnittlich 830 m². So wurde den vielköpfigen Familien eine intensive Nebenerwerbslandwirtschaft ermöglicht.

Die Zeppelin-Wohlfahrt vermietete die Wohnungen nur an Werksangehörige. Die Mieten waren im Vergleich zum Gesamtmarkt günstig, da das Unternehmen auf Gewinnmaximierung verzichtete und sich mit einer Verzinsung von rund sechs Prozent zufrieden gab. Allerdings bedeutet dies nicht, daß im Zeppelindorf generell preiswerter Wohnraum für Arbeiterfamilien angeboten wurde. Die Häuser wurden überwiegend von Facharbeitern bewohnt, unter den Mietern befanden sich auch ein Ingenieur, ein Braumeister und ein Kantinenführer.[15] Die Bewohner hatten nach Rücksprache mit der Verwaltung die Möglichkeit, Zimmer unterzuvermieten, und machten davon auch Gebrauch. In diesen Fällen lebten die vielköpfigen Familien – drei bis fünf Kinder waren keine Seltenheit – zusammen mit Untermietern in relativ beengten Wohnverhältnissen.

Das Zeppelindorf steht unter Denkmalschutz. Der Ausstattungsstandard wurde nach und nach den heutigen Verhältnissen angepaßt. Bei der Wohnungsvergabe werden auch heute noch »vornehmlich Beschäftigte der Friedrichshafener Betriebe Zeppelin, MTU und ZF (...) berücksichtigt«[16].

Der Werkswohnungsbau orientierte sich an verschiedenen städtebaulichen und architektonischen Leitbildern. Dies war zum einen das bereits erwähnte »Cottageprinzip«, bei dem jede Arbeiterfamilie eine abgeschlossene Wohneinheit mit einem Garten bewohnte. Außerdem entsprach der Kotten den Lebensgewohnheiten der Arbeiterschaft. Insbesondere die erste Fabrikarbeitergeneration, die sich aus der verarmten Landarbeiterschicht rekrutierte, also aus bäuerlichen Verhältnissen stammte und durch die Industrialisierung entwurzelt wurde, fand im Kleinhaus mit Garten ein Stück ihrer verloren gegangenen Heimat wieder.

Architekten wie Theodor Fischer in Gmindersdorf und Paul Bonatz im Zeppelindorf unterstützten diese Zielsetzung durch ihre Architektursprache. Sie planten Kleinhäuser, die mit ihren voluminösen Dächern, den kleinen Sprossenfenstern und Holzklappläden sowie den Stallanbauten ganz bewußt ihre Vorbilder in den süddeutschen Bauernhäusern hatten. Die Architekten befanden sich damit in der Tradition der Heimatschutzbewegung, einer Architekturbewegung um die Jahrhundertwende, die den gründerzeitlichen Historismus mit seiner eklektizistischen Formensprache und seiner reichen Fassadenornamentik ablehnte und auf einfache, traditionelle Bauformen zurückgriff. Für die Arbeiterschaft der Industriegesellschaft entwarfen die Architekten das »Arbeiter-Bauernhaus«. Mit ihrer bewußten Abgrenzung von bürgerlichen Wohnformen bilde-

ten sie auch die bestehende gesellschaftliche Ordnung ab: Villen und Landhäuser den Unternehmern – ländliche Kleinhäuser den Arbeitern.

Ein weiteres Leitbild im Werkswohnungsbau war der Gartenstadtgedanke. Dieses städtebauliche Konzept verbreitete sich, ausgehend von England, kurz vor dem Ersten Weltkrieg in ganz Europa. Die Kombination von Wohnung und Garten sollte allen Bevölkerungsschichten gesunde Wohnverhältnisse im Grünen ermöglichen. Reduziert man den Entwurfsgedanken nur auf das städtebauliche Konzept, so waren auch Werkssiedlungen wie Gmindersdorf und das Zeppelindorf durchgrünte Gartenstädte. Betrachtet man dagegen die Organisationsform, unterschieden sich die Werkssiedlungen in einem entscheidenden Punkt von dem Gartenstadtkonzept: Die Gartenstädte waren genossenschaftlich organisiert, d.h. die Bewohner hatten ein Mitspracherecht bei der Verwaltung und ein gesichertes Mietverhältnis. Dagegen war der Werkswohnungsbau autokratisch organisiert. Die Häuser blieben im Besitz des Unternehmens, und das Mietverhältnis war mit dem Arbeitsverhältnis gekoppelt. Das Unternehmen bestimmte, wer in der Siedlung wohnte. Wer seinen Arbeitsplatz verlor oder sich nicht unterordnete, verlor auch seine Wohnung. Diese starke Abhängigkeit von Wohnen und Arbeiten reduzierte die Streikbereitschaft und band Facharbeiter an das Unternehmen.

Außerdem war die Fabrik immer allgegenwärtig und bestimmte den Alltag. Treffend beschreibt dies Hella Knapp, eine Bewohnerin der Werksiedlung Gmindersdorf: »Das Leben im Gmindersdorf richtete sich nach der Hupe vom Gminder: Morgens, fünf Minuten vor 7 Uhr, hupte es zum ersten Mal, damit die Arbeiter sich auf den Weg zur Firma machten. Um 7 Uhr hupte es noch einmal, dann mußte man drüben sein. Um 11.30 Uhr hupte es für die Frauen, die zum Kochen heim durften. Um 12 Uhr durften die Männer heim. Fünf Minuten vor 13 Uhr hupte es wieder, man ging wieder los, um 13 Uhr fing man mit dem Arbeiten an. Abends hupte es um 17 Uhr, wenn Feierabend war.«[17]

Auch quantitativ war der Erfolg des Werkswohnungsbaus begrenzt. Nach Peter Kirsch erbauten beispielsweise die württembergischen Unternehmen bis zum Ersten Weltkrieg ca. 1900 Werkswohnungen, meist in der Textil- und Metallbranche. Damit lag der »Anteil der Werkssiedlungswohnungen an der Gesamtzahl der Arbeiterwohnungen bei einem Prozent«.[18]

GARTENSTADTBEWEGUNG IN BADEN

Ein spätes Reformmodell zur Lösung der Wohnungsfrage für breite Bevölkerungsschichten vor dem Ersten Weltkrieg war die erwähnte Gartenstadtbewegung. Beeinflußt von den Erfolgen des englischen Wohnreformers Ebenezer Howard, der mit seiner Veröffentlichung »Garden Cities of Tomorrow« in England großen Zuspruch fand, wurde diese Alternative zu Stadt und Land auch in Deutschland publiziert.

Die Gartenstadtidee fiel insbesondere bei der bürgerlichen Lebensreformbewegung auf fruchtbaren Boden. Diese heterogene Bewegung, zu denen Anhänger der Bodenreform- und Wandervogelbewegung, der Reformpädagogik, der Frauenbewegung, des Vegetarismus und des Turnvaters Jahn gehörten, fühlten sich von der industriellen Großstadt immer stärker bedroht und strebten nach moralischer Erneuerung und gesunder Lebensweise. Ihre Losung hieß »Hinaus aufs Land«. In der Gartenstadt sah man ein städtebauliches Gegenmodell zur bestehenden industriellen Großstadt und eine geeignete Siedlungsform, bei der jede Art von Bodenspekulation ausgeschlossen war. Folgerichtig grenzte sich das Gartenstadtkonzept ganz bewußt von den Villenkolonien der privaten Terraingesellschaften ab: »Man versteht also unter einer Gartenstadt oder einer Gartenvorstadt nicht

eine beliebige Stadt oder Vorstadt mit ein paar Gärten in ihren Mauern. Sie hat nichts zu tun mit den Villenkolonien, die findige Terrainspekulanten mit dem Namen ›Gartenstädte‹ schmücken, um die öffentliche Meinung für ihre nichts weniger als gemeinnützigen Gründungen zu gewinnen.«[19]

Kurz vor dem Ersten Weltkrieg wurden in vielen Städten des Kaiserreichs Gartenstadtgenossenschaften ins Leben gerufen. Im Südwesten konzentrierten sich die Gründungen auf das Großherzogtum Baden. Gartenstadtgenossenschaften gab es beispielsweise in Breisach, Karlsruhe, Konstanz, Mannheim, Heidelberg, Freiburg, Pforzheim, Offenburg, Rastatt und Donaueschingen.[20] In Württemberg war das Echo weit geringer. Jörg Schadt sieht die Hauptgründe einerseits in der Tatsache, daß in Baden »bedeutende Vertreter der geistigen und künstlerischen sowie der politischen und administrativen Elite Badens«[21] für die Gartenstadtidee gewonnen werden konnten, andererseits engagierte sich Hans Kampffmeyer (1876–1932), der Generalsekretär der Deutschen Gartenstadt-Gesellschaft (DGG), in Karlsruhe und in der Region für die Realisierung von Gartenstadtsiedlungen. Auch der badische Großherzog Friedrich II. stand der Bewegung wohlwollend gegenüber und unterstrich dies durch einen Besuch der Gartenvorstadt Mannheim am 11. Mai 1914.

GARTENSTADT KARLSRUHE

Im Oktober 1905 gründete sich auf Initiative von Hans Kampffmeyer in Karlsruhe die erste deutsche Gartenstadtgenossenschaft, die Gartenstadt Karlsruhe eGmbH. Unter den Gründungsmitgliedern befanden sich Fabrikanten, Rechtsanwälte, Architekten und Kaufleute. Ziel war die Realisierung der Ideale der DGG durch Siedlungen in Karlsruhe. Weiter hieß es: »Unter Zugrundelegung eines technisch und künstlerisch befriedigenden Bebauungs-

plans sollen den Bewohnern gesunde und schöne Wohn- und Arbeitsstätten und Gelegenheit zum Gartenbau geboten werden. Ferner sollen gemeinnützige Einrichtungen aller Art geschaffen werden, die der Bildung von Geist und Körper dienen.«[22]

Drei Jahre später erwarb die Genossenschaft von der Badischen Domänenverwaltung ein geeignetes Baugrundstück zwischen Innenstadt und Karlsruhe-Rüppurr. Im Frühsommer 1912 konnten die ersten 42 Wohnungen bezogen werden. Es folgten mehrere Bauphasen, 1929 umfaßte die Gartenstadt Karlsruhe 315 Wohneinheiten. Mit der Planung des ersten Bauabschnitts wurde der Architekt Karl Kohler beauftragt. Die Entwürfe für die weiteren Bauabschnitte vor 1914 stammten von Friedrich Ostendorf (1871–1915), Professor an der TU Karlsruhe. Der Architekt sah sich in der klassizistischen Tradition von Friedrich Weinbrenner und entwarf in einer klaren und schlichten Formensprache.

Geprägt wurde das Siedlungsbild der Gartenstadt von Einzelhäusern und Reihenhauszeilen, die sich an schmalen Wohnstraßen aufreihten. Siedlungsmittelpunkt und -eingang bildete der halbrunde »Ostendorfplatz« mit seinen Läden. Ein unabhängiges Fußwegenetz, sogenannte »Mistwege«, durchzog die Siedlung und erschloß die Gärten. Um den Bewohnern Nebenerwerbslandwirtschaft

zu ermöglichen, gehörte zu jeder Wohneinheit ein bis zu 1000 m² großer Garten.

Die Haustypen mußten zwei Anforderungen gerecht werden. Um verschiedene Bevölkerungskreise anzusprechen, baute die Genossenschaft eine Mischung aus Einzel-, Doppel- und Reihenhäusern, wobei das Reihenhaus eindeutig überwog. Die zweite Anforderung, preiswerten Wohnraum anzubieten, erreichte man durch eine Typisierung der Häuser: »Je weniger Typen verwendet werden, desto billiger werden die Häuser und desto einfacher ist deren Verwaltung und Unterhaltung. (…) Da die Häuser billig gebaut werden mußten, hat man dies dadurch zu erreichen versucht, daß man schon die Grundrisse auf die einfachsten Formen brachte

Mit dem Bau der »Gartenstadt Karlsruhe« (rechts im Luftbild) sollten den Bewohnern »gesunde und schöne Wohn- und Arbeitstätten und Gelegenheit zum Gartenbau« geboten werden. »Mistwege« durchzogen die Siedlung mit ihren Einzelhäusern und Reihenhauszeilen an schmalen Wohnstraßen und erschlossen Gärten mit bis zu 1000 Quadratmetern. Die typisierten Häuser mit Grundrissen in einfachsten Formen (unten Haustyp 5 mit Wohnküche) schufen preiswerten Wohnraum für bürgerliche Schichten.

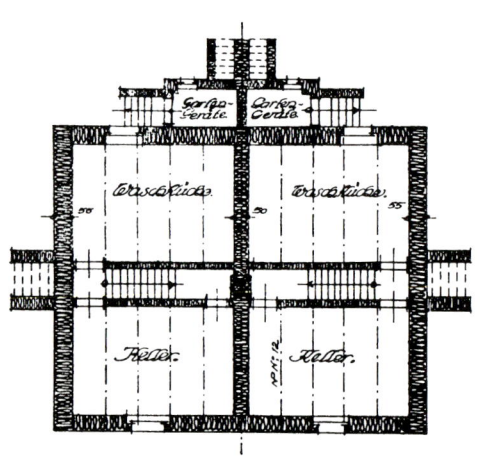 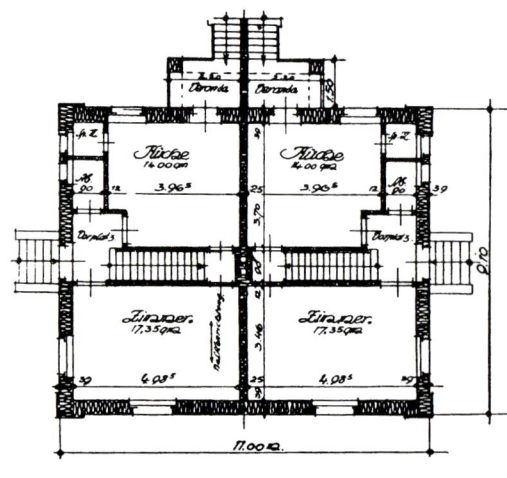 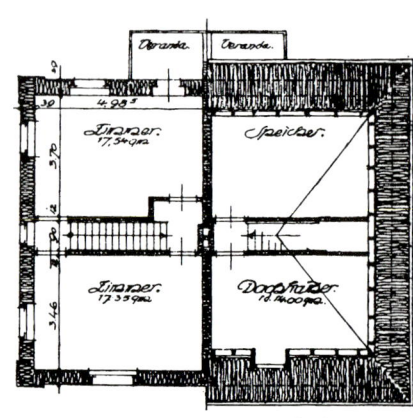

und alle Aus- und Anbauten möglichst vermieden hat.[23]

Die typisierten Kleinreihenhäuser der ersten Bauphase waren für eine damals fünf- bis siebenköpfige Familie nicht gerade üppig bemessen. Insbesondere der kleinste Haustyp mit einer Fläche von 32,6 m[2], bestehend aus Wohnstube und -küche sowie zwei Schlafkammern, bezeichnete selbst die Genossenschaft »als die unterste Grenze für das Einfamilienhaus« und nicht »für kinderreiche Familien gedacht«[24]. Bereits in der zweiten Bauphase ab 1915 vergrößerte man die Wohnflächen und erstellte zweigeschossige Reihenhäuser mit einem höheren Ausstattungskomfort. Es gab jetzt ein Klosett im Eingangsbereich, der Speicher hatte eine Dachgaube und konnte zu einer zusätzlichen Schlafkammer ausgebaut werden. Nach 1918 baute man überwiegend den Typ V mit einer Wohnfläche von ca. 72 m[2], »der Wohnungsbedürfnisse schon weit gezogener Kreise befriedigen«[25] konnte. Bezogen wurden die Häuser fast ausschließlich von Beamten, hinzu kamen einige Ärzte, Professoren, Lehrer und Handwerker.[26] Industriearbeiter bildeten die Ausnahme. Damit schuf die Genossenschaft günstigen Wohnraum für bürgerliche Schichten.

der SPD-Reichstagsabgeordnete Ludwig Frank zu den Gründungsmitgliedern der Genossenschaft. Zweitens wurde das Gartenstadtprojekt von ganz unterschiedlichen gesellschaftlichen Kräften unterstützt. Das Spektrum reichte von Stadträten über Mannheimer Fabrikanten bis zu den Gewerkschaften und der Frauenbewegung. Zusätzliche Aufmerksamkeit erhielt das Projekt durch eine Wanderausstellung der DGG, die im September 1910 sehr erfolgreich in der städtischen Kunsthalle veranstaltet wurde.

Mit der Planung der Gartenstadt beauftragte die Genossenschaft das Mannheimer Architekturbüro Esch & Anke. Das städtebauliche Konzept wurde wie folgt beschrieben: »Wie der umstehende Plan zeigt, wird hier eine regelmäßige Anlage geplant, in der durch starke Betonung der Hauptachsen, durch planvolle Verwendung von stehenbleibenden Waldteilen und durch geschickte Gruppierung von Straßen und Plätzen ein Stadtbild von eigenem Reiz geschaffen wird.«[27]

In der ersten Bauphase dominierten 1½-geschossige Gebäude mit Mansarddächern, die zusammen mit den ausgeprägten Dachsimsen, den voluminö-

GARTENVORSTADT MANNHEIM

Im August 1910 war Hans Kampffmeyer auch maßgeblich an der Gründung der Gartenvorstadt-Genossenschaft Mannheim mbH beteiligt. Bereits ein Jahr später stellte die Stadt der Genossenschaft ein Gelände im Norden der Stadt in Erbbaurecht zur Verfügung. Bei der ersten Hauptversammlung im November 1913 waren schon 38 Häuser bezogen. Bis 1919 entstanden in weiteren Bauetappen 175 Wohneinheiten.

Die rasche Realisierung hatte mehrere Gründe. Zum einen gehörten politisch einflußreiche Persönlichkeiten wie der Bürgermeister Julius Finter und

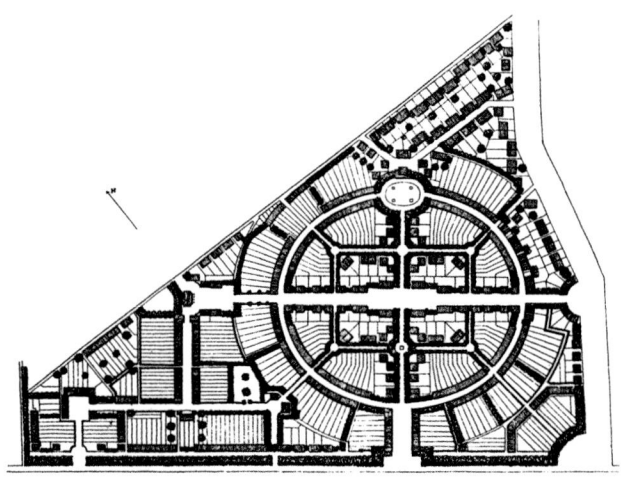

Unterschiedliche gesellschaftliche Kräfte – Stadt-
räte, Fabrikanten, Gewerkschaften, Frauenbewegung – unterstützten den Bau der Gartenvorstadt
Mannheim. Im Norden der Stadt wurde »eine
regelmäßige Anlage geplant, in der durch starke
Betonung der Hauptachsen, durch planvolle
Verwendung von stehenbleibenden Waldteilen
und durch geschickte Gruppierung von Straßen
und Plätzen ein Stadtbild von eigenem Reiz
geschaffen« (links Bebauungsplan von 1910).
Alle Wohnungen, die »dem Bedürfnis des Arbeiterstandes und ihnen sozial gleichstehender
Kreise« entsprechen sollten, hatten eine Badegelegenheit und einen Gartenanteil. Die Wohnküche war das Zentrum des Haushalts und
Mittelpunkt des Familienlebens.

sen Fensterleibungen und dem großformatigen Eckmauerwerk Assoziationen an herrschaftliche Bauweisen aufkommen ließen. Unterstützt wurde dieser Eindruck durch den zentralsymmetrischen Aufbau der langen Zeilen und die Betonung der Endtypen. Das Raumprogramm der Mannheimer Kleinhäuser entsprach weitgehend dem der Karlsruher Reihenhäuser. Die Wohnflächen waren etwas größer, alle Wohnungen hatten eine Badegelegenheit und einen Gartenanteil mit mindestens 150 m².

Die Wohnküche war mit 14,2 m² der größte Raum in der Wohnung und gleichzeitig das multifunktionale Zentrum des Haushalts und Mittelpunkt des Familienlebens. Wie im vorindustriellen Kleinbauernhaus bestand im Haushalt der Gartenstadtbewohner noch eine sehr enge Beziehung zwischen Wirtschaften und Wohnen. In der Wohnküche wurde gekocht und gegessen, man saß zusammen; hier wurden Obst und Gemüse aus dem Garten nach dem Weckschen Frischhalteverfahren eingekocht, und hier wurden die Hasen, Hühner, Gänse, Ziegen und Schweine fachgerecht verarbeitet. Das Wohnzimmer hingegen, auch als »gute Stube« bezeichnet, diente vor allem Repräsentationszwecken und stellte eine – sehr reduzierte – Version des großbürgerlichen Salons dar. Mit diesem Raum versuchte das aufstrebende Kleinbürgertum bürgerliche Wohnvorstellungen aufzunehmen und nachzuleben.

Die Genossenschaft entschied sich bewußt für den Bau von »Kleinhäusern«, die »dem Bedürfnis des Arbeiterstandes und ihnen sozial gleichstehender Kreise entsprachen«.[28] Eingezogen sind viele kinderreiche Familien, wobei die durchschnittliche Haushaltsgröße bei fünf Personen lag. Im Gegensatz zu Karlsruhe wies die Bevölkerungsstruktur in der Gartenvorstadt Mannheim einen hohen Arbeiteranteil auf. Nach offiziellen Angaben wurden 101 der 175 Wohneinheiten von Arbeiterhaushalten bewohnt[29], die zum großen Teil in den umliegen-

den Industriebetrieben wie der Benz AG oder der Metallgießerei Bopp & Reuther arbeiteten. Betrachtet man die Berufe etwas genauer, fällt der hohe Anteil an Facharbeitern auf, deren Monatslohn oft auf dem Niveau von einfachen Angestellten und Beamten lag.[30]

Ferner versuchte die Genossenschaft das »Schlafgängertum«, eines der Hauptkennzeichen für die schlechten Wohnverhältnisse der Arbeiterhaushalte, zu kontrollieren, indem die Untervermietung von Räumen nur mit Genehmigung des Genossenschaftsvorstandes zulässig war. Damit verbunden waren eindeutig bürgerliche Wertvorstellungen. Das Zusammenleben von Arbeiterfamilien mit Untermietern respektive Schlafgängern wurde seitens der bürgerlichen Wohnreformer als unsittlich und unmoralisch bezeichnet und vehement kritisiert. Daß diese Untervermietung nicht aus freiem Willen geschah, sondern das Resultat einer verfehlten staatlichen Wohnungspolitik war, wurde dabei allerdings meist verschwiegen.

GARTENSTADTBEWEGUNG IN WÜRTTEMBERG

Auch in Württemberg gab es mehrere Versuche, den Gartenstadtgedanken in konkreten Siedlungen zu realisieren. So plante in Stuttgart die 1910 gegründete »Gemeinnützige Baugenossenschaft für Einfamilienhäuser GmbH« in Degerloch eine große Gartenstadt auf einem 200 Hektar großen Waldgelände. Fehlende Gelder reduzierten das Projekt auf die Kolonie Falterau. Nach den Plänen der Architekten Werner Klatte und Richard Weigle, beide Schüler Fischers, entstanden 70 Wohneinheiten, die sich um einen zentralen Platz gruppieren.

Gar nicht gebaut wurde ein Gartenstadtprojekt, das die Stuttgarter Sozialdemokraten unter Führung der Frauenrechtlerin Clara Zetkin kurz vor dem Ersten Weltkrieg auf den Flurstück »Kleinhohenheim« im heutigen Stuttgarter Stadtteil Birkach errichten wollten. Auch ein weiteres Großprojekt, die Stuttgarter »Waldstadt« im Schwarzwildpark beim Schloß Solitude, konnte nicht realisiert werden. Auf Initiative des Sozialreformers Paul Lechler entwickelten wiederum die Architekten Klatte und Weigle einen detaillierten Bebauungsplan einschließlich Grundrissen für Kleinhäuser. Das Projekt wurde 1910 in der Zeitschrift *Gartenstadt* von Hans Kampffmeyer unter dem Titel »Eine Waldstadt bei Stuttgart« veröffentlicht. Auch dieses Projekt scheiterte, da der Grundstückseigner, das württembergische Königshaus, wenig Neigung zeigte, das Areal den Gartenstadtanhängern zu überlassen.

Mehr Erfolg bei ihrer Gartenstadtgründung hatten Arbeiter der Daimler-Motorenwerke. Die von ihnen initiierte Baugenossenschaft konnte bereits nach einem Jahr ein geeignetes Baugelände nordöstlich von Untertürkheim erwerben und die Gartenstadt Luginsland (1913–1933) errichten. Da sich die einzelnen Bauphasen mit insgesamt 400 Doppelhäusern und Reihenhauszeilen bis in die dreißiger Jahre hinzogen, entstanden viele unterschiedliche Haus- und Wohnungstypen. Kriegszerstörung und Wiederaufbau sowie umfangreiche Sanierungs- und Modernisierungsmaßnahmen haben den ursprünglichen Charakter der geschlossenen Siedlung verwässert.[31] In Esslingen konstituierte sich 1912 die »Gemeinnützige Baugenossenschaft für Einfamilienhäuser in Oberesslingen«. Ein Jahr später erbaute die Genossenschaft eine erste Hausreihe. Der Kriegsbeginn unterbrach, wie bei vielen anderen Projekten, die weitere Entwicklung.

Das wohnungspolitische Engagement des aufgeklärten Bürgertums in Baden und Württemberg vor dem Ersten Weltkrieg kann nicht hoch genug eingeschätzt werden. In einer Zeit, in der sich Staat und herrschende Klassen ihrer sozialpolitischen Verantwortung weitgehend entzogen und den Wohnungsmarkt dem freien Spiel der spekulativen Kräfte überließen, blieb es einer kleinen Gruppe sozialreformerisch orientierter Bürger vorbehalten, wenigstens für einen Teil der einkommensschwächeren Bevölkerung gesunden und bezahlbaren Wohnraum zu schaffen. Statt einer engräumigen, dunklen Mietwohnung in einem gründerzeitlichen Block bewohnten die Familien ein kleines Reihenhaus mit einem Garten in Stadtrandlagen oder eine abgeschlossene Kleinwohnung ohne Untermieter in einem Genossenschaftsblock.

Allerdings zielten die meisten Reformbestrebungen nicht auf eine grundlegende Veränderung der bestehenden gesellschaftlichen Verhältnisse ab, sondern – ganz im Gegenteil – auf deren Stabilisierung. Sie schufen auch nicht primär preiswerten Wohnraum für die einkommensschwächsten Arbeiterschichten, sondern für das aufstrebende Kleinbürgertum wie niedere Beamte und Angestellte, Kleinhandwerker oder Facharbeiter. Auch in der Architektursprache spiegelte sich die bestehende Ordnung wieder. Nicht die großbürgerliche Villa, sondern das ländliche Bauernhaus diente als Vorbilder der Werkssiedlungen und Gartenvorstädte. Schließlich war der Reformwohnungsbau auch nur einem kleinen privilegierten Teil der Bevölkerung vorbehalten. 1914 wohnten im Deutschen Kaiserreich nur etwa 3 Prozent in den beschriebenen Siedlungen. Erst in der Weimarer Republik konnten das Genossenschaftswesen und der kommunale Wohnungsbau ihre volle Wirksamkeit entfalten und breite Schichten der Bevölkerung mit preiswertem Wohnraum versorgen. Die Pioniere vor dem Ersten Weltkrieg schufen dafür allerdings bereits die wichtigen Grundlagen.

GERT KÄHLER
SPANNWEITEN, WIDERSPRÜCHE

1 Lewis Mumford: Die Stadt. München 1979, S. 536f.

2 Jürgen Kuczynski: Geschichte des Alltags des Deutschen Volkes, Bd. 4 1871–1918. Köln 1993, S. 176f.

3 Julius Posener: Berlin auf dem Weg zu einer neuen Architektur. München New York 1979, S. 13.

4 Georg Simmel: Die Großstädte und das Geistesleben. In: Die Großstadt. Vorträge und Aufsätze zur Städteausstellung, Dresden 1903, S. 188 bzw. 204.

5 Victor Böhmert: Die sozialen Aufgaben der Gemeinden. Zitiert nach: Jürgen Reulecke (Hg.): Geschichte des Wohnens, Bd. 3, Stuttgart 1997, S. 102.

6 Erlaß Kaiser Wilhelms II. zur Bekämpfung sozialistischer und kommunistischer Ideen durch die Schule von 1889; zitiert nach: B. Michael, H.-H. Schepp (Hg.): Politik und Schule von der Französischen Revolution bis zur Gegenwart, Bd. 1. Frankfurt am Main 1973, S. 409f.

7 Paul Göhre: Das Warenhaus (1907); zitiert nach: Klaus Strohmeyer: Warenhäuser. Berlin 1980, S. 86.

8 Günther Dehn: Proletarische Jugend. Berlin o.J. (1929); zitiert nach: Deutsches Institut für Fernstudien (Hg.): Funkkolleg Jahrhundertwende 1880–1930, Bd. o. Weinheim, Basel, S. 93.

9 Aus einem Brief Alfred Krupps; zitiert nach: Preußen. Zur Sozialgeschichte eines Staates, bearbeitet von Peter Brandt. Reinbek bei Hamburg 1981, S. 248.

10 Max Berg: Die Jahrhunderthalle und das neue Ausstellungsgebäude der Stadt Breslau, in: Deutsche Bauzeitung 51/1913, zitiert nach: Julius Posener, a.a.O., S. 503.

11 Hans Poelzig: Gärung in der Architektur (1906), zitiert nach: Ulrich Conrads: Programme und Manifeste zur Architektur des 20. Jahrhunderts. Gütersloh, Berlin, München 1971, S. 11

12 Walter Gropius: Monumentale Kunst und Industriebau, Vortrag 1911; zitiert nach: Posener, a.a.O., S. 577.

13 Posener, a.a.O., S. 32.

CHRISTIAN MARQUART
»IN WELCHEM STYLE WOLLEN
WIR WOHNEN?

1 vgl. das einschlägige Kapitel in: Willi A. Boelcke: Millionäre in Württemberg. Stuttgart 1997 und Christine Breig: Der Villen- und Landhausbau in Stuttgart 1830–1930. Stuttgart 2004

2 Adelheid von Saldern: Im Hause, zu Hause. In: Wüstenrot Stiftung, J. Reulecke (Hg.): Geschichte des Wohnens, Bd. 3, Stuttgart 1997, S. 181.

3 Hans Schröter: Friedrich Engelhorn, Landau 1991, S. 211.

ISOLDE DAUTEL UND
CLEMENS KIESER
VILLEN UND LANDHÄUSER
IN BADEN

1 Zum Stilreigen in der badischen Architektur ausführlich Heinz Kneile: Bürgerliche Wohnarchitektur in Städten des Großherzogtums Baden. (Zugl. Univ. Diss. Freiburg) Freiburg 1976, S. 33–74

2 Claudia Dutzi: Art. »Benzgarage« [Ladenburg, Rhein-Neckar Kreis] In: Hubert Krins u.a. (Hg.), Brücke, Mühle und Fabrik, Stuttgart 1991, S. 187 – Reinhard Zimmermann: Künstliche Ruinen, Studien zu ihrer Bedeutung und Form, Wiesbaden 1989, S. 250

3 Thomas Nipperdey: Deutsche Geschichte 1866–1918. München 1990, Bd. I, S. 138

4 Kneile, a.a.O., S. 5–22.

5 Gerhard Kabierske: Der Architekt Hermann Billing (1867–1946) – Leben und Werk. (Univ. Diss. Freiburg 1993). Karlsruhe 1996

6 Wolfgang Brönner: Die bürgerliche Villa in Deutschland, 1830–1890, unter besonderer Berücksichtigung des Rheinlands, Düsseldorf 1987, S. 149f. – Gitta Reinhardt-Fehrenbach: Quo vadis Colombi-Schlössle? Erst Villa, dann südbadische Staatskanzlei, jetzt Museum – in Zukunft…? In: Denkmalpflege in Baden-Württemberg, 3 (2003), S. 275f.

7 Kneile, a.a.O., S. 41

8 Renate Miller-Gruber: Die Villa Schönleber: Ein Künstlerhaus in Karlsruhe. In: Jahrbuch der Staatlichen Kunstsammlungen in Baden-Württemberg 27 (1990), S. 106–134

9 Bernd Müller: Architekturführer Heidelberg. Bauten um 1000–2000. Heidelberg 1998, S. 150

10 Brönner, a.a.O., S. 45, 77, 221

11 Erika Bierhaus-Rödiger: Von der Villa Schmieder zum Prinz-Max-Palais. Zur Geschichte des Prinz-Max-Palais von 1880 bis 1944. In: Schrift zur Eröffnung der Jugendbibliothek, der Städtischen Galerie und der Stadtgeschichte im Prinz-Max-Palais Karlsruhe am 8. Mai 1981. Karlsruhe 1981, S. 9–25. – Ulrike Grammbitter: Josef Durm 1837–1919. Eine Einführung in das architektonische Werk. (Univ. Diss. Heidelberg 1982) München 1984, S. 60–79

12 Grammbitter, a.a.O., S. 89–93 – Petra Wichmann: Die Künstlerhäuser in der Landschaft des Untersees. In: Was habt ihr aus dem See gemacht? Kulturlandschaft Bodensee, Teil II – Untersee. (Arbeitsheft 12, Landesdenkmalamt Baden-Württemberg) Stuttgart 2003, S. 111–131 und 115–119

13 Michael Imhof: Historistisches Fachwerk. Zur Architekturgeschichte des 19. Jahrhunderts in Deutschland, Großbritannien (Old English Style), Frankreich, Österreich, der Schweiz und in den USA. (Zugl. Univ. Diss. Bamberg) Bamberg 1996, hier v.a. zur schulbildenden Rolle Carl Schäfers, S. 338–389

14 Jutta Schuchard: Carl Schäfer, 1844–1908, Leben und Werk des Architekten der Neugotik, München 1979

15 Christoph Timm: Pforzheim, Kulturdenkmale im Stadtgebiet (Hg. Stadt

Pforzheim und Landesdenkmalamt Baden-Württemberg, Denkmaltopographie Baden Württemberg, Band II.10.1) Heidelberg u.a. 2004, S. 436f.

16 Brönner, a.a.O., zu Edwin Oppler S. 177–181 – Clemens Kieser, Karlfriedrich Ohr u.a.: Kunst- und Kulturdenkmale in Rastatt und in Baden-Baden (Hg. Landkreis Rastatt und Stadt Baden-Baden). Stuttgart 2002, S. 87

17 Clemens Kieser: Letztes Karlsruher Großprojekt der badischen Monarchie: Das Behördenzentrum an der Hildapromenade. In: Konrad Krimm (Hg.), Generallandesarchiv – Rechnungshof – Verwaltungsgericht. Staatliches Bauen am Beginn des 20. Jahrhunderts, Karlsruhe 2004

18 Ralf Reith: Rudolf Tillessen – Mannheims Villenbauer. In: Jugendstil – Architektur um 1900 in Mannheim. Ausst. Kat. Mannheim 1985, S. 65–99

19 Kabierske, a.a.O., S. 37ff., s.a. Kat. Nr. 31

20 Wilfried Rössling: Curjel & Moser. Architekten in Karlsruhe/Baden. (Univ. Diss. Heidelberg 1980) Karlsruhe 1986, S. 182

21 Winfried Nerdinger (Hg.): Richard Riemerschmid. Vom Jugendstil zum Werkbund, Werke und Dokumente. (Ausst. Kat. München und Nürnberg) München 1982, S. 391, zur Ausstattung der Räume S. 159–161, S. 329. Von Riemerschmid stammt auch der 1910 entworfene »Baden-Baden-Stuhl«, der heute noch bei Freiluftkonzerten beim Kurhaus Baden-Baden als Sitzgelegenheit dient.

22 Vgl. Rolf Peter Sieferle: Fortschrittsfeinde? Opposition gegen Technik und Industrie von der Romantik bis zur Gegenwart. München 1984 – Edeltraud Klueting (Hg.): Antimodernismus und Reform. Zur Geschichte der deutschen Heimatbewegung. Darmstadt 1991

23 Wichmann, a .a. O. S. 119–123 – Carola Nerbel: Die Entstehung einer Villenlandschaft. Villen und Landhäuser am nördlichen Bodenseeufer. In: Leben am See. Jahrbuch des Bodensee-

kreises, 12 (1995) – Trotz aller Idylle hielten es die Hesses aber nur bis 1912 hier aus, dann verkauften sie das Anwesen und zogen in die Nähe von Bern.

24 Müller, Architekturführer Heidelberg, S. 158

25 Paul Mebes: Um 1800. 2 Bde. München 1908

26 Kneile, a.a.O., S. 71–72

27 Christoph Timm, a.a.O., S. 493–495

28 Werner Oechslin: »Entwerfen heißt, die einfachste Erscheinungsform zu finden.« Mißverständnisse zum Zeitlosen, Historischen, Modernen und Klassischen bei Friedrich Ostendorf. In: Vittorio Lampugnani und Romana Schneider (Hg.), Moderne Architektur in Deutschland 1900 bis 1950, Reform und Tradition (Ausst. Kat. Frankfurt/M.) Stuttgart 1992 – Thomas Leibrecht: Die Villa Krehl in Heidelberg. In: Heidelberg. Jahrbuch der Geschichte der Stadt, 8 (2003/4), S. 99–115 – Günter Mader: Gartenkunst des 20. Jahrhunderts. Garten- und Landschaftsarchitektur in Deutschland. Stuttgart 1999, S. 37–39

KONRAD DUSSEL
WER KANN SICH DAS DENN LEISTEN?

1 Christine Breig, Der Villen- und Landhausbau in Stuttgart 1830–1930. Ein Überblick über die unterschiedlichen Umsetzungen und Veränderungen des Bautypus Villa in Stuttgart. Stuttgart 2000, S. 169 bzw. 174.

2 Wolfgang Bocks, Die badische Fabrikinspektion. Arbeiterschutz, Arbeiterverhältnisse und Arbeiterbewegung in Baden 1879 bis 1914. Freiburg, München 1978.

3 Helmut Christmann, Ferdinand Steinbeis. Gewerbeförderer und Volkserzieher. Heidenheim 1970.

4 Statistisches Jahrbuch für das Großherzogtum Baden 39 (1912), S. 20; Statistisches Handbuch für das Königreich Württemberg 22 (1912/1913), S. 15.

5 Jahrbuch Baden (wie Anm. 4), S. 38, Handbuch Württemberg (wie Anm. 4), S. 52.

6 Jahrbuch Baden (wie Anm. 4), S. 392.

7 Vgl. zum Folgenden die ungeheuer materialreiche Überblicksdarstellung von Wolfgang von Hippel, Wirtschafts- und Sozialgeschichte, im von Hansmartin Schwarzmaier herausgegebenen Band des »Handbuchs der baden-württembergischen Geschichte« (Stuttgart 1992), S. 662ff, hier S. 663f; sowie Willi A. Boelcke, Wirtschaftsgeschichte Baden-Württembergs. Von den Römern bis heute. Stuttgart 1987.

8 Irmtraud Gensewich, Die Tabakarbeiterin in Baden 1870–1914. Mannheim 1986, S. 455.

9 Vgl. die sehr materialreiche Darstellung von Ulrike Metzger und Joe Weingarten, Einkommensteuer und Einkommensteuerverwaltung in Deutschland. Ein historischer und verwaltungswissenschaftlicher Überblick. Opladen 1989.

10 Statistik der badischen Einkommensteuer. Die Ergebnisse der im Jahre 1905 vollzogenen Veranlagung der Einkommensteuer für 1906 verglichen mit den Ergebnissen der Veranlagung im Jahre 1900 und der erstmaligen Veranlagung im Jahre 1885. Hg. im Auftrag des Großh. Finanzministeriums von der Großh. Steuerdirektion. Karlsruhe 1906, S. VI.

11 Statistik der Einkommen- und der Vermögensteuer im Großherzogtum Baden. Die Ergebnisse der Veranlagungen von 1910 für 1911 verglichen mit den Ergebnissen der Veranlagungen früherer Jahre. O. O., o.J., S. 1.

12 Statistik 1910 (wie Anm. 11), S. 2.

13 Metzger/Weingarten (wie Anm. 9), S. 66.

14 Statistisches Handbuch für das Königreich Württemberg. Jahrgang 1910 und 1911, S. 219–223; Jahrbuch Baden (wie Anm. 4), S. 217. Weitere Daten bei Willi A. Boelcke, Sozialgeschichte Baden-Württembergs 1800–1989. Stuttgart u.a. 1989, S. 243f.

15 Jahrbuch Baden (wie Anm. 4), S. 199.

16 ebda, S. 195.

17 Zusammenfassend: Gerhard A. Ritter/Klaus Tenfelde, Arbeiter im Deutschen Kaiserreich 1871 bis 1914. Bonn 1992, S. 491ff, v. a. S. 492.

18 Jahrbuch Baden (wie Anm. 4), S. 334.

19 Jahrbuch Baden (wie Anm. 4), S. 20 & S. 334; die Differenzierung nach Statistik 1910 (wie Anm. 11), S. 35; Handbuch Württemberg 1910/11 (wie Anm. 14), S. 16 und S. 284.

20 Statistik 1910 (wie Anm. 11), S. 35.

21 Jahrbuch Baden (wie Anm. 4), S. 402f.

22 Jahrbuch Baden (wie Anm. 4), S. 335, für Mannheim: S. 402f. Statistik der württembergischen Einkommen für 1910. In: Württembergische Jahrbücher für Statistik und Landeskunde 1911, S. 342. Als »Summe« wurde nicht das steuerbare Einkommen, sondern die Gesamteinkommen vor Abzug der Schuldzinsen zugrunde gelegt.

23 Statistik 1910 (wie Anm. 11), S. 76f.

24 Jahrbuch Baden (wie Anm. 4), S. 336.

25 Dies wurde von Willi A. Boelcke in seinen Veröffentlichungen übersehen.

26 Ernst Peter Fischer, Die Engelhorn und Boehringer. Wissenschaft für den Markt. In: Willi A. Boelcke (Hg), Wege zum Erfolg. Südwestdeutsche Unternehmerfamilien. Leinfelden-Echterdingen 1996, S. 151ff. Heinz Kneile, Bürgerliche Wohnarchitektur in Städten des Großherzogtums Baden. Freiburg 1976.

27 Enthalten in Willi A. Boelcke, Millionäre in Württemberg. Herkunft – Aufstieg – Traditionen. Stuttgart 1997, S. 103–237. Für die Belege wird im Folgenden auf die original wiedergegebene Paginierung des Jahrbuchs zurückgegriffen, um beide Ausgaben gleich einfach nutzbar zu machen.

28 Eigene Berechnung nach Martin (wie Anm. 27).

29 Boelcke, Sozialgeschichte (wie Anm. 14), S. 275; Hans-Ulrich Wehler, Deutsche Gesellschaftsgeschichte. Bd. 3: 1849–1914. München 1995, S. 827.

30 ebda, S. 25f.

31 ebda.

32 ebda, S. 34f, sowie Boelcke, Millionäre (wie Anm. 27), S. 23.

33 Boelcke, Millionäre (wie Anm. 27), S. 23.

34 Boelcke, Millionäre (wie Anm. 27), S. 49; Martin, S. 37; Breig (wie Anm. 1), S. 281f.

35 Boelcke, Millionäre (wie Anm. 27), S. 81f; Martin (wie Anm. 27), S. 5 bzw. S. 14.

36 Breig (wie Anm. 1), S. 292–295.

37 Martin (wie Anm. 27), S. 8 bzw. S. 98.

38 ebda, S. 6.

39 ebda, S. 4.

40 ebda, S. 2f; zum biographischen Hintergrund der Gräfin: Boelcke, Millionäre (wie Anm. 27), S. 83f.

41 Martin (wie Anm. 27), S. 4 bzw. un-pagin. Vorwort; die Fürsten von Thurn und Taxis (5 Mio. Einkommen) und Hohenlohe-Oehringen (6,5 Mio.) wurden nicht in Württemberg besteuert.

42 Boelcke, Millionäre (wie Anm. 27), S. 41.

43 Vgl. dazu auch den Beitrag von Christian Marquart in diesem Band.

44 Martin (wie Anm. 27), unpaginiertes Vorwort.

45 Statistik der württembergischen Einkommensteuer für 1910 (wie Anm. 11), S. 362f.

46 Metzger/Weingarten (wie Anm. 9), S. 138 und S. 355.

47 Boelcke (wie Anm. 27), S. 13.

48 Ulrich Braun, Die Besteuerung der Unternehmen in der Weimarer Republik von 1923 bis 1933. Köln 1988, S. 67.

49 Boelcke (wie Anm. 27), S. 15.

SONJA GÜNTHER
INTERIEURS

1 Mebes, Paul (Hg.): Um 1800. Architektur und Handwerk im letzten Jahrhundert ihrer traditionellen Entwicklung, 3. Aufl., München 1920, Bd I, S. 10.

2 Morris, William: Die Kunst und die Schönheit der Erde. In: du/atlantis, XXV, 1965, S. 708f.

3 Fontane, Theodor: Frau Jenny Treibel, München 1969, S. 25.

4 Muthesius, Hermann: Landhaus und Garten, München 1907, S. XXXII.

5 Lux, Josef August: Vom Landhaus Ostmärker Hof. In: Deutsche Bauhütte XII, 1908, S. 402ff.

6 Stahl, Fritz: Rudolf Schmid-Freiburg. In: Wasmuths Monatshefte für Baukunst I, 1914/15, S. 421ff.

7 Schmid, Rudolf: Ostmärker Hof des Herrn Ludwig Gütermann in Gutach im Breisgau. In: Deutsche Bauzeitung XLIII, 1909 S. 53ff.

8 Bernhard Pankok 1872–1943. Ausstellung des Württembergischen Landesmuseums Stuttgart 1972, S. 23.

9 Müller, Rainer: Das Robert-Bosch-Haus, Stuttgart 1988.

10 Muthesius, a.a.O., S. XXXX.

11 Widmer, Karl: Professor Hermann Billing Karlsruhe i.B.. In: Moderne Bauformen IX, 1910, S. 527ff.

12 Widmer, Karl: Wohnhausbauten von Curjel & Moser. In: Moderne Bauformen V, 1906, S. 329ff.

13 ebd.

14 Söhner, Wilhelm: Die Entwicklung des neueren Einfamilienhauses in Mannheim. In: Deutsche Bauzeitung XXXIX, 1905, S. 445.

15 Söhner, a.a.O., S. 578.

16 Hellwag, Fritz: Bernhard Pankok. In: Kunstgewerbeblatt N.F. XXVII, 1916, S. 121ff.

17 Hellwag, a.a.O.

18 Deutscher Werkbund, Satzung, § 2.

CHRISTINE BREIG
VILLEN UND LANDHÄUSER
IN WÜRTTEMBERG

1 Vgl.: Brönner, Wolfgang: Die Bürgerliche Villa in Deutschland 1830 – 1890. 1. Auflage Düsseldorf 1987, S. 67, und Müller, Rainer: Das Robert-Bosch-Haus. Stuttgart 1988, S. 12 und 14.

2 Vgl. Breig, Christine: Der Villen- und Landhausbau in Stuttgart. Stuttgart 2000, S. 36, Fußnote 130 und S. 545f.

3 Vgl.: Breig, C.: 2000, S. 410–412. Carl Friedrich Beisbarth: 1809 Stuttgart-1878 Stuttgart; Arthur Bohnenberger: 1836 Pforzheim–1893 Stuttgart

4 Palladiomotiv: Verbindung eines mittleren, breiteren Bogens mit zwei

schmäleren Seitenöffnungen, die von Palladio in der Spätrenaissance weiterentwickelt worden war.

5 Vgl.: Breig, C.: 2000, S. 426–429. Gustav Siegle: 1840 Nürtingen–1905 Stuttgart; Adolf Gnauth: 1840 Stuttgart–1884 Nürnberg.

6 Vgl.: Nerbel, Carola: Die Entstehung einer Villenlandschaft, in: Leben am See 12 (1995), S. 176 und 184f. Hans Heinrich Hüni: 1816–1894.

7 Vgl.: Heck, Thomas Leon/Liebchen, Joachim: Reutlinger Künstlerlexikon. Reutlingen/Tübingen 1999, S. 286. Hermann Zwißler: 1829 Reutlingen-1886 Reutlingen, Ernst Louis Laiblin: 1853–1892 Pfullingen; Louis Laiblin: 1861–1927.

8 Vgl.: Ruland, Michael: Im Hause des Kommerzienrats, in: Denkmalpflege in Baden-Württemberg 29 (2000), H. 2, S. 225.

9 Vgl.: Stelze, Heide: Die Gartenstraße im Wandel der Zeiten, in: Reutlinger Geschichtsblätter, N.F. 36 (1997), Folge 17, S. 98. Louis Bantlin: 1818–1896; Felix von Berner: 1842 Stuttgart–1923 Stuttgart

10 Vgl. von Hippel, Wolfgang/Mocker, Ute/Schraut, Sylvia: Wohnen im Zeitalter der Industrialisierung, in: Esslinger Studien 26 (1987), S. 150. Oskar Merkel: 1836–1912; Otto Tafel: 1838 Öhringen–1914 Stuttgart.

11 Vgl. Fekete, Julius: Die Villa Merkel in Esslingen, in: Esslinger Studien 21 (1982), S. 127f.

12 Vgl. Brönner, W., a.a.O., S. 22.

13 Vgl.: Mayer, Curt: Die Geschichte der Villa Mayer, in: Ellwangener Jahrbuch 38 (1999f.), S. 229, 234f., 237 und Ellwangener Jahrbuch 1 (1910), S. 79f. Sophie Kurz, geb. Högg: 1832 Rottenburg am Neckar–1909 Ellwangen.

14 Vgl.: Breig, C.: 2000, S. 519f. und S. 541. Ludwig Eisenlohr: 1851 Nürtingen–1931 Stuttgart; Karl Weigle: 1849 Ludwigsburg/Hoheneck–1931 Stuttgart oder Baden-Baden

15 Vgl.: Weinert, Helmut: Historisches Heidenheim. Heidenheim 2001, S. 80f.

16 Vgl. Knöringer, Wilfried: Die Villa Hähnle – Ein Stück Stadtgeschichte am Beispiel eines Gebäudes, in: Unsere Stadt Giengen 2001. Giengen 2002, S. 76–78. Hans Hähnle: 1838–1909.

17 Vgl.: Näher, Ernst: Das Kreßbronner Schlößle wurde 100 Jahre alt, in: Leben am See 14 (1997), S. 82, 84f. und Nerbel, C.: S. 178. August Orth: 1828 Windhausen/Kreis Gandersheim–1901 Berlin

18 Vgl.: Zauberberg im Zabergäu. Die Villa Amann in Bönnigheim, in: Denkmalstiftung Baden-Württemberg (2002) H. 4, S. 5f. und Informationen von Jörg Mann, Telefongespräch v. 4. 4.2005. Alfred Amann jun.: 1863 Bönnigheim–1942 Bönnigheim; Jaques Gros: 1858 Landstuhl in Rheinland-Pfalz–1922 Mengen bei Luzern.

19 Vgl.: Die Fabrikantenvilla Franck, in: Denkmalstiftung Baden-Württemberg (2003) H. 2, S. 1f. und Haas, Horst: Francks Reich. Jugendstilvilla im Schwäbischen Wald, in: IWZ (2004) Nr. 18, S. 9f. Robert Franck: 1857 Riedertal bei Enzweihingen–1939; Paul Schmohl: 1870 Cannstatt–1946 Backnang; Georg Stähelin: 1892 Singapur–1941 Stuttgart.

20 Vgl.: Breig, C.: 2000, S. 535 und 537.

21 Vgl.: Nerdinger, Winfried: Theodor Fischer. Architekt und Städtebauer. Berlin/München 1988, S. 140; Breig, C.: Die »Falterau« in Stuttgart-Degerloch. Baugeschichte einer Arbeitersiedlung. 1. Aufl. Tübingen/Stuttgart 1992, S. 159; Nerbel, C.: S. 181f. Theodor Fischer: 1862 Schweinfurt–1938 München; Emil Gminder: 1873–1963.

22 Vgl.: Roser, Matthias: Paul Bonatz. Wohnhäuser. Stuttgart 1992, S. 32; Breig, C.: 1992, S. 145 und Breig, C.: 2000, S. 516, 536. Paul Bonatz: 1877 Solgne bei Metz – 1956 Stuttgart; Eugen Scholer: 1874 Sydney – 1949 in Oberbayern; Alfred Colsman: 1878 Werdol/Westfalen – 1955 Werdol

23 Vgl.: Breig, C.: 2000, S. 224 und S. 226, 244, 246–248. Robert Bosch: 1861 Albeck bei Ulm–1942 Stuttgart; Jakob Früh: 1867 St. Gallen/Schweiz–1937 Stuttgart; Carl Franz Heim: 1859 Stuttgart–1944 Stuttgart-Bad Cannstatt.

24 Vgl.: Breig, C.: 2000, S. 378–380, 521, 539. Albert Eitel: 1866 Stuttgart–1934 Stuttgart; Eugen Steigleder: 1876 Stuttgart–1941 Stuttgart.

25 Vgl.: Breig, C.: 2000, S. 440–443, 534. Hugo Schlößer: 1874 Ratingen bei Düsseldorf–1967 Stuttgart; Hans Weirether: 1876 Stuttgart–1945 Rottach-Egern; Helene von Reitzenstein: 1853 Stuttgart–1944 Darching bei Holzkirchen.

26 Vgl.: Von Hippel, W. u.a.: S. 237, Abb. 76a und 76b. Emil Kienlin: 1856 Esslingen–1935 Esslingen

27 Vgl.: Museum Villa Rot. o. J. Burgrieden-Rot, o. S. und Deuchert, Norbert: 10 Jahre Villa Rot, in: Museumsblatt (2003) H.34, S. 45 und telefonische Auskunft: Bürgermeisteramt von Burgrieden-Rot v. 8.4.2005. Raymund von Fugger: 1870–1949; Balthasar von Hornstein-Grüningen: 1873–1920.

28 Vgl.: Fekete, J.: S. 131 und Hartog, Rudolf: Stadterweiterungen im 19. Jahrhundert. Stuttgart 1962, S. 86.

ELKE VON RADZIEWSKY
SCHÖN GRÜN
Literatur

– Alfons Elfgang, Rosemarie Münzenmayer: Die Gartenanlage der Villa Reitzenstein, Manuskript 2001.

– Großberger, Roland: Die Villa Franck in Murrhardt – denkmalpflegerisches Konzept für einen Villengarten in der nach-historistischen Umbruchphase. Diplomarbeit, Juni 1996, Technische Universität Berlin

– Le Lièvre, Audrey: The Plantsman of Baden. Maximilian Leichtlin, 1831–1910.

– Ortskernatlas Baden und Württemberg. Stadt Baden-Baden, Stadtkreis Baden-Baden. Hg. vom Landesdenkmalamt Baden und Württemberg und Landesvermessungsamt Baden und Württemberg, Redaktion Wolf Diese-Roth, 1993

– Weigel, Bernd: Die Lichtentaler

Allee – Denkmal der Gartenkunst im Wandel der Zeiten, Manuskript 2005
– Wilhelm, Ulrich: Der Exotenwald Weinheim. Weinheim, Edition Diesbach, 2002

HERMANN HIPP
»O ALTE BURSCHENHERRLICHKEIT«

1 Für Heidelberg vgl. Ulrike Haas: Studentische Verbindungshäuser in Heidelberg. Heidelberg 1989 (Mms. Magisterarbeit Univ. Heidelberg). – Herbert Grathwohl: Heidelberger Korporationshäuser. In: Gerhard Berger; Deltev Aurand: »…Weiland Bursch zu Heidelberg…«: Eine Festschrift der Heidelberger Korporationen zur 600-Jahr-Feier der Ruperto Carola. Heidelberg 1986. S. 264–296. – Ebd. S. 297–305 Ulrike Haas: Die Raumgestaltung der Heidelberger Korporationshäuser. – Für Tübingen liegt ebenfalls eine Magisterarbeit vor: Sabine Bartholomäi-Weber: Die Architektur der studentischen Verbindungshäuser in Tübingen. Tübingen 1989 (Ms. – Eine Genehmigung für die Einsicht in das Manuskript wurde mir leider nicht erteilt). – Hermann Hipp, Harold Hammer-Schenk: Siedlungsbild-Einzelbauwerke. In: Der Landkreis Tübingen (Amtliche Kreisbeschreibung) Bd. 3. Stuttgart 1974. S. 255–274. Die Verbindungshäuser ebd. S. 270f. – Die Befassung der Bauzeitschriften mit der Gattung ist dokumentiert in: Stephan Waetzold (Hg.): Bibliographie zur Architektur im 19. Jahrhundert. Die Aufsätze in den deutschsprachigen Architekturzeitschriften 1789–1918. Nendeln 1977 (8 Bde.). Hier Bd. 4, S. 2259–2267.
2 Haas 1989, S. 6–16.
3 Haas 1989, S. 74–93.
4 Jakob Lieblein; Jonas Mylius: Gebäude für Erholungs-, Beherbergungs- und Vereinszwecke 2 : Baulichkeiten für Kur- und Badeorte; Gebäude für Gesellschaften und Vereine; Baulichkeiten für den Sport; Panoramen;

Musikzelte; Aussichtstürme, Bellevuen und Belvedere. Stuttgart 1904 (Handbuch der Architektur IV, 4, 2 – 3. Aufl.). S. 98, fig. 94–97.
5 Zum Verbindungswesen im allgemeinen vgl. Harm-Hinrich Brandt; Matthias Stickler (Hg.): »Der Burschen Herrlichkeit«: Geschichte und Gegenwart des studentischen Korporationswesens. Würzburg 1998 (Veröffentlichungen des Stadtarchivs Würzburg 8). – Speziell zu Tübingen: Werner Kratsch (Hg.): Das Verbindungswesen in Tübingen. Eine Dokumentation im Jahre des Universitätsjubiläums 1977. Tübingen 1977. – O alte Burschenherrlichkeit : Material zur Ausstellung des Ludwig-Uhland-Instituts für empirische Kulturwissenschaft 3. Juni – 2. Juli 1978. Tübingen 1978.
6 Vgl. »Falsch verbunden«. Reader zum Verbindungs(un)wesen. Hamburg 2005 (AStA Uni Hamburg).
7 Ebd. z. B. S. 26 u. 29.
8 Heinz Howaldt: Suevia Tübingen. Tübingen 1931. S. 203.
9 Geschichte des Corps Rhenania zu Tübingen. Tübingen 1908.
10 Ebd. S. 19.
11 Peter Krause: »O alte Burschenherrlichkeit«. Die Studenten und ihr Brauchtum. Graz, Wien, Köln 1979. S. 157.
12 Herbert Grathwol: Heidelberger Korporationshäuser. In: Berger/ Aurand 1986. S. S. 264–296. Hier S. 264 mit S. 267f. und 294–296. – Zur Vandalia vgl. Haas 1989 S. 7–15.
13 Das Normannenhaus. In: Normannenblätter 2, 10, 1936. S. 223–225. Hier S. 223.
14 Richard Hantl: Der Korpsstudent in der schöngeistigen Literatur, in: Gaudeamus igitur. Studentisches Leben einst und jetzt. Wien 1992 (Ausst.-Kat. Schallaburg = Kataloge des Niederösterreichischen Landesmuseums N.F. 297). S. 363–376, hier S. 363 – vgl. dort die literarischen Ausprägungen, unter vielen anderen Walter Bloem, »der krasse Fux« 1906 und Rudolf Stratz, »Alt-Heidelberg du feine«, 1902.

15 Studentenhäuser. In: Bauzeitung für Württemberg, Baden, Hessen, Elsaß-Lothringen 7, H. 20. 1910. S. 157–162.
16 Tübinger Blätter 6, 1903. S. 7f.
17 Das Schwabenhaus in Tübingen. In: Akademische Monatshefte 6, 1890. S. 638–640. Hier S. 638.
18 Fünfzig Jahre Stuttgardia in Tübingen, 1869–1919. Stuttgart 1919.
19 Vgl. zu diesen Bezeichnungen Tübinger Blätter 6, 1903, S. 7.
20 Franz Xaver Frey: Geschichte des Corps Rhenania Tübingen. Tübingen 1927. S. 221f. – Vgl. dagegen noch: Rhenania 1908, S. 21: »Der Baustil ist die frühgotische Profanarchitektur, die in Violet-le-Duc den gründlichsten Forscher gefunden.«
21 Tübinger Blätter 9, 1906, S. 2.
22 Winfried Nerdinger: Theodor Fischer. Architekt und Städtebauer. Berlin u. München 1989. S. 235 Kat. Nr. 131.
23 Rimmele, Fridolin: Richard Dollinger. In: Der Baumeister 7, H. 7. 1909. S. 73–83. Hier S. 79.
24 Max Eitle (Hg.): Tübinger Lichtenstein. Festschrift »Unser Haus« 1908–1958. Gerabronn o. J. (1958) S. 6.
25 Alfred Vollmer: Geschichte der akademischen Verbindung Guestfalia Tübingen. Ulm 1909. S. 265.
26 Lang: Das Gesellschaftshaus der Burschenschaft Derendingia-Tübingen: Arch.: Hummel und Förstner-Stuttgart. In: Der Baumeister 5, H. 8. 1907. S. 100–101. hier S. 100.
27 Stuttgardia 1919, S. 12f.
28 Rimmele 1909, S. 73f.
29 Frey 1927, S. 259.
30 Wilhelm Hopf: Die Burschenschaft Derendingia 1877–1927. Tübingen 1927. S. 123f.
31 Tübinger Blätter 6, 1903, S. 6.
32 Vgl. z. B. Richard Dollinger: Über studentische Verbindungshäuser. In: Der Baumeister 12, H.11. 1914. S. 41–44.
33 Lieblein/Mylius 1904, S. 94.
34 Ebd. passim.
35 Grathwol 1986, S. 278f. bzw. S. 268f.
36 Thomas Schindler: »Was Schandfleck war, ward unser Ehrenzeichen…« Die jüdischen Studentenverbindungen und ihr Beitrag zur Entwicklung eines

neuen Selbstbewußtseins deutscher Juden. In: Brandt/Stickler 1998, S. 355–365.

37 Rimmele 1909, S. 81.

38 Normannenhaus 1936, S. 224.

39 Gerhard Matzig charakterisiert in der Süddeutschen Zeitung vom 15. 7. 1999 unter dieser Überschrift das Werk von Richard Meier.

40 Wolfgang Brönner: Die bürgerliche Villa in Deutschland 1830–1890. Düsseldorf 1987 (Beiträge zu den Bau- und Kunstdenkmälern im Rheinland 29 – 2. Aufl. Worms 1994). S. 72–74 mit Abb. 91.

41 Tübinger Blätter 1, 1900, S. 31. – Vgl. Tübinger Blätter 23, 1932, s.d. 28. 9. 1930 »Abbruch des Germanenhauses »Bierkirchle« zum Zwecke eines Neubaus nach Plänen von Prof. Dr. Schmitthenner« – 2. 8. 1931 Einweihung dieses Hauses.

42 Wolfgang Voigt; Hartmut Frank (Hg.): Paul Schmitthenner 1884–1972. Tübingen, Berlin 2003 (Ausst.-Kat. Deutsches Architekturmuseum Frankfurt am Main). S. 149.

43 Paul Schmitthenner: Baugestaltung: Erste Folge: Das deutsche Wohnhaus. Stuttgart 1932. S. 3.

44 Horst Grimm,; Leo Besser-Walzel (Hg.): Die Corporationen. Handbuch zu Geschichte, Daten, Fakten, Personen. Frankfurt a. M. 1986.

45 Burschenherrlichkeit 1978, S. 180ff.

46 Tübinger Blätter 52, 1965, S. 55.

CHRISTOPH SCHWARZKOPF
VILLA UND DENKMALPFLEGE

1 Vgl. Ruhland, Michael: Denkmalschutz für Bauten der »Kaiserzeit«, Denkmalpflege in Baden-Württemberg 1/1993, S. 36f.

2 Stadt Karlsruhe, Bauaktenarchiv, Hausakte; Pieper, Karl-Heinz: Geschichte der Villa Reiss, Karlsruhe o. J.

3 Stadt Karlsruhe, Bauaktenarchiv, Hausakte; Regierungspräsidium Karlsruhe, Referat 25, Ortsakte

4 Reinhardt, Brigitte; Weyrauch, Sabine: Zwei Ludwigsburger Bürgerhäuser des 19. Jahrhunderts, in: Denkmalpflege in Baden-Württemberg 4/1978, S. 160ff.

5 Stadt Karlsruhe, Bauaktenarchiv, Hausakte

6 Regierungspräsidium Karlsruhe, Referat 25, Ortsakte

7 vgl. z.B. Loddenkemper/Wucher: »Zur Instandsetzung und Umnutzung von »Haus Mühlegg«, in: Denkmalpflege in Baden-Württemberg 4/2004, S. 214ff.

8 Regierungspräsidium Karlsruhe, Ref. 25, Ortsakte

9 Friedrich Jacobs: Die Grusen-Villa, ein Bau dokumentiert wirtschaftliche Prosperität, in: »Denkmalpflege in Baden-Württemberg, 2/1994, S. 72ff.

THOMAS HAFNER
DIE ANDERE SEITE

1 »General-Anzeiger« von Mannheim vom 01.04.1909; Stadtarchiv Mannheim.

2 Dietrich Worbs: »Wohnungsbau 1870 bis 1933«. In Simon/ Hafner, 2002, S. 11 + Alltag in Karlsruhe, 1990, S. 190 + Kommunale Praxis vom 01.05.1903, Stadtarchiv Mannheim.

3 Vgl. § 1 der Vereinssatzung. – 125 Jahre Bau- und Wohlfahrtsverein Stuttgart, 1991, S. 33.

4 Ellen Pietrus: Ostheim, Westheim, Südheim. In: Simon/Hafner, 2002 S. 57.

5 Gerd Kuhn: Ostenau. In: Simon/ Hafner, 2002, S. 64.

6 Unter dem Begriff gemeinnützige Wohnungsunternehmen wurden alle Unternehmen zusammengefasst, die auf Gewinn verzichteten wie Baugenossenschaften, Spar- und Bauvereine, gemeinnützige Baugesellschaften und gemeinnützige Aktiengesellschaften.

7 Weitere Gründungen entstanden beispielsweise in Stuttgart, Heidenheim, Göppingen, Esslingen, Reutlingen, Ulm, Freiburg, Mannheim, Konstanz und Karlsruhe.

8 Ellen Pietrus: Eisenbahnerdörfle. In: Simon/Hafner, 2002, S. 60–61.

9 Franz Bauer, 1922, S. 65.

10 Thomas Hafner, 1988, S. 342f.

11 Peter Kirsch, 1982, S. 114.

12 Theodor Fischer in Moderne Bauformen, 1908. Zitiert in: Winfried Nerdinger, 1988, S. 114.

13 Heike Vogel, 1997, S.20.

14 Das Zeppelindorf, 1917, S. 2.

15 Adressbuch für die Oberamts-Städte (..) Tettnang mit der Stadt Friedrichshafen a.B., München 1921, Stadtarchiv Friedrichshafen/Bodensee Bibliothek.

16 Heike Vogel, 1997, S.10.

17 Hella Knapp in einem SWR-Interview vom 26.01.2005, www.swr.de.

18 Peter Kirsch, 1982, S. 105.

19 Die Deutsche Gartenstadtbewegung, 1911, S. 58.

20 Jörg Schadt, 1993, S.97.

21 Jörg Schadt, 1993, S.101.

22 Festschrift zum 75jährigen Bestehen der Gartenstadt Karlsruhe e.G., 1982, S.19.

23 Die Gartenstadt Karlsruhe, 1925, S.14.

24 Die Gartenstadt Karlsruhe, 1925, S.17.

25 Die Gartenstadt Karlsruhe, 1925, S.18.

26 Die Bewohner setzten sich 1925 wie folgt zusammen: Bahnbeamte 45%, Postbeamte 9%, andere Beamte 28%, Handwerker und Gewerbetreibende 4%, Ärzte/Professoren/Lehrer 4%, Schriftsetzer/Drucker/Industriearbeiter 10%. Quelle: Die Gartenstadt Karlsruhe, 1925, S.7.

27 Die Deutsche Gartenstadtbewegung, 1911, S. 70.

28 Die Deutsche Gartenstadtbewegung, 1911, S. 70.

29 Lothar Jacob, 1985, S.76.

30 Adressbuch der Stadt Mannheim von 1921, Stadtarchiv Mannheim.

31 Christian Holl: Gartenstadt Luginsland, in: Simon/Hafner, 2002, S. 67.

Prof. Dr. Gert Kähler, geboren 1942 in Hamburg, wo er auch lebt. Er ist gelernterArchitekt, arbeitet aber seit vielen Jahren als freiberuflicher Architekturhistoriker und -journalist. Er ist Mitglied der Deutschen Akademie für Städtebau und Landesplanung und Autor bzw. Coautor der ersten beiden »Baukulturberichte« der Bundesregierung. In der DVA veröffentlichte er 2000 den Band »Ein Jahrhundert Bauten in Deutschland«.

Erhard Hehl, geboren 1940 in Ludwigsburg; Ausbildung an der Bayerischen Staatslehranstalt für Photographie, Meisterkurs. Hehl lebt im Großraum Stuttgart.

Dr. Christine Breig, geboren 1962 in Stuttgart, lebt in Unterensingen bei Nürtingen. Seit 1990 ist sie freiberuflich als Historikerin und Kunsthistorikerin tätig.

Dr. Isolde Dautel, geboren 1963 in Stuttgart, Studium der Kunstgeschichte, Klassischen Archäologie und Empirischen Kulturwissenschaft in Tübingen und Wien, lebt und arbeitet in Karlsruhe.

Dr. Konrad Dussel, geboren 1957 in Speyer, ist apl. Professor für Neuere Geschichte an der Universität Mannheim.

Prof. Dr.-Ing. habil. Sonja Günther, Dipl.-Ing. Architektin. Geboren in Karlsruhe. Unterrichtet Baugeschichte, Altbausanierung und Denkmalpflege an der University of Applieed Sciences, Bielefeld.

Dr. Ing. habil. Thomas Hafner, 1955 in Stuttgart geboren, studierte Architektur und Stadtplanung an der Universität Stuttgart. Er ist Privatdozent am Institut für Soziologie der TU Berlin, FG Stadt und Regionalplanung.

Dr. Hermann Hipp, geboren 1944, hat in Tübingen und Wien Kunstgeschichte, Archäologie sowie Vor- und Frühgeschichte studiert. Er ist seit 1984 Professor am Kunstgeschichtlichen Seminar der Universität Hamburg.

Dr. Clemens Kieser, geboren 1965 in Stuttgart, Studium der Kunstgeschichte, Geschichte und Allgemeinen Rhetorik in Tübingen, Hamburg und Leeds, Denkmalpfleger am Regierungspräsidium Karlsruhe.

Christian Marquart studierte Sozialwissenschaften und arbeitet in Stuttgart als Publizist und Berater an den Schnittstellen von Wirtschaft und Kultur. Er gibt die Monatszeitschrift »Kultur« heraus und ist Mitglied der Deutschen Akademie für Städtebau und Landesplanung.

Dr. Elke von Radziewsky studierte Kunstgeschichte und Germanistik in Hamburg und arbeitete als freie Kunstkritikerin für »Die Zeit«. Seit 1988 ist sie Redakteurin bei dem Hamburger Magazin »A&W Architektur&Wohnen«.

Christoph Schwarzkopf, 1963 im thüringischen Greiz geboren, ist Lehrbeauftragter für Denkmalpflege und Baugeschichte an der Hochschule Karlsruhe. Er führt ein Architektur- und Bauforschungsbüro in Weimar und arbeitet beim Referat Denkmalpflege im Regierungspräsidium Karlsruhe.

Die Drucklegung dieses Buches wurde durch freundliche Unterstützung
der Baden-Württembergischen Bank AG, Stuttgart, gefördert.

Bibliographische Information Der Deutschen Bibliothek
Die Deutsche Bibliothek verzeichnet diese Publikation
in der Deutschen Nationalbibliographie; detaillierte
bibliographische Daten sind im Internet über
<http://dnb.ddb.de> abrufbar.

© 2005 Deutsche Verlags-Anstalt GmbH, München
Alle Rechte vorbehalten
Lektorat: Ulrich Volz, Stuttgart
Umschlaggestaltung: Klaus Meyer, München
Layout und Satz: Brigitte Müller, Bietigheim-Bissingen
Gesetzt aus der Minion, der Meta und der Zapfino One
Reproduktionen: Die Repro GmbH, Ludwigsburg
Druck: Aprinta, Wemding
Bindung: Buchbinderei Sigloch, Blaufelden
Gedruckt auf 150 g/qm Job Parilux halbmatt
der Firma Scheufelen, Lenningen
Printed in Germany
ISBN 3-421-05895-4

BILDNACHWEIS

Erhard Hehl, Tiefenbronn (http://www.hehl-fotografie.de), hat
alle hier enthaltenen Fotos eigens für diesen Band fotografiert,
mit Ausnahme der nachfolgend aufgeführten:

125 Jahre Bau- und Wohlfahrtsverein Stuttgart. Hg. vom Bau-
    und Wohlfahrtsverein Stuttgart, Stuttgart 1991, Titelblatt,
    S.40 | 238f.
75 Jahre Landes-Bau-Genossenschaft Württemberg eG:
    1921–1996. Hg. von der Landes-Bau-Genossenschaft
    Württemberg eG, Stuttgart 1996, S.16 | 243, 245 o.
Architekturmuseum der TU München | 117
Arnold, K.-P.: Vom Sofakissen bis zum Städtebau. Verlag der
    Kunst, Dresden Basel 1993, S. 348, 361 | 27 (2)
Breig, Christine: Der Villen- und Landhausbau in Stuttgart
    1830–1930, Veröffentlichungen des Archivs der Stadt Stuttgart,
    Band 84, S. 169, 174, 453 | 57, 72f.
Dekorative Kunst IX, 1902, S. 91 | 115 u.
Der Baumeister 3 H. 4, 1903, T. 29f. | 202f.
Deutsche Bauhütte XII, 1908, S. 430 | 114 li. o.
Deutsche Bauzeitung XLIII, 1909, Seite 61, 75 | 114(2),
Deutsche Bauzeitung XXXIX, 1905, Tafel 70, 72, Seite 554,
    563 | 112, 113 (2), 123
Die Gartenstadt Karlsruhe. Hg. im Auftrag der Verwaltung der
    Gartenstadt Karlsruhe eGmbH von Georg Botz, Baumeister,
    Karlsruhe 1925; S.43 | 256 u.
Geist, J. F., Kürvers, F.: Das Berliner Mietshaus 1862–1945, Prestel
    München 1984, S. 147, 504 | 19, 24 u.
Gössel, P., Leuthäuser, G. (Hg.): Villenarchitektur in Dresden,
    Benedikt Taschen Köln 1991, S. 67 | 23
Gottschalk, Wolfgang (Hg.): Bahnhöfe in Berlin. Photographien
    von Max Missmann 1903 bis 1930; Argon 1994, S. 64 | 12
Hafner, Thomas | 249, 256, 259 u.
Handbuch der Architektur 1904, S. 98 | 199 (2)
Jacob, Lothar: Eine Idee macht Geschichte: 1910–1985: 75 Jahre
    Gartenstadt-Genossenschaft Mannheim (Hg.); Mannheim
    1985; S. 66 | 258

Kähler, Gert | 14f., 22 u., 28–33
Kieß, W.: Urbanismus im Industriezeitalter. Ernst + Sohn Berlin
    1991, S. 389 | 24 o.
Kneile, Heinz: Bürgerliche Wohnarchitektur in Städten des
    Großherzogtums Baden, Freiburg 1976 | 105 u.
Kunstgewerbeblatt N. F. XXVII, 1916, S. 129 | 125
Landesmedienzentrum, Stuttgart | 44, 52 (2), 115 o., 238 o., 250
Moderne Bauformen IV, 1905, S. 6 | 121 o.; IX, 1910, S. 539 |
    121 u.; V, 1906, Tafeln 71f. | 122(2)
Müller, Rainer: Das Robert-Bosch-Haus, DVA Stuttgart 1988,
    S. 27 | 46
Muthesius, Hermann: Landhaus und Garten, München 1907,
    S. 74 | 120
Nerdinger, Winfried: Theodor Fischer: Architekt und
    Städtebauer 1862–1938, Berlin 1988, S.117 | 249 re. o.
Plagemann, V. (Hg.): Industriekultur in Hamburg. C. H. Beck
    München 1984, S. 231 | 17 re.
Posener, J.: Berlin auf dem Wege zu einer neuen Architektur.
    Prestel München New York 1979, S. 456 | 22 o.
Ranke, W.: Heinrich Zille. Photographien Berlin 1890–1910.
    Schirmer/Mosel 1975, S. 113 | 17 li.
Regierungspräsidium Karlsruhe, Landesdenkmalamt | 80, 95,
    96, 97 o., 103, 105, 106 o., 107 re.
Schwarzkopf, Christoph | 223, 235 (2)
Simon, Christina / Thomas Hafner (Hg.): WohnOrte:
    50 Wohnquartiere in Stuttgart von 1890 bis 2002, Stuttgart
    2002/2004, S.57 | 239 u. li., 245 u.
Stadt Karlsruhe, Bauaktenarchiv | 221, 226 (2)
Stadtarchiv Freiburg, Akte C3 46/1 | 247 o.
Stadtarchiv Friedrichshafen/Bodenseebibliothek | 251 o. (2)
Stadtmuseum Tübingen | 198
Wasmuths Monatshefte für Baukunst I, 1914/15, S. 434 | 124